论坚持和发展
马克思主义政治经济学

——兼论以马克思主义引领中国经济学教育

丁堡骏 著

LUN JIANCHI HE FAZHAN MAKESIZHUYI ZHENGZHI JINGJIXUE

中国社会科学出版社

图书在版编目（CIP）数据

论坚持和发展马克思主义政治经济学：兼论以马克思主义引领中国经济学教育／丁堡骏著．—北京：中国社会科学出版社，2016.1

ISBN 978 - 7 - 5161 - 7832 - 4

Ⅰ.①论… Ⅱ.①丁… Ⅲ.①马克思主义政治经济学—研究②经济学—研究—中国 Ⅳ.①F0 - 0②F120.2

中国版本图书馆 CIP 数据核字(2016)第 057578 号

出 版 人	赵剑英	
责任编辑	杨晓芳	
责任校对	张爱华	
责任印制	王 超	

出 版	中国社会科学出版社	
社 址	北京鼓楼西大街甲 158 号	
邮 编	100720	
网 址	http://www.csspw.cn	
发 行 部	010 - 84083685	
门 市 部	010 - 84029450	
经 销	新华书店及其他书店	

印 刷	北京明恒达印务有限公司	
装 订	廊坊市广阳区广增装订厂	
版 次	2016 年 1 月第 1 版	
印 次	2016 年 1 月第 1 次印刷	

开 本	710×1000 1/16	
印 张	16.75	
插 页	2	
字 数	276 千字	
定 价	65.00 元	

目　录

绪　论 ……………………………………………………………（1）

第一章　中国经济体制改革的马克思主义政治经济学解读 …………（6）
　第一节　唯物史观指导我国社会主义初级阶段所有制
　　　　　结构的调整 ……………………………………………（6）
　第二节　马克思主义经济学是解释市场经济效率的
　　　　　唯一科学理论 …………………………………………（8）
　第三节　中国特色社会主义理论体系对中国改革开放的
　　　　　指导意义 ………………………………………………（12）
　第四节　批判借鉴西方经济学的科学成分,用以指导
　　　　　我国市场经济运行 ……………………………………（14）

第二章　现代西方资产阶级经济学方法论和理论体系批判 …………（16）
　第一节　现代资产阶级经济学性质、研究对象和方法的批判 ……（16）
　　一　现代资产阶级经济学仍然是庸俗经济学 ………………（16）
　　二　现代资产阶级经济学研究对象的批判 …………………（29）
　　三　现代资产阶级经济学研究方法的批判 …………………（31）
　第二节　现代西方经济学庸俗理论体系批判 ……………………（34）
　　一　现代西方资产阶级庸俗经济学微观理论批判 …………（34）
　　二　现代资产阶级庸俗经济学宏观理论批判 ………………（37）

第三章　现代西方资产阶级经济学的若干主要经济理论批判 ………（47）
　第一节　现代西方资产阶级庸俗经济学生产理论批判 …………（49）
　　一　现代资产阶级经济学生产理论基本逻辑与核心内容 ………（49）

　　二　现代资产阶级经济学生产理论的缺陷 ……………………（50）

　第二节　现代资产阶级庸俗经济学分配理论批判 ………………（57）

　　一　"三位一体公式"以及马克思对它的批判 ……………（58）

　　二　现代资产阶级经济学分配理论是萨伊"三位一体公式"的

　　　　翻版 ……………………………………………………（61）

　第三节　现代资产阶级经济学资本积累理论批判 ………………（63）

　　一　现代资产阶级经济学的资本积累理论 ………………（63）

　　二　现代资产阶级经济学资本积累理论批判 ……………（66）

　第四节　现代资产阶级经济学经济危机理论批判 ………………（69）

　　一　现代资产阶级经济学关于经济危机的理论演变 ……（69）

　　二　对凯恩斯经济危机理论的批判 ………………………（72）

　第五节　现代资产阶级庸俗经济学垄断理论批判 ………………（78）

　　一　垄断资本主义的发展与现代西方垄断理论的演变 …（79）

　　二　现代西方垄断理论没有触及垄断资本主义的实质 …（82）

　　三　现代西方垄断理论的资本主义辩护本质 ……………（84）

第四章　驳主流经济学家对马克思主义经济学"庞巴维克"

　　　　式的批判 ……………………………………………………（87）

　第一节　现代资产阶级经济学对马克思劳动价值论批判

　　　　之批判 ……………………………………………………（87）

　　一　资产阶级经济学对马克思劳动价值论和转形分析所

　　　　进行的庞巴维克式的攻击 ………………………………（90）

　　二　庞巴维克式的攻击只是去掉价值写上价格的庸俗

　　　　故事的故技重演 …………………………………………（94）

　　三　批判资产阶级经济学对马克思主义经济学庞巴维克式

　　　　攻击的现实意义 …………………………………………（101）

　第二节　萨缪尔森对劳动价值论批判的反批判 ………………（103）

　　一　萨缪尔森对劳动价值论的错误批判 …………………（104）

　　二　萨缪尔森对劳动价值论批判的反批判 ………………（109）

第五章　非主流经济学家对马克思劳动价值论同情理解的辨析 …（125）

　第一节　森岛通夫的马尔科夫过程解法梗概 …………………（126）

一 森岛通夫对作为转形基础的价值范畴的认识 ………… (126)

二 对转形问题命题本身的认识 ………… (127)

三 适当的生产规模的调整与生产价格的求解 ………… (128)

四 两个相等关系的证明 ………… (130)

第二节 森岛通夫马尔科夫过程解法批判 ………… (131)

一 转形分析的一个基本参照系 ………… (132)

二 森岛通夫对作为转形基础的价值范畴理解上的错误 …… (135)

三 如何正确认识"转形投入"的经济含义 ………… (137)

四 如何正确理解转形分析的理论基础 ………… (139)

五 如何正确认识平均利润率的形成过程与马克思的两个

相等关系 ………… (143)

第三节 森岛通夫解法的几点启示 ………… (147)

第六章 对几种发展马克思主义经济学思路的辨析 ………… (149)

第一节 马克思主义新综合范式批判 ………… (150)

一 库恩的范式论 ………… (150)

二 樊纲教授对库恩范式论的应用及其失败 ………… (154)

第二节 对用演化论统领马克思主义经济学发展观的批判 …… (166)

一 演化经济学对新古典经济学的革命 ………… (167)

二 演化经济学与马克思主义经济学的交汇与分野 ………… (175)

三 演化思潮复兴对马克思主义经济学发展的意义 ………… (181)

第三节 对用效用论综合马克思劳动价值论观点的批判 …… (184)

一 马克思的价值价格理论不是片面的 ………… (186)

二 唐文新综合价格理论批判 ………… (188)

第七章 坚持和发展马克思主义经济学,创新中国特色社会

主义经济理论体系 ………… (191)

第一节 坚持和发展马克思主义经济学的理论框架 ………… (191)

一 创新和发展马克思主义经济学的基本方法论 ………… (192)

二 创新和发展马克思关于资本主义生产方式理论 ………… (195)

三 创新和发展马克思关于资本主义生产方式理论的意义 … (203)

第二节 创新中国特色社会主义经济理论体系的指导

思想和原则 ……………………………………………… (204)

一 创新中国特色社会主义经济理论体系必须反映社会
主义经济关系本质 ………………………………… (204)

二 创新中国特色社会主义经济理论体系必须体现中国
社会主义初级阶段特征 …………………………… (207)

第三节 创新中国特色社会主义经济理论体系的内容框架 …… (208)

一 马克思关于未来社会所有制的理论 ………………… (208)

二 关于"重建个人所有制"理论的理论争鸣与按劳
分配理论 …………………………………………… (209)

三 完整准确地理解"重建个人所有制",实现劳动
和所有权的直接同一 ……………………………… (213)

四 公有制在社会主义初级阶段的贯彻和实现 ………… (218)

五 改革国有企业经济运营方式,探讨公有制实现形式 ……… (226)

六 按劳分配在当代中国社会主义初级阶段的实现 ……… (231)

第八章 现代西方经济学教学必须坚持以马克思主义为指导 …… (241)

第一节 西方经济学是与马克思主义经济学相对立的庸俗
思想体系 …………………………………………… (241)

一 西方经济学曾经是马克思主义经济学的重要思想来源 … (241)

二 西方经济学从古典到庸俗的转化 …………………… (242)

三 西方经济学是与马克思主义经济学相互对立的
思想体系 …………………………………………… (243)

第二节 西方经济学在教学和学科建设方面存在的主要问题 … (243)

一 在教学安排上,马克思主义政治经济学的指导地位
已经动摇 …………………………………………… (244)

二 在教材建设上,马克思主义经济学的指导越来越弱 ……… (244)

三 在教学实践中,马克思主义指导作用没有得到
很好发挥 …………………………………………… (245)

四 在科学研究和新闻出版中,不坚持马克思主义指导
甚至是宣扬资产阶级经济学的现象屡有发生 ………… (246)

第三节 必须改变西方经济学教学和学科建设的现行
体制和格局 ………………………………………… (246)

一　讲授西方经济学必须要有马克思主义的批判态度 ………（246）

二　西方经济学作为一个理论体系必须从总体上予以否定 …（247）

三　大学课程设置应该科学合理地安排西方经济学教学 ……（248）

四　提高西方经济学教学一线教师的马克思主义经济学
　　理论修养 ……………………………………………（250）

主要参考文献 ………………………………………………（252）

绪　　论

马克思主义是中国共产党的指导思想，中国共产党是建设有中国特色的社会主义的领导者，因此，作为马克思主义一个重要组成部分的马克思主义经济学，理所当然地应该是中国经济学的主流，对有中国特色的社会主义经济建设和中国经济学发展起着重要的指导作用。然而，在改革开放的过程中，在我们学习、借鉴和吸收西方经济学的科学合理成分时候，经济学却出现了对马克思主义经济学和现代西方经济学地位问题认识上的严重偏差。这种严重偏差的集中表现就是，在经济学教学、研究和意识形态宣传上现代西方经济学地位在不断地提高，马克思主义经济学的地位被削弱，马克思主义经济学的理论指导地位发生动摇。早在 2005 年，我国著名的马克思主义经济学家刘国光同志发表了《经济学教学和研究中的一些问题》一文，该文批评了当前理论经济学教学与研究中西方经济学影响上升，马克思主义经济学的指导地位削弱和边缘化的现实，该文还分析了造成这种状况的原因和危害并提出了针对性很强的建议和对策。许多经济学理论工作者和教育者对该文的观点予以认同和支持。但是，坚持马克思主义经济学的主导地位，却远非是靠道义上的呼吁和支持所能解决问题的。坚持马克思主义经济学的主导地位，涉及的问题方方面面，归根到底还是一个理论能否说服人的问题。马克思说："理论只要说服人，就能掌握群众；而理论只要彻底，就能说服人。所谓彻底，就是抓住事物的根本。"（《马克思恩格斯选集》第 1 卷第 9 页）因此，坚持马克思主义经济学主流地位命题本身至少应该包含以下几方面内容：首先，必须在理论上说明中国社会主义改革开放取得巨大成就，指导思想归根到底还是马克思主义经济学及其最新发展；其次，必须澄清为什么马克思主义经济学是科学的，而现代西方资产阶级经济学从总体来看是不科学的；再次，必须从理论和实践的结合上阐明现代西方资产阶级经济学及其各种流派存在的经济社会基础，以及这些学说与马克思主义经济学的矛盾和斗争；最后，还应从理论上和实践上说明，马克思主义经济学必须一方面批判现代西方资产阶级经济学及其各种流派，指出它们作为一个学说体系来看的不科学性和不合理性；另一方面又要注意从这些学说中吸取其有益的东西，用以解决社会主义市场经济建设中的经济问题，并经过革命性改造以后用以丰富和发展马克思主义政治经济学。本书将围绕以上内容对如何坚持马克思主义经济学主流地位做理论上的分析，除绪论外本书主要由以下八个部分即八章组成。

第一章，中国改革开放的马克思主义政治经济学解读。本章力图说明，中国改革开放取得举世瞩目的巨大成就，源于马克思主义的指导思想。生产关系一定要适应生产力性质规律，是马克思主义经济学的一条重要经济规律。新中国成立初期，我们党依靠广大人民群众对社会主义和共产主义社会建设的积极性和创造性，在很短的时间内，通过社会主义改造、人民公社化等方式，将一个贫穷落后的小农经济为主体的农业国建成了初步实现工业化的以全民所有制和集体所有制两种形式为主的公有制经济，相应地也形成了高度集中的计划经济体制。这种建设成就是不容否认的。然而，这种"一大"、"二公"、"三纯"的单一公有制经济严重地超越现实的生产力发展水平。在经历了"文化大革命"等政治运动以后，改革这种超越生产力发展状况的生产关系和高度集中的计划体制已成为时代任务。以党的十一届三中全会为标志，中国开启了前无古人的中国特色社会主义建设事业。在改革开放过程中，我们通过所有制改革的各项措施不断地对这种单一公有制的所有制结构进行调整。经过30多年的改革，在所有制方面我们基本建成了以公有制为主体、多种经济成分共同发展的所有制结构。这种改革的理论基础就是马克思主义的生产力、生产关系、经济基础和上层建筑之间相互关系的理论。所有制改革是中国改革最关键也是最具决定意义的改革。在这个过程中随着超越生产力发展水平的生产关系，改革为符合生产力的生产关系，随着公有制经济、民营经济和多种经济成分大发展，广大人民群众生产的积极性和创造性得到了极大的调动，社会主义的社会物质财富和精神财富不断地被创造出来。由此我们说，中国改革开放最根本的指导思想，是马克思列宁主义、毛泽东思想，是马克思主义普遍原理和中国革命和建设的具体实践相结合，是邓小平理论、"三个代表"重要思想和科学发展观等为主要内容的中国特色社会主义理论体系。当然，我们也不否认，在改革开放过程中，在经济运行层次上，我们也借鉴了西方经济学的一部分关于微观经济管理和宏观经济管理的具体管理经验和做法。但这些也只是在马克思主义的辩证唯物主义和历史唯物主义的指导下进行的。它的积极作用不能否认，我们在今后的改革开放过程中还要大胆地吸收借鉴西方经济学的科学成分；同时我们也要清醒地认识到它的作用并不能和马克思主义经济学的作用相提并论，更不能以其取代马克思主义的指导地位。

第二章，现代资产阶级经济学的方法论和理论体系批判。本章力图说明，坚持马克思主义经济学主流地位，还必须在世界观和方法论以及整个理论体系上澄清人们对西方经济学的模糊认识。马克思将西方资产阶级经济学发展和演变的历史划分为古典经济学和庸俗经济学两个历史时期，这是马克思主义经典作家运用唯物史观分析资本主义社会经济思想所得出的基本结论。尽管现代西方经济学家在研究对象和研究方法上一再地将其装饰成科学，然而，现代西方经济学无论是从研究对象还是从研究方法上看，其庸俗本质并没有改变，只是更加隐蔽和更具有欺骗性。本章将对现代资产阶级方法论伪科学性和理论体系的庸俗本质展开系统批判。

第三章，现代西方资产阶级经济学的若干主要理论批判。本章力图说明，坚持马克思主义经济学主流地位，必须在具体的若干主要经济理论上批判资产阶级庸俗经济学的伪科学性和资产阶级辩护本质。资产阶级庸俗经济学出现于 18 世纪末 19 世纪初，是随着无产阶级和资产阶级之间的矛盾上升为社会为主要矛盾而产生，是为资本主义制度辩护的资产阶级经济理论体系，也是与马克思主义经济学相对立的理论体系。资产阶级庸俗经济学经过两个多世纪的演变，现已经发展成一个庞大的理论体系，理论表述形式愈趋精致，但它们的伪科学性和资产阶级辩护性没有丝毫改变。本章将对现代西方资产阶级经济学生产与分配理论、垄断理论、资本积累理论和危机理论等展开系统批判。

第四章，驳主流经济学家对马克思主义经济学"庞巴维克式"的攻击。坚持马克思主义经济学主流地位，必须有力地回击现代资产阶级庸俗经济学主流经济学家对马克思主义经济学的攻击和否定。劳动价值论是马克思主义经济学的理论基石，马克思通过劳动价值论和建立其基础上的剩余价值理论深刻揭露了资本主义生产关系的剥削本质，阐明了资产阶级与无产阶级之间阶级斗争的经济根源，揭示了资本主义必然灭亡的历史发展趋势。因而劳动价值论是无产阶级反对资产阶级的主要理论武器，自然也就成为了资产阶级和资产阶级利益代言者即资产阶级庸俗经济学家的主要攻击对象。马克思《资本论》自问世以来，资产阶级庸俗经济学家就从来没有停止过对她的攻击和诋毁，这些攻击矛头集中指向马克思的价值向价格转化的逻辑分析，他们希望借此来贬低和推翻马克思的劳动价值理论，其中最具代表性的批判者就是新古典综合派的首领萨缪尔森。本章将主要针对西方主流经济学家萨缪尔森对马克思劳动价值论的攻击，从理论上展开有力驳斥，以捍卫马克思的劳动价值论。

第五章，非主流经济学家对马克思主义经济学同情理解的辨析。坚持马克思主义经济学主流地位，必须批判资产阶级非主流经济学家对马克思经济学的任何歪曲和否定。上一章提到，在发生于 20 世纪 60 年代以后的所谓广义转形问题的讨论中，新古典综合派的首领萨缪尔森发表了一系列的文章，系统地批判了马克思的劳动价值论和转形分析。一批马克思主义经济学者撰文参加对萨缪尔森的论战。森岛通夫（Michio Morishima）以"同情"马克思主义经济学的姿态，运用现代数学方法研究和证明了马克思劳动价值论的许多命题，特别是他运用弗洛本涅斯（Frobenius）定理和马尔科夫过程理论，对西方学者长期争论的转形问题给出了一个肯定的解法。然而，森岛通夫最后却奉劝马克思主义经济学家放弃劳动价值论，给马克思主义经济学理论界造成很大混乱和困惑。通过本章分析将得出，森岛通夫不仅没有成功地解决转形问题，不仅没有对坚持和发展马克思的劳动价值论作出贡献，而且他将转形问题研究导入了歧途，因而对于马克思劳动价值论的坚持和发展完全是帮了倒忙。

第六章，对几种发展马克思主义经济学思路的辨析。坚持马克思主义经济学主流地位，必须对发展马克思主义经济学的错误思路进行批判。马克思主义经济学经过一个半世纪的发展，其影响在不断扩大。这一个半世纪以来，资本主义世界也发生了深刻变化，出现了许多新情况、新特点、新问题，如何运用马克思主义经济学原理解释这些新变化，是当代马克思主义者所面临的新课题。然而学术界有学者打着发展马克思主义的旗号，来攻击和否定马克思主义经济学。本章将对在学术界较有影响的几种与此相关的错误思潮展开系统批判，以期正本清源。

第七章，坚持和发展马克思主义经济学，创新中国特色社会主义经济理论体系。坚持马克思主义经济学主流地位，必须使马克思主义经济学在认识当代资本主义经济和中国特色社会主义建设实践中进行创新和发展。本章在理论上廓清马克思主义经济学创新和发展的方向。马克思主义政治经济学划分为以资本主义生产方式为研究对象和以社会主义生产方式为研究对象的两个部分。对前者的创新和发展，主要是进一步深化马克思关于资本主义生产方式的认识，进一步深化对马克思经济学理论体系的认识；后者的创新和发展主要指的是，在深化对马克思基本理论认识的同时，必须联系变化了的实际，发展马克思的经济学说，科学地回答新的历史阶段国际国内的一系列新问题，回击对马克思主义经济学的各种非难和攻击，探索为建设中国特色社会主义服务的社会主义经济理论。本章将从坚持马克思主义与创新和发展马克思主义的关系，和对如何在新的历史条件下坚持和发展马克思主义经济学，以创新中国特色的社会主义经济理论体系，即对马克思主义经济学的时代化问题展开分析。

第八章，现代西方经济学教学必须坚持以马克思主义为指导。坚持马克思主义经济学的主流地位必须坚持现代西方经济学教学以马克思主义理论为指导。马克思写作《资本论》大量地吸收借鉴了资产阶级经济学的科学成就。但马克思没有一处是对资产阶级经济学毫无批判的生吞活剥。这恰恰和我们现实对西方经济学的教学和研究形成了鲜明的对照。现在我国各高校在西方经济学教学、学科建设和课程建设中，偏离以马克思主义为指导的问题十分突出。本章将从如何科学安排西方经济学教学、提高教师马克思主义经济学理论素养，以确保马克思主义经济学在经济学教学中的指导地位等方面展开分析。

马克思主义是中国共产党的指导思想，中国共产党是中国特色社会主义建设的领导者，因此，作为马克思主义一个重要组成部分的马克思主义经济学，理所当然地应该是中国经济学的主流，对有中国特色的社会主义经济建设和中国经济学发展起着重要的指导作用。坚持马克思经济学在中国的主流地位，就必须创新和发展马克思主义经济学。概言之，本书的主要目的是，从理论上为改革开放深入进行30多年以后，经济社会文化发生重大变化的社会主义初级阶段，中国经济学界经济学各派地位作用进行科学的说明。为坚持马克思主义经济学主流地位，为马克思主义经济学发展，以及马克思主义经济学正确处理同西方经济学等各种非马克思主义经济学的关系提供理论上的说明。

第一章

中国经济体制改革的马克思主义
政治经济学解读

第一节　唯物史观指导我国社会主义
初级阶段所有制结构的调整

社会主义市场经济的理论基础是什么？中国改革开放取得成就的经济理论指导究竟是马克思主义经济学还是西方经济学？现在有多种说法。很多西化学者叫嚣中国改革成就要归功于西方经济学。我们认为，中国改革开放事业所取得的成就归功于谁，这不是个别经济学家个人说了算的事儿。众所周知，生产关系一定要适应生产力性质规律，是马克思主义经济学的一条基本经济规律。新中国成立初期，我们党依靠广大人民群众对社会主义和共产主义社会建设的积极性和创造性，在很短的时间内，通过社会主义改造、人民公社化等方式，将一个贫穷落后的小农经济为主体的农业国建成了初步实现工业化的以全民所有制和集体所有制两种形式为主的公有制经济国家，相应地也形成了高度集中的计划经济体制。事实证明，这种建设成就是不容否认的。然而，当时在指导思想上确实存在追求"一大"、"二公"、"三纯"的单一公有制的倾向。因而，即使是全民所有制和集体所有制两种形式为主的公有制也严重地超越现实的生产力发展水平。在经历了"文化大革命"等政治运动以后，改革这种超越生产力发展状况的生产关系和高度集中的计划体制已成为时代任务。以党的十一届三中全会为标志，中国开启了前无古人的以改革开放为根本标志的中国特色社会主义建设事业。在这一伟大事业的建设进程中，我们党坚持了马克思主义的实践性本质，从我国社会主义初级阶段的基本国情出发，提出了社会主义本质的新论断，提出了社会主义的历史使命是消灭阶级，消灭剥削，消除两极分化，实现社会公平。在社会主义初级阶段，这个神圣使命的实现，离不开一个基本的前提，即生产力的解放和发展。这是因为社会主义初级阶段制约社会公平实现乃至社会全面进步的最大因素就是社会生产力还处在比较落后的水平上。离开社会生产力的发展，离开全社会物质财富的增长，社会公平就无从谈起。因此，从社会主义初级阶段这个基本国情出发而形成的社会主义本质论，就廓清了在"什么是社会主义、怎样建设社会主义"问题上的模糊认识，推动了我国改革开放事业的深入进行。社会主义之所以需要改革，归根到底是由于社会主义初级阶段的生产关系和上层建筑不完善、存在着生产关系束缚社会生产力发展的因素。从社会主义初级阶段的基本矛盾和主要矛盾来看，我们的改革是解放和发展生产力的重要手段，是社会主义制度的自我完善和发展，是一场深刻的革命。这些认识成果，正是我们党运用马克思主义的生产关系一定要适应生产力性质规律所取得的。

我们党把深化所有制领域的改革作为实现经济体制改革的"突破口"。经过 30 多年的改革，在所有制方面我们基本建成了以公有制为主体、多种经济成分共同发展的所有制结构。所有制改革是中国改革最关键的也是最具决定意义的改革。在这个过程中，随着超越生产力发展水平的生产关系改革为符合生产力的生产关系，随着公有制经济、民营经济和多种经济成分的大发展，广大人民群众生产的积极性和创造性得到了极大的调动，社会主义的社会物质财富和精神财富不断地被创造出来。为寻找有效发展生产力的基本途径，我们党在经济体制层面，引入了市场机制，实现了社会主义基本经济制度与市场机制的有效结合。社会主义市场经济理论诞生的意义，不仅仅是解决了社会主义制度下有效发展生产力的基本途径问题，更重要的是建构了一种新型的社会主义初级阶段的经济制度和经济体制，这是马克思主义与我国的改革实际相结合的结果。

由此我们说，中国改革开放最根本的指导思想，是马克思列宁主义、毛泽东思想，是马克思主义普遍原理和中国革命和建设的具体实践相结合，是邓小平理论、"三个代表"重要思想和科学发展观等为主要内容的中国特色社会主义理论体系。正如胡锦涛同志所说："30 年来，我们在一个十几亿人口的发展中社会主义大国取得的摆脱贫困、加快现代化进程、巩固和发展社会主义的宝贵经验，闪耀着马克思主义的真理光芒，是辩证唯物主义和历史唯物主义的胜利。"当然，我们也不否认，在改革开放过程中，在经济运行层次上，我们也借鉴了西方经济学的一部分关于微观经济管理和宏观经济管理的具体管理经验和做法。但这些也只是在马克思主义的辩证唯物主义和历史唯物主义的指导下进行的，因而是辅助的。当然，它的积极作用我们也不能否认，在今后的改革开放过程中我们还要大胆地吸收借鉴西方经济学的科学成分。我们主张学习借鉴西方经济学的科学成分，但我们不要夸大它的作用，尤其不能把它的作用和马克思主义经济学的指导作用相提并论，更不能以其取代马克思主义的指导地位。那种把学习借鉴西方经济学的科学成分并把它运用于中国改革开放的意义夸大，把改革开放所取得的举世瞩目的巨大成就归功于西方经济学的做法，是不符合中国实际的。这种错误言论和错误思潮，是西方敌对势力误导中国改革开放事业，企图对中国实行和平演变理论基础。

第二节 马克思主义经济学是解释市场经济效率的唯一科学理论

马克思关于资本主义生产方式的政治经济学，是分析私有制市场经济的科学的经济学。马克思在《资本论》第Ⅰ卷第一版序言中，就明确指出："我要在本书中研究的，是资本主义生产方式以及和它相适应的生产关系和交换关系。"[①] 这就决定了马克思经济学必然要对资本主义生产方式的经济运行基础——商品经济及其发展的高级阶段的市场经济进行研究，这一点与西方经济学是有某种相通之处的。但与西方经济学把资本主义制度看作永恒的、自然的生产方式，把市场经济看作是抽象的一般的资源配置方式不同，马克思经济学是把市场经济置于特定的社会历史关系下从生产的角度来分析的。在马克思看来，资本主义的生产过程，既是使用价值生产的劳动过程，更是资本主义生产方式下的价值形成和价值增殖过程，是劳动过程和价值增殖过程的统一。因此，"纺纱机是纺棉花的机器。只有在一定的关系下，它才成为资本。脱离了这种关系，它也就不是资本了……资本是一种社会生产关系。它是一种历史的生产关系"[②] 正是在关于生产一般和生产特殊这一框架下，马克思既考察了反映市场经济

---

① 马克思：《资本论》第 1 卷，人民出版社 1975 年版，第 8 页。
② 马克思：《资本论》第 1 卷，人民出版社 1975 年版，第 834—835 页。

共同特点的市场一般，也考察了与特定生产关系相结合的市场特殊。在市场一般的层面上，马克思经济学与西方经济学的市场经济理论有某种共通之处。

从市场机制作用的总体过程来看，马克思是从资本主义生产过程中资本的本性出发来考察市场机制的。在马克思看来，资本主义生产的目的，就是追求剩余价值。对剩余价值的追求，是资本家行事的不竭动力。为获取更多的剩余价值，资本家之间展开了激烈的竞争。而"竞争斗争是通过使商品便宜来进行的"①，这一点充分地体现在马克思的超额剩余价值理论之中。超额剩余价值，是个别资本家通过劳动生产率的提高，使商品的个别价值低于社会价值，并按社会价值出售商品而多得的那部分差额。对超额剩余价值的追逐，促使资本家不断地改进技术或者采用新技术以提高本企业的劳动生产率，从而降低生产商品的个别劳动时间，使自己获得超额剩余价值。但是，这只是暂时现象，在追逐超额剩余价值的竞争中，全体资本家会竞相采用新技术。一旦新技术被普遍采用，整个部门的劳动生产率会得到提高，原来先进的生产条件就成为一般的生产条件，个别价值与社会价值之间的差额消失，超额剩余价值也就转化为相对剩余价值生产。相对剩余价值是在资本家追求超额剩余价值的过程中实现的，是以生产技术的不断变革、从而使社会劳动生产率不断提高为条件的。在这里，单个资本对剩余价值的无止境追求，通过竞争的外在规律，促进了整个社会劳动生产率的提高。因此，如果说以往我们是从揭露资本主义剥削的秘密的角度解读《资本论》的这部分理论，那么，现在我们完全可以从资本主义促进社会生产力提高的角度解读《资本论》。不过，这不是什么新鲜的事情。事实上，对于资产阶级在一个特定历史时期能够提高社会生产力，起一定的历史进步的作用，马克思从来没有否定。马克思早就指出，"资产阶级在它的不到一百年的阶级统治中所创造的生产力，比过去一切世代创造的全部生产力还要多、还要大"。②事实上，资本家并不关心社会的劳动生产率，也不是直接追求相对剩余价值，资本家的本意只是为了自己获取超额剩余价值。正如马克思在《资本论》中所述的："当一个资本家提高劳动生产力来使例如衬衫便宜的时候，他决不是必然抱有

---

① 马克思：《资本论》第 1 卷，人民出版社 1975 年版，第 686 页。

② 马克思：《共产党宣言》，载于《马克思恩格斯文集》第 2 卷，第 36 页。

相应地降低劳动力的价值，从而减少必要劳动时间的目的；但是只要他最终促成这个结果，他也就促成一般剩余价值率的提高。"① 在这一意义上，也可以说："提高劳动生产力来使商品便宜，并通过商品便宜来使工人本身便宜，是资本的内在的冲动和经常的趋势。"② 这种部门内部的竞争，就形成了市场价值，价格也就围绕市场价值上下波动，来调节资源的配置。

从市场机制作用的具体过程来看，无论是在马克思经济学还是西方经济学中，市场机制发挥作用都是通过价格机制、供求机制、竞争机制等的综合作用来实现的。在西方经济学中，市场的均衡价格表现为市场需求和供给这两种相反力量共同作用的结果。当市场出现供求不一致的非均衡状态时，价格机制、供求机制、竞争机制的综合作用会使这种非均衡状态逐步消失，实际市场价格将回到均衡价格水平。在这里，均衡价格是价格变化的目标，是市场价格运动的趋势。在马克思经济学中，价格围绕价值上下波动是价值规律在现实经济生活中的表现形式。供过于求或供不应求从而价格与价值的偏离虽然经常发生，但由于价格机制、供求机制、竞争机制的综合作用，这种偏离不会长时间持续下去。在这里，"价值表现为价格运动的规律"③，使得市场价格在动态中趋于平衡。可见，无论是马克思经济学还是西方经济学，都认为市场运行是有规律的，平衡即意味着规律的存在。这一规律不仅体现在同一生产部门内部，也体现在不同生产部门之间。特别是同一部门内部的资本家，为追求超额剩余价值，会不断地采用新技术，使资本有机构成提高，造成不同部门之间资本有机构成和资本周转速度的差异，从而导致不同的利润率。然而，资本作为一种社会权利，必然要求等量资本获取等量利润。这必然使竞争扩展到不同部门。资本家为了获得更多的利润，会把资本从利润率低的部门撤出，转移到利润率高的部门。通过资本的转移，那些利润率高的部门，资本数量增加，生产规模扩大，产品供给增加，导致供过于求，产品价格下降，利润率也随之下降；利润率低的部门，则由于资本向外转移，产品供给减少，导致供不应求，产品价格上涨，利润率也随之上升。资本的这种转移及由此引起

---

① 马克思：《资本论》第 1 卷，人民出版社 1975 年版，第 351 页。
② 马克思：《资本论》第 1 卷，人民出版社 1975 年版，第 355 页。
③ 《马克思恩格斯全集》第 30 卷，人民出版社 1995 年版，第 86 页。

的利润率变动，一直要持续到各部门的利润率大致相等时才会停止，形成平均利润率。可见，无论是在马克思经济学还是西方经济学中，市场机制的作用都会使企业的利润趋向于平均。企业要想维持超额利润，就需要适时地考虑转向更兴旺、利润更高的行业，甚至自己开创全新的行业。这种资本的转移也说明了市场所具有的自发调整产业结构、进行资源配置的功能。

从市场经济的宏观调控来讲，马克思关于社会总资本再生产理论，揭示了商品经济和市场经济在结构和数量方面的矛盾和困难，指出了市场经济宏观调控的必要性。不仅如此，马克思对资本主义私有制市场经济的总量关系分别从结构和数量方面进行了系统的研究。这一点比资产阶级经济学的总量关系研究要科学得多。当然，马克思对私有制的资本主义市场经济是持否定态度的，他并不认为资本主义市场经济可以通过万能的宏观调控消除矛盾和危机。马克思对资本主义经济危机的科学理论已经不断地被资本主义市场经济所验证。从我国社会主义市场经济宏观调控过程来看，马克思关于结构、质量和经济增长的理论为我们提供了理论基础。

通过上面的分析我们知道，马克思经济学不仅是研究资本主义生产方式下的市场特殊，也研究了市场经济的一般。如果抛开它所反映的资本主义生产方式特性，对社会主义经济同样适用。而且，马克思不仅分析了私有制市场经济的高效率，也指出了它进一步发展导致资本主义矛盾爆发以及由此带来的低效率；不仅科学地分析了资本主义经济制度的产生发展，也说明了它必然灭亡的历史趋势。正如马克思指出的："资本的发展程度越高，它就越是成为生产的界限，从而也越是成为消费的界限。"[①] "它在使生产过程的物质条件及其社会结合成熟的同时，也使生产过程的资本主义形式的矛盾和对抗成熟起来，因此也同时使新社会的形成要素和旧社会的变革要素成熟起来。"[②] 因此，马克思经济学展现的市场经济，不仅是作为抽象的市场一般的市场经济，也是要与一定的社会基本经济制度相结合的作为市场特殊的市场经济。我国社会主义市场经济体制的构建，正是对马克思经济学这一理论的运用。

---

① 《马克思恩格斯全集》第 30 卷，人民出版社 1995 年版，第 397 页。

② 马克思：《资本论》第 1 卷，人民出版社 1975 年版，第 550 页。

第三节　中国特色社会主义理论体系
对中国改革开放的指导意义

把坚持社会主义基本制度同发展市场经济结合起来，在社会主义条件下发展市场经济，是马克思主义中国化的突出成果，为我国大力解放和发展社会生产力、不断推进社会主义现代化建设找到了一条崭新的成功道路。

我国是在社会主义基本社会制度条件下发展市场经济，是社会主义基本制度与市场经济体制的有机结合，不是资本主义的市场经济，也不是单纯的市场经济，那种独立于任何社会基本制度的单纯市场经济在世界上是不存在的。邓小平同志早在 1979 年就指出："说市场经济只存在于资本主义社会，只有资本主义的市场经济，这肯定是不正确的。社会主义为什么不可以搞市场经济，这个不能说是资本主义。"① "这是社会主义利用这种方法来发展社会生产力。把这当作方法，不会影响整个社会主义，不会重新回到资本主义。"② 在 1992 年视察南方的重要谈话中，邓小平同志进一步提出了"计划经济不等于社会主义，资本主义也有计划；市场经济不等于资本主义，社会主义也有市场"的"两个不等于"论断。这一论断一方面明确了市场经济是一种经济体制，不是社会基本制度，是发展社会基本制度的一种方式或手段；另一方面，这一论断还明确了市场经济作为一种经济体制，必须与社会基本制度紧密结合在一起，市场经济的发展过程已充分证明这一点。因此，我们的市场化改革，绝不是西方经济学的专利，它恰恰是马克思主义中国化理论成果的应用。

新中国成立后，如何处理好计划与市场的关系，一直是我们在社会主义建设进程中艰辛探索和研究的问题。传统社会主义经济理论认为，社会主义经济只能是计划经济，否定商品货币关系和价值规律的作用；传统社会主义经济体制实行高度集中的以指令性计划为主的管理体制，排斥市场机制。但实践表明，这种对马克思主义僵化教条的理解，阻碍了社会主义生产力的发展。十一届三中全会会后，我国开始了市场取向

---

① 《邓小平文选》第 2 卷，人民出版社 1994 年版，第 236 页。
② 《邓小平文选》第 2 卷，人民出版社 1994 年版，第 236 页。

改革的探索。党的十四大明确提出了建立社会主义市场经济体制的改革目标。从此，以建立现代企业制度为方向的国有企业改革、以明晰产权为重点的乡镇企业改革、以适应市场经济要求为目标的分税制改革和银行改革、以推进生产资料价格双轨制为市场单轨制和生产要素价格市场化为重点的价格改革，以及大力发展个体私营等非公有制经济等，都有条不紊地积极展开，并取得明显成效。到 20 世纪末，我国社会主义市场经济体制初步建立。相应地，困扰我们几十年的卖方市场格局也转变为人们所乐见的买方市场格局。进入新世纪，党的十六大、十六届三中全会和十七大，进一步提出和部署了完善社会主义市场经济体制的任务。完善社会主义市场经济体制的着力点，是深入贯彻落实科学发展观，积极改革攻坚，实现国民经济又好又快发展，这一切都是马克思主义中国化的最新成果。

　　总结 30 多年的改革开放的实践创新与理论创新，可以归结为两个方面：从改造世界方面讲，开辟了中国特色社会主义道路；从认识世界方面讲，形成了中国特色社会主义理论体系。改造世界和认识世界的有机统一，就是以中国特色社会主义为主题的理论与实践的辩证运动。在改革开放和社会主义现代化建设的不同阶段，先后产生了邓小平理论、"三个代表"重要思想以及科学发展观等重大战略思想，它们都是中国特色社会主义理论体系的有机组成部分，既一脉相承又与时俱进。在改革开放的进程中，这三大理论成果不断探索和回答了三大课题：什么是社会主义、怎样建设社会主义，建设什么样的党、怎样建设党，实现什么样的发展、怎样发展。对这三大课题的探索和回答，又通过改革开放实践的纽带相互联系和贯通，成为中国特色社会主义实践的"三位一体"，这也决定了中国特色社会主义理论体系内涵的"三位一体"。同时，中国特色社会主义理论体系主要是在以和平与发展为主题的时代条件下产生的，其三个组成部分都坚持从当代中国实际和时代特征出发，注重总结改革开放不同时期、不同阶段的新鲜经验，注重探索和回答不同的新问题，既相互贯通又层层递进，在改革开放新的实践中不断丰富和完善，而这一切又都与社会主义市场经济体制的建构与完善紧密地联系在一起。

第四节　批判借鉴西方经济学的科学成分，
用以指导我国市场经济运行

社会主义市场经济理论作为一种来自于新的社会实践的科学理论，是马克思主义经济学的重要组成部分之一，它的建立和完善必须要坚持以马克思主义政治经济学为基础，同时又要以科学的态度吸收、借鉴西方经济学和其他经济学科的理论成果。正如邓小平同志所指出的："社会主义要赢得与资本主义相比较的优势，就必须大胆吸收和借鉴人类社会创造的一切文明成果，吸收和借鉴当今世界各国包括资本主义发达国家的一切反映现代社会化生产规律的先进经营方式、管理方法。"因此，构建社会主义市场经济体制，推行对外开放，需要我们正确对待资本主义社会创造的现代文明成果。资本主义经历了几百年的发展，在经济、科技、教育、文化和社会管理等方面积累了丰富的经验，社会主义作为崭新的社会制度，必须大胆借鉴、吸收人类社会包括资本主义社会创造出来的文明成果，结合新的实践进行新的创造，为我所用，才能加快发展，赢得同资本主义相比较的优势。中国改革开放，从对西方经济学的借鉴来看，我们有以下几个方面：

第一，从我们建立社会主义市场经济体制的目标来说，一是要使市场对资源配置起基础作用；二是实现生产要素商品化、企业行为自主化、产权关系明晰化、交易行为规范化等，这是我们吸收借鉴微观经济学所取得的。我们创造性地提出了如何在资源和技术约束下求得竞争性均衡的帕累托配置效率，纠正市场失灵和分配不公平的偏差。

第二，我们在国有企业改革中借鉴了西方股份制经济的管理经验。股份制企业的主要特点是：股东以其出资额为限对企业债务负有限责任，享有终极所有权；企业以其全部财产对企业债务负责，享有法人所有权；股东大会、董事会、总经理、监事会相互制约监督，形成法人治理结构。一方面，股份制企业能够通过多元化的所有者——股东筹集到企业发展所需要的巨额；另一方面，由于股权的可转让性，使财产能够在全社会范围流动。这两点，适应了社会化大生产的要求，推动了生产力以前所未有的速度发展。借鉴西方股份制经济的管理经验，对我国更好地实现公有制与市场经济的相结合，创新公有制实现形式，建立现代企业制度提供了有益借鉴。

第三，实施反垄断法等市场经济管理的措施借鉴了西方国家的经验。现代意义上的反垄断法是伴随着西方资本主义从自由经济转化为垄断经济这一特定历史条件而出现的。西方国家反垄断法的实施，在一定程度上对维护市场公平竞争，规范市场行为，维持市场秩序，起到积极作用。目前我国虽然没有出现欧美国家那样的生产和资本高度集中的经济垄断组织，但随着我国开放步伐的加快，越来越多的世界跨国公司进入我国市场，它们垄断式的经营方式一定程度上干扰了我国市场的正常运行。我国应借鉴西方国家的反垄断措施，制定和完善反垄断法，以规范市场行为，维护大多数市场参与者的正当权益，确保社会主义市场经济的健康有效运转。

第四，关于社会保障制度的建设，我们已经和正在借鉴西方资本主义国家中的福利国家的理论和实际做法。与西方发达资本主义国家相比，我国社会保障制度的建设起步较晚。改革之前，我国采取的是计划经济体制下的福利性的社会保障政策。随着我国经济体制改革的深入，原有的社会保障措施愈来愈不能适应我国经济发展的需要。西方社会保障制度的经验教训为我国进一步建立和完善社会保障制度提供了一些有益启示和一定的借鉴意义。

第五，在宏观调控的手段方面我们借鉴了西方发达市场经济的管理经验。加强和改善国家对经济运行的宏观调控，这是马克思主义政治经济学也有的结论。但是在宏观调控的手段方面我们借鉴了西方发达市场经济的管理经验。例如中央银行制度、财政政策、货币政策等具体操作层面的做法，不能说是属于资本主义所独有，因此我们完全可以采取拿来主义。

以上我们列举了改革开放过程中我们学习和借鉴西方资本主义和资产阶级经济学的各主要方面。当然，还有很多方面我们还没有完全列举进来。尽管这样，在这里我们还是要作如下说明：我们学习借鉴西方资本主义和资产阶级经济学的有益成分，并把它运用于社会主义改革开放过程之中，这样所取得的成就，不能说与西方经济学没有关系。但是，我们认为，这种成就不能归功于西方经济学。因为，被我们所借鉴利用的西方经济学理论，已经是经过我们进行批判地改造的理论。它的运用是在马克思主义历史唯物主义和其他经济规律指导下的运用，因此这种成就必然要归功于马克思主义，归功于马克思主义的新发展。

第 二 章

现代西方资产阶级经济学
方法论和理论体系批判

人类社会发展到 21 世纪，在思想领域主要有马克思主义经济学理论和现代资产阶级经济学理论两大学说体系。要坚持马克思主义经济学的主流地位，必须全面批判现代西方资产阶级经济学。本章着重对西方资产阶级经济学的方法论和理论体系进行批判。马克思将西方资产阶级经济学发展和演变的历史划分为古典经济学和庸俗经济学两个历史时期，这是马克思主义经典作家运用唯物史观分析资本主义社会经济思想所得出的基本结论。尽管现代西方经济学家在研究对象和研究方法上一再地将其装饰成科学，然而，现代西方经济学无论是从研究对象还是从研究方法上看，其庸俗本质并没有改变，只是更加隐蔽和更具有欺骗性。本章将对现代资产阶级方法论伪科学性和理论体系的庸俗本质展开系统批判。

第一节 现代资产阶级经济学性质、
研究对象和方法的批判

一 现代资产阶级经济学仍然是庸俗经济学

1. 资产阶级经济学已经于 19 世纪 30 年代转化为庸俗经济学

马克思将资产阶级经济学演变历史过程划分为两个基本阶段：古典政治经济学和庸俗政治经济学。马克思在《资本论》第二版跋中明确写道："1830 年，最终决定一切的危机发生了。法国和英国的资产阶级夺得了政权。从那时起，阶级斗争在实践方面和理论方面采取了日益鲜明的和带有威胁性的形式。它敲响了科学的资产阶级经济学的丧钟。现在问题不再是这个或那个原理是否正确，而是它对资本有利还是有害，方便还是不方便，违背警章还是不违背警章。不偏不倚的研究让位于豢养的文丐的争斗，公正无私的科学探讨让位于辩护士的坏心恶意。"① 可见，马克思将1830 年，或者更准确一些说是英法资产阶级夺取政权的时间，看作是古典政治经济学和庸俗经济学的分水岭。资产阶级经济学从 16、17 世纪产生，经过亚当·斯密和大卫·李嘉图等杰出经济学家的发展，到 1830 年这个时期达到了它的巅峰，这是古典政治经济学时期。1830 年以后的资产阶级经济学，包括现代资产阶级经济学在内，都属于庸俗经济学范围。

2. 资产阶级经济学家不承认资产阶级经济学曾经历了从古典经济学向庸俗经济学的转化

从 19 世纪后期开始，资产阶级经济学家们沿用了马克思的褒义的古典经济学的称谓，而当然地拒绝了庸俗经济学的说法。他们不能接受资产阶级经济学已经转化为庸俗经济学的事实。他们将 18 世纪末期开始从古典经济学中分离出来并继续发展的庸俗经济学，看成是对以斯密和李嘉图学说为核心的古典经济学的发展。

凯恩斯的《就业、利息和货币通论》在否定前人理论时，扩大了古典经济学的范围。凯恩斯写道："'古典经济学者'是马克思所首创的名词，用以泛指李嘉图和詹姆斯·穆勒以及他们的前辈们。这就是说，泛指集大成于李嘉图经济学的古典理论的那些创始人。我已经习惯于在'古典学派'中纳入李嘉图的追随者，即那些接受李嘉图经济学并加以完善化的人，包括 J. S. 穆勒、马歇尔、埃奇沃思以及庇古教授。我这样做，也许犯了用语不当的错误。"② 可见，凯恩斯仍沿用了马克思"古典经济学"这一名词，但他没有接受马克思关于古典经济学和庸俗经济学划分的依据，本能地抛弃了庸俗经济学概念。在凯恩斯那里，"古典经济学"范畴是相当宽泛的。他把古典经济学界定为"从李嘉图的前辈起到他的剑桥老师及同事，这一整串的英国资产阶级经济学家"。③

如果说在凯恩斯那里没有拿出新的依据，只是冒着犯"用语不当的错误"的风险，人为地硬性扩大了古典经济学的范围，那么，萨缪尔森

---

① 《资本论》第 1 卷，《马克思恩格斯文集》第 5 卷，人民出版社 2009 年版，第 17 页。

② ［英］约翰·梅纳德·凯恩斯：《就业、利息和货币通论》，商务印书馆 1999 年版，第 7 页注①。

③ 陈岱孙：《英国古典政治经济学》，载《陈岱孙文集》，北京大学出版社 1989 年版，第 935 页。

则完全不同，他根据另外的标准重新解释了"古典经济学"的含义。萨缪尔森写道："用现代经济学语言来讲，我们将那种强调经济中自我矫正力量的学说称为古典理论；古典宏观经济思想植根于亚当·斯密（1776年）、J. B. 萨伊（1803年）和约翰·斯图亚特·穆勒（1848年）的著作。"① 可见，萨缪尔森所谓的"古典经济学"和"非古典经济学"（即新古典经济学及现代经济学）的区别在于，是否"强调经济中自我矫正力量"。他将所有的"强调经济中自我矫正力量"经济学都称为古典经济学。

在萨缪尔森以后，资产阶级经济学者在撰写经济思想史时，一般都将古典经济学界定为从亚当·斯密开始，经过李嘉图及其弟子们的发展，到1870年结束；而将1871年边际效用学派的兴起，看作是新古典经济学的开始，新古典经济学的核心是马歇尔均衡价格论和瓦尔拉斯一般均衡理论。1936年凯恩斯《通论》的出版，标志着现代经济学的产生。

总之，现代西方经济学思想史学者，虽然他们之间对如何界定古典经济学的范围都存在着这样或那样的差别，但他们有一个共同的特征：就是出于本能否定了马克思关于古典经济学和庸俗经济学划分的依据，进而拒绝了马克思关于庸俗经济学的说法。

3. 国内学者关于西方经济思想史分期的认识

（1）以陈岱孙为代表的老一辈经济学家的研究

1987年陈岱孙进一步指出："西方经济学发展史表明，马克思这一论断是颠扑不破的真理。1830年以后，西方经济学的辩护色彩日甚一日地浓厚起来。到了19世纪70年代，由于自由竞争资本主义向垄断资本主义过渡，由于《资本论》的问世和马克思主义在工人运动中的迅速传播，西方经济学的辩护性有了新的发展。如果说在此以前，西方经济学的辩护性主要表现为早期庸俗经济学反对古典经济学的劳动价值论，那么，从此以后，西方经济学的辩护性便主要表现为反对马克思主义经济学。到了20世纪二三十年代，由于新兴的社会主义生产方式的出现，西方经济学的辩护性又有了新的发展，即不仅反对理论上的马克思主义，更反对新生的社

---

① ［美］保罗·萨缪尔森，威廉·诺德豪斯：《经济学（第十六版）》，华夏出版社1999年版，第502页。

会主义制度。"① 这种思想，在鲁友章、李宗正主编的《经济学说史》教科书的篇章结构安排中得到了充分体现。书中关于资产阶级经济学说史的分期是这样划分的："资产阶级古典政治经济学"、"小资产阶级政治经济学"、"十九世纪上半期的资产阶级庸俗政治经济学"、"十九世纪末二十世纪初的庸俗政治经济学和修正主义经济学说"② 可见，这个时期中国经济学界坚持了 1830 年以后的资产阶级经济学（包括现代西方经济学）是庸俗经济学的基本判断。

（2）晏智杰试图为庸俗经济学翻案

实事求是地讲，晏智杰教授早年也曾坚持过马克思主义的立场、观点和方法，写过一部分以马克思主义为指导的论文和著作。但是自 2000 年以来，晏智杰教授的理论研究工作明显地背离了马克思主义的立场、观点和方法。在经济思想史的历史分期问题上，晏智杰教授无法接受资产阶级经济学已经转化为庸俗经济学的事实。

首先，晏智杰用"西方主要资本主义国家一百多年来经济的巨大发展和成就"来推断西方经济学的进步性质。晏智杰教授说，如果马克思的划分是正确的——"就是说，现代西方经济学一直处于不断庸俗化、进一步解体和总危机之中，那么，该如何解释西方主要资本主义国家一百多年来经济的巨大发展和成就（尽管走着一条曲折的路）呢？除非断定这种发展同流行的这种或那种经济学说无关，但是这样一来，我们历来强调的西方资产阶级经济学为资本主义制度服务的功能到哪里去了呢？"③ 晏智杰教授在这里力图要证明：将资本主义经济的所谓"巨大发展和成就"，等同于资产阶级经济学说的巨大发展和成就。这里我们要提醒晏智杰教授注意：第一，资本主义经济的所谓巨大发展和成就，是资产阶级政府通过政治的、经济的、武装干预等办法对内加强对本国工人阶级的剥削，对外进行侵略扩张等各种手段综合作用所取得的，而不单纯是靠所谓的经济学的科学性而取得的。对于晏智杰教授所津津乐道的这种经济的"巨大发展和成就"，以工人阶级为其阶级基础的马克思主义经济学显然

　　① 陈岱孙、杨德明：《关于当代西方经济学评价的几个问题》，原载《红旗》杂志 1987 年第 6 期，参见《陈岱孙文集》，北京大学出版社 1989 年版，第 840 页。

　　② 鲁友章、李宗正主编：《经济学说史》，人民出版社 1979 年版，第 3—5 页。

　　③ 晏智杰：《古典经济学》，北京大学出版社 1998 年版，第 11 页。

是不屑一顾的。第二，近年来，发达资本主义国家的资产阶级所惯用的经济政策伎俩是，"一方面，对外输出经济自由主义，指责和制裁发展中国家经济保护主义；另一方面，对内实行国家保护主义"。晏智杰教授作为外国经济学说史研究的专家，似乎对此事是一无所知。但是我们必须提醒晏智杰教授的是，政治经济学是有阶级性的，政治经济学运用也是为一定的阶级服务的。发达资本主义国家的资产阶级明明知道经济自由主义的经济政策不利于一个国家民族经济的发展，他们自己不实施这种经济政策，但却要求发展中国家必须实施此政策，这就是他们的阶级利益所在，也是政治经济学的阶级性的生动体现。因此，不科学的政治经济学，与为资产阶级攫取经济的"巨大发展和成就"是并行不悖的。

其次，晏智杰教授关于庸俗经济学的下限时期的理论。在《资本论》第Ⅰ卷中批判西尼尔"节欲论"时，马克思谈到"城市无产阶级在里昂敲起了警钟，而农村无产阶级在英国又燃起了熊熊烈火。海峡此岸在传播欧文主义，海峡彼岸在传播圣西门主义和傅立叶主义。庸俗经济学的丧钟已经敲响了。"[①] 晏智杰教授把"庸俗经济学的丧钟已经敲响了"的时间，看作是资产阶级庸俗经济学的下限。由此晏智杰教授批评坚持 1830 年以后资产阶级经济学仍然是庸俗经济学的观点，"并不符合马克思的原意"。晏智杰教授兴奋地写道："大家知道马克思说古典派丧钟敲响了，是指它要寿终正寝并被庸俗经济学所取代；同样他说庸俗经济学丧钟已经敲响了，也是指庸俗经济学已经完结，要被无产阶级政治经济学所取代，他不止一次地指出过这一点。在马克思的心目中，决没有后人所说的庸俗经济学进一步解体、庸俗化和总危机。"[②] 在这里，"马克思说古典派丧钟敲响了，是指它要寿终正寝并被庸俗经济学所取代"，晏智杰的这个理解是正确的。不过我们在这里还要补充的是，"被庸俗经济学所取代"是就资产阶级经济学发展和演变而言的。但是，马克思绝没有说经济思想发展到这个时期的资产阶级经济学不能被无产阶级政治经济学所取代。马克思曾明确指出"德国社会特殊的历史发展，排除了'资产阶级'经济学在德国取得任何独创的成就的可能性，但是没有排除对它进行批判的可能性。就这种批判代表一个阶级而论，它能代表的只是这样一个阶级，这个阶级的

---

①　晏智杰：《古典经济学》，北京大学出版社 1998 年版，第 12 页。
②　晏智杰：《古典经济学》，北京大学出版社 1998 年版，第 12 页。

历史使命是推翻资本主义生产方式和最后消灭阶级。这个阶级就是无产阶级"。① 因此，资产阶级经济学丧钟敲响，在资产阶级经济学范围内是庸俗经济学泛滥，而在更宽阔的视野来看，则是马克思主义经济学或无产阶级经济学的产生。至于晏智杰认为马克思"说庸俗经济学丧钟已经敲响了，也是指庸俗经济学已经完结，要被无产阶级政治经济学所取代"。② 我们认为，晏智杰对"庸俗经济学的丧钟已经敲响了"，显然是做了形而上学的理解。"丧钟已经敲响了"，绝不意味着资产阶级庸俗经济学不会以花样翻新的形式进行所谓的"理论创新"。"已敲响"只是意味着各种所谓的"理论创新"没有任何真正的科学价值。由此可见，"在马克思的心目中，决没有后人所说的庸俗经济学进一步解体、庸俗化和总危机"，是晏智杰教授将其个人偏见强加给了马克思！晏智杰教授指责认为，坚称1830 年以后的资产阶级经济学仍然是庸俗经济学的人们，他们的说法不符合马克思原意。我们认为，这些同志的观点，不是真的不符合马克思的原意，而是不符合强加给马克思的晏智杰教授的错误观点！

晏智杰教授在从总体上对古典经济学和庸俗经济学划分进行否定以后，又分别从科学性、方法论、社会作用等各个方面对传统的庸俗经济学范畴提出了质疑：

第一："传统观念中的庸俗经济学果真同科学无缘吗？"③ 在这一标题下，晏智杰针对马克思当年严厉批判过的资产阶级庸俗经济学家，包括萨伊、马尔萨斯、西尼尔等人以及德国早期的历史学派的经济学家，逐一地予以翻案。他认为从一个较全面的观点来看，这些经济学家对经济学的贡献是主要的，个别理论错误是次要的，马克思对庸俗经济学的看法存在片面和不妥。问题在于，我们说一个经济学家是一个庸俗经济学家，或者说一种经济学说是一种庸俗经济学说，我们都是就总体评价而言的。庸俗经济学与科学无缘，这确实是马克思主义经济学的一个基本常识。马克思在《资本论》第 I 卷第二版跋中对德国经济学家和德国经济学的论述，已经把这个道理讲得明明白白。另外，像晏智杰这样，把萨伊的生产三要素论和经济学的三分法奉为是科学；不问时间、地点和社会历史条件将经济自

---

① 《资本论》第 1 卷，人民出版社 1975 年版，第 18 页。

② 晏智杰：《古典经济学》，北京大学出版社 1998 年版，第 12 页。

③ 晏智杰：《古典经济学》，北京大学出版社 1998 年版，第 13 页。

由主义作为萨伊对经济学的贡献。所有这些，要使马克思主义经济学家欣然接受，的确需要马克思主义经济学家首先放弃它们的马克思主义的立场、观点和方法。

第二：“传统观念中的庸俗经济学在研究方法论上一无是处吗?”① 在这里，晏智杰教授首先轻描淡写地承认庸俗经济学以现象掩盖和代替本质，以一般代替特殊等等一些庸俗经济学的特点，然后就把矛头指向了传统观念。他认为：“以往的看法总是过头：否认描述现象的科学价值，否认经验归纳的必要性，否认经济生活中存在‘一般的’规律性。由此出发，必然低估甚至完全抹杀所谓‘庸俗经济学’在方法论上的历史贡献，同时又必然不恰当地抬高抽象演绎法的意义，满足于高度抽象的据说是揭示了事物本质和规律性的理论，将本来异常丰富、生动的‘一般’与‘特殊’、‘本质’与‘现象’辩证统一的思想发展过程，简单化为生硬干瘪的教条集成。”② 这里，晏智杰教授是在以批判传统经济学为借口来批判马克思。我们这里只需指出，晏智杰所批判的这些所谓的方法论上的缺陷，在马克思的《资本论》中都是不存在的！

第三：“就传统观念中的庸俗经济学的社会作用来说，问题更明显了。”晏智杰的意思是，马克思所批判的庸俗经济学代表和反映了社会生产力发展的客观要求，有利于社会生产力的发展，因此，不应该叫庸俗经济学。晏智杰在这里杜撰了一个所谓“生产力标准”。他说：“问题在于，他们的学说和主张在当时历史条件下是否代表和反映了社会生产力发展的客观要求，是否有利于发展生产力。一旦这样提出问题和认识问题，任何一位不存偏见的研究者就不难发现，以往的所谓古典和庸俗的划分就完全站不住了。因为这种划分所依据的标准不是在与他同生产力发展的关系，而是看他是否揭示了资本主义制度的剥削本质。”③ 晏智杰教授在这里把揭示资本主义制度的剥削本质，与代表和反映社会生产力发展要求、有利于发展生产力这两者对立起来了。在晏智杰看来，马克思在评价资产阶级经济学家和经济学说时，是以是否揭示了资本主义经济制度的剥削本质为标准的。而晏智杰教授所提出的新标准则是，评价资产阶级经济学家和经

① 晏智杰：《古典经济学》，北京大学出版社 1998 年版，第 13 页。
② 晏智杰：《古典经济学》，北京大学出版社 1998 年版，第 13—14 页。
③ 晏智杰：《古典经济学》，北京大学出版社 1998 年版，第 14 页。

济学说时，可不必问津其是否揭示资本主义经济制度的剥削本质，只看它是否代表和反映了社会生产力发展的要求，是否有利于发展生产力。在这里，晏智杰教授遇到了一个如何对待经济学的科学性和经济学的适用性的关系的问题。马克思在评价资产阶级经济学家和经济学说时，是以其是否揭示了资本主义经济制度的剥削本质为标准，这充分体现了经济学科学性的要求。一种经济学作为科学，它必须是对客观事物及其发展的规律性的正确认识和反映。否则这种经济学就不能成其为科学。资本主义经济制度的本质是资本对雇佣劳动的剥削，因此，对这种经济制度进行研究的经济学的科学性，就在于是否正确地揭示和反映了这种经济制度的本质。因此，经济思想史研究，涉及对一种经济学说进行评价时，提出以这种经济学说是否客观地反映了这种经济制度的本质作为标准，这是很自然的。这和数学史研究中涉及数学家的数学思想评价时，只要以其是否正确地反映了自然界物质变换中的数量关系作为评价标准是一致的。在这里有一个不言自明的前提，那就是首先是科学性。一种学说只有具有了科学性，才能谈到它的适用性。如果一种学说的科学性被证伪了，那么也就不会有人再去以其具有适用性而加以弘扬。晏智杰教授将经济学的科学性和经济学的适用性对立起来，拿出所谓的经济学说评价的"生产力标准"是不能成立的。另外，按照唯物史观的生产力与生产关系，经济基础与上层建筑之间相互关系的原理，一方面，生产力决定生产关系，经济基础决定上层建筑；另一方面，生产关系反作用于生产力，上层建筑对经济基础有反作用。经济学说属于社会意识形态，它是经济基础和上层建筑等这些社会存在的反映。马克思强调："在考察这些变革时，必须时刻把下面两者区别开来：一种是生产的经济条件方面所发生的物质的、可以用自然科学的精确性指明的变革；一种是人们借以意识到这个冲突并力求把它克服的那些法律的、政治的、宗教的、艺术的或哲学的，简言之，意识形态的形式。我们判断一个人不能以他对自己的看法为根据，同样，我们判断这样一个变革时代也不能以它的意识为根据。相反，这个意识必须从物质生活的矛盾中，从社会生产力和生产关系之间的现存冲突中去解释。"① 就是说经济学作为社会意识形态，它对生产力的作用还要通过上层建筑、经济基

---

① 马克思：《〈政治经济学批判〉序言》，《马克思恩格斯全集》第 13 卷，人民出版社 1962 年版，第 9 页。

础、生产关系等诸多环节才能体现出来。因此，不存在立竿见影的经济学对生产力发展的作用。

综上分析，我们可以得出结论：晏智杰教授以马克思预言"资本主义私有制的丧钟就要响了，剥夺者就要被剥夺了"这个非常现实的目标至今也没有实现为"依据"替庸俗经济学所做的辩护是不能成立的。事实上，不是"马克思的语言和论断有历史局限性、过于激进"，而是晏智杰教授，背离了马克思主义和工人阶级的根本立场、观点和方法。

(3) 高鸿业的疑惑和辩解

高鸿业教授是新中国历史上一位以马克思主义为指导研究现代西方经济学的著名经济学家。他对新中国的西方经济学教育和研究工作做出了卓越的贡献。众所周知的是，他翻译了萨缪尔森《经济学（第 10 版）》、编写以马克思主义为指导的具有鲜明特色的《西方经济学》统编教材、撰写了一系列以马克思主义为指导运用西方经济学理论分析中国国有企业改革的重要文章、在晚年重新翻译凯恩斯的《就业、利息和货币通论》等等。高鸿业教授批判中国经济学界对待西方经济学的全盘否定和全盘肯定两种极端态度。高鸿业教授的这些贡献，是我们从事经济学研究和教育事业的同志都不应该忘记的。但是在对西方经济学性质的认识上，高鸿业教授却有他无法消除的带有时代印记的疑问和困惑。高鸿业教授的问题从西方资产阶级经济学发展的历史分期开始，对这个问题高鸿业教授提出了"重商主义、古典经济学、庸俗经济学和庸俗经济学以后这四个阶段"[1]的四阶段论。其中，庸俗经济学从 1830 年开始，这是继承了马克思的观点，但庸俗经济学与庸俗经济学以后两个阶段之间的界限，高鸿业教授并没有给出明确的说法。然而，我们从其后面的论述中能看出其中端倪："那时的庸俗经济学主要在于反对空想社会主义。当《资本论》第 I 卷于 1867 年出版以后，从 19 世纪 70 年代开始，西方经济学的任务之一便是反对马克思主义，成为马克思主义政治经济学的对立面。"[2] 从这里我们可以看出高鸿业教授将 1870 年以后的资产阶级经济学看作是庸俗经济学以后。高鸿业教授如何认识庸俗经济学？又是如何认识所谓"庸俗经济学以后呢"？

---

[1]　高鸿业、吴易风：《现代西方经济学》（上册），经济科学出版社 1988 年版，第 3 页。

[2]　高鸿业、吴易风：《现代西方经济学》（上册），经济科学出版社 1988 年版，第 3 页。

　　高鸿业教授引证马克思对庸俗经济学的有关论证，将"马克思所指出的庸俗经济学"的特点概括为三个方面：第一，庸俗经济学停留于研究事物的表面现象。第二，庸俗经济学只不过把资本主义市场上的成规、行话、生意经和经营法则用经济学术语系统地表述出来。第三，庸俗经济学的目的在于为资本主义制度辩护。[①] 在此之后，高鸿业认为，"根据上述三点，马克思对庸俗经济学的特点的论述无疑是正确的"。高鸿业继续论证道："既然萨缪尔森《经济学》是一本在一定程度上带有庸俗经济学性质的著作，既然庸俗经济学又属于非科学范围之内，那么，关于《经济学》的个别概念、论点和方法有值得借鉴之处的说法是否与马克思所指出的庸俗经济学的三个特点相冲突？"对于这个问题，高鸿业自己回答道："我们认为，冲突并不存在。因为《经济学》的内容并不全是庸俗经济学。退一步说，即使他的全部内容都是庸俗的这也不能否定《经济学》中的个别概念、论点和方法的有用之处。"[②]

　　首先，高先生所谓的"全部内容都是庸俗的"，是否包括《经济学》中的个别概念、论点和方法？如果包括，那么就可以认定：《经济学》中的个别概念、论点和方法都是庸俗的。庸俗的就是和科学背道而驰的，而和科学背道而驰的对科学研究来说就是无用的，这是最基本的科学研究是非标准。可见，"即使他的全部内容都是庸俗的这也不能否定《经济学》中的个别概念、论点和方法的有用之处"的说法的逻辑混乱是显而易见的。撇开这一点不说，我们再来看高鸿业提出问题的方法。高鸿业首先肯定"马克思指出的庸俗经济学的特点的论述无疑是正确的"；然后高鸿业又认为萨缪尔森的《经济学》具有庸俗经济学性质；最后，根据"内容并不完全是庸俗经济学"，得出结论：萨缪尔森的《经济学》中的"个别概念、论点和方法的有用之处"。这里问题关键就在于高鸿业教授对萨缪尔森《经济学》是怎么"认为"的。换言之，这里问题的关键在于，高鸿业教授做出"萨缪尔森《经济学》是一本在一定程度上带有庸俗经济学性质的著作"和"《经济学》的内容并不全是庸俗经济学"的判断的根据是什么？

　　高先生没有抓住马克思划分古典经济学和庸俗经济学的精神实质，还

①　高鸿业：《评萨缪尔森〈经济学〉》，中国人民大学出版社 1998 年版，第 122—123 页。

②　高鸿业：《评萨缪尔森〈经济学〉》，中国人民大学出版社 1998 年版，第 124 页。

只停留在摘录语录、教条式地理解马克思关于庸俗经济学的论述。事实上，马克思划分古典经济学和庸俗经济学是生产力与生产关系、经济基础与上层建筑原理的具体应用。经济学属于社会意识形态。古典经济学反映了资本主义产生、发展和上升阶段的资产阶级意识形态，主要任务是反对封建地主阶级的意识形态，是当时社会经济客观现实的反映。而当英法资产阶级掌握政权以后，工人阶级与资产阶级的矛盾代替资产阶级与封建地主阶级的矛盾上升为主要矛盾，资产阶级经济学作为资产阶级的意识形态主要任务是反对代表工人阶级利益的空想社会主义和马克思主义，为资本主义制度辩护。按照马克思运用生产力与生产关系、经济基础与上层建筑基本原理对资产阶级经济学所做的划分，庸俗经济学是一种客观存在。1830 年以后的资产阶级经济学在本质上都是庸俗经济学，只是其庸俗化的形式不同而已。高鸿业教授一方面认为马克思对庸俗经济学的描述是正确的，萨缪尔森的《经济学》中有马克思所描述的庸俗成分，从而部分是庸俗的；而另一方面高鸿业又认为萨缪尔森的《经济学》中除了庸俗部分以外还有部分是科学的。那么，萨缪尔森的《经济学》中到底有多大比例是庸俗的，又有多大比例是科学的？这完全依赖于高鸿业教授自己主观上的判断。而萨缪尔森的《经济学》作为资产阶级经济学就是庸俗经济学。如果为了证明萨缪尔森《经济学》中的"个别概念、论点和方法的有用之处"，就不承认其庸俗性质，这本身就是一种庸俗化。萨缪尔森《经济学》从整体上是庸俗经济学并没有否认其"个别概念、论点和方法的有用之处"。

高鸿业教授将西方经济学看作是一架机器，也是不正确的。前面已经非常明确地指出过，高鸿业教授对西方经济学各个部分内容所做出的科学评价是不可磨灭的。高鸿业教授的理论贡献没有被众多的一线的西方经济学教师所接受，有各种各样的客观原因，但也有高鸿业教授理论的不彻底性的原因。高鸿业教授对西方经济学的总体评价还是有值得商榷的地方。在这里我们仅就其中的两个大的方面作些说明：第一，关于庸俗经济学是否有用的问题。高鸿业教授长篇引用马克思关于庸俗经济学特点的论述，然后用各种办法再去证明庸俗经济学有用。例如，马克思在《资本论》第 I 卷第一章中曾指出，与古典政治经济学相反，庸俗经济学知识在表面现象上兜圈子。高鸿业教授在引证了马克思的这一论述之后，就用唯物辩证法现象和本质的关系原理论证庸俗经济学有用。他认为，科学的任务就在于透过现象把握事物的本质。要掌握事物的本质第一步就必须掌握大量的现象。而西方经济学大量地描述经济现象，因此西方经济学有用。在这里，值得注意的是，马克思批判庸俗经济学，不在于庸俗经济学研究经济现象，而在于它只是描述经济的表面现象，进一步说，它被经济的表面现象所迷惑，或者用马克思的原话说就是在表面现象上"兜圈子"。按照毛泽东同志所说的"去粗取精，去伪存真"的研究过程，这些属于在表面现象上"兜圈子"的部分，恰恰是属于"粗"、"伪"之列，是在科学研究中必须被去除掉的东西。马克思关于庸俗经济学特点的论述，是就庸俗经济学总体性质而言的。庸俗经济学就其庸俗性整体而言，是没有用途的。但庸俗经济学也有总体特征和个别理论、个别结论和个别方法之分。就个别理论、个别结论和个别方法来看，庸俗经济学可能具有一定的科学性，可能在实践中有用。因此，西方经济学作为当代资产阶级庸俗经济学就其总体特征来看是没有用的，和西方经济学在某一个别理论、某一个别结论和某一个别方法来看有用，是并行不悖的。第二，关于西方经济学的科学性和西方经济学的运用问题。高鸿业教授在《西方经济学》一书结束时，以一种十分模棱两可的语言写道："在结束之际，作为本书作者，我们感到已经把西方经济学这件既有功用又能损害自己的工具交给了读者。对工具的正确使用固然对我国有利，而不适当的使用以及西方经济学在意识形态上对社会主义的侵蚀又能带来害处，甚至造成灾难。正反两方面的事例都已在世界上出现。"读者会很自然地想到：西方经济学正确使用是不是也能像马克思主义经济学正确使用那样产生同样的积极作用呢？或者还会同样联想到：西方经济学正确使用是不是也能比马克思主义经济学不正确使用所产生的积极作用更大？实际上，西方经济学作为整体来看是资产阶级庸俗经济学，是不科学的。既然是不科学的，就不存在正确使用和不正确使用的区别问题。西方经济学绝不是像武器弹药一样不属于任何阶级的超阶级产品，不能说无产阶级用它，它就能为无产阶级服务，资产阶级用它，它就能为资产阶级服务，而且都能服务得很好。经济思想史告诉我们，马克思主义经济学不能不加改造地拿过来就为资产阶级服务，资产阶级经济学同样也不能不加改造地拿过来就为无产阶级服务。苏联解体、东欧剧变，国际共产主义运动出现低潮，其中有一个重要原因就是这些国家的政党没能有效地抵御资产阶级经济学思想和西方敌对势力对这些国家在思想文化领域从理论上的分化和瓦解。因此，我们走中国特色社会主义道路，必须坚持在意识形态领域对资产阶级的批判和斗争。特别要注意在关系到培养什么人问题的大学课程里和大学讲台上，一定要有说服力地讲清楚，西方经济学作为资产阶级的意识形态是如何为资产阶级辩护的，在理论方法论上和理论观点上为什么是错误的，西方经济学对社会主义实践，特别是对改革开放事业可能带来哪些危害，等等。

4. 我们的看法

本来马克思将资产阶级经济学发展历史划分为古典政治经济学和庸俗政治经济学两个时期，其意义是十分清楚的。从马克思论述的字里行间我们能够体会到：古典经济学，是对以斯密、李嘉图为代表的资产阶级处于上升时期的经济学所给予的一种褒奖。而庸俗经济学，则是对资产阶级从一个代表推动历史前进的进步力量的阶级转而走向反动的阶级的经济思想的一种无情的批判和讽刺。马克思做出这一划分所依据的基本理论标准也是十分清楚的，那就是辩证唯物主义历史观。马克思将资产阶级经济学发展过程历史地划分为古典政治经济学和庸俗政治经济学时期，所依据的客观历史事实就是，资产阶级在人类历史上曾经是一个代表当时时代前进方向的阶级。但是，当资产阶级完成其推翻封建统治，取得了资本主义社会政权以后，随着资产阶级和无产阶级的阶级矛盾上升为社会的主要矛盾，资产阶级就由一个代表时代前进方向的先进的阶级转变为阻碍时代前进的落后的阶级。资产阶级古典政治经济学是属于资产阶级和无产阶级之间的阶级斗争处于潜伏时期的资产阶级经济学说。相反，资产阶级庸俗经济学就是在资产阶级和无产阶级阶级矛盾上升为主要矛盾以后，代表资产阶级利益的经济学。晏智杰为现代资产阶级经济学的庸俗经济学本质鸣不平，但是，晏智杰并没有办法证明 1830 年以后的资产阶级不是走向没落的阶级。他也无法否认，现代资产阶级经济学，在意识形态问题上反马克思主义、反社会主义和共产主义的根本立场和根本方法。至于高鸿业教授的疑惑，我们感到还是一个方法论的问题。马克思的确在对庸俗经济学的分析批判中，说过"庸俗经济学却只是在表面的联系内兜圈子"，也曾经说过"庸俗经济学所做的事情，实际上不过是对于局限在资产阶级生产关系中的生产当事人的观念，教条式地加以解释、系统化和辩护"。但我们究竟应该怎样领会马克思这些表述的精神实质？是不是有了马克思的这些语录，我们就可以把 1830 年以后的现代资产阶级经济学理解为"研究经济现象的经济学"，或者说是"研究经济运行状态的经济学"？我们认为，这种语录式解释马克思的这些论述是不能真正理解马克思关于庸俗经济学范畴的本质要义的。说庸俗经济学停留于在表面现象上兜圈子也好，说庸俗经济学不过是把资本主义的生意经等用科学的语言加以描述也罢，归根到底，马克思的用意在于进一步说清楚它是替反动的资产阶级辩护这一阶级本质。

长期以来，我们经济学界很多同志却看不到现代资产阶级经济学的资产阶级意识形态的本质，将现代资产阶级经济学和马克思主义经济学看作是能够相安无事的，可以并列进行传播的思想体系。当前我们社会上所出现的社会主义和集体主义观念淡漠，社会道德沦丧等等与我们建设中国特色社会主义不相协调的现象，都不能说与我们对现代资产阶级经济学的不恰当的宣传和教育没有关系。因此，我们必须认清现代资产阶级经济学所宣扬的价值观，是与我们建设中国特色社会主义、实现中华民族伟大复兴的核心价值观根本对立的。

从以上我们对马克思关于古典经济学和庸俗经济学的历史分期的考察可以得到如下的基本结论：古典经济学虽然有不科学的地方或有庸俗的成分，但总体来说它研究了资本主义社会"生产关系的内部联系"，因此，还是属于科学的经济学。相反，庸俗经济学虽然不能排除其在个别的理论甚至是较重要的理论有科学成分，但就其整体来讲是不科学的，因而也是不高雅的经济学。现代资产阶级经济学作为庸俗经济学，虽然我们不排除它在个别概念、个别观点和个别方法上对我们建设中国特色社会主义具有一定的借鉴意义，但就其作为一个理论体系来看，它是反马克思主义、反社会主义、反工人阶级利益诉求的资产阶级的理论体系，是我们必须分析批判和予以否定的。我们改革开放、建设中国特色社会主义是前无古人的事业，因此我们不能闭关锁国，我们的理论研究工作也不能闭门造车，我们必须以博大的胸怀分析借鉴人类文明成果，包括现代资产阶级经济学。但是，由于我们是在社会主义和资本主义两种制度并存和相互矛盾斗争的国际背景下建设社会主义，我们必须要在思想理论建设方面坚持马克思主义的指导地位，批判一切资产阶级的意识形态和价值观。

二　现代资产阶级经济学研究对象的批判

现代资产阶级经济学所普遍接受的研究对象是英国经济学家罗宾斯在《经济科学的性质和意义》一书中的界定，他认为："经济科学研究的是人类行为在配置稀缺手段时所表现的形式。……经济学是把人类行为当作目的与具有各种不同用途的稀缺手段之间的一种关系来研究的科学。"①
这一规定到今天一直是现代资产阶级经济学教科书中普遍认可的观点，如
美国经济学家曼昆在其最新出版的教科书《经济学原理》中写道："经济
学研究社会如何管理自己的稀缺资源。"② 然而，现代资产阶级经济学各
流派关于研究对象也存在一些争论，焦点主要集中于：在资源配置问题以
外，要不要研究其他问题。如布坎南认为："我建议将此人类关系制度引
进经济学家的研究范围，广泛地包括集体制度和私人制度。"③ 并且，布
坎南对罗宾斯的观点提出了批评，认为罗宾斯把经济学："变成一种比较
简单的求最大值的应用计算技术……如果经济学没有比这更多的事情可
做，我们最好就把经济学研究完全交给应用数学家。"④

　　自从资产阶级掌握政权以后，资产阶级经济学的任务明确为两个方
面：一是为资本主义制度辩护；二是对资本主义市场经济运行做出理论解
释并进行指导。在自身的不断发展和完善过程中，现代资产阶级经济学将
上述的两个任务很好地结合在一起，并且在表面上淡化其阶级辩护性，从
而更有欺骗性，使得很多人特别是青年学生容易将其看作是科学的经济学
理论。资产阶级经济学的具体做法就是将抽象的资源配置问题作为经济学
的研究对象，然后在理性的经济人假定基础上论证了资本主义市场经济在
资源配置上最有效率，以此证明资本主义生产方式是自然的、永恒的。

　　实际上，问题的关键不在于是否研究资源配置，而是如何研究资源配
置问题。资源稀缺及其有效配置问题在人类所经历的所有生产方式中都存
在，每一种生产方式下的资源配置都不能不受该生产方式以及与之相适应
的生产关系和交换关系所决定，从而表现出不同的特点。例如，原始社会
极低的生产力所决定的原始社会生产方式下的资源配置方式只能是共同劳
动、共享劳动果实；奴隶社会生产方式下的资源配置只能是由拥有生产资
料和奴隶自身的奴隶主来安排生产和分配；封建社会生产方式只能由掌握

---

　　① ［英］莱昂内尔·罗宾斯：《经济科学的性质和意义》，商务印书馆 2000 年版，第 19—
20 页。

　　② ［美］曼昆：《经济学原理（微观经济学分册）》，北京大学出版社 2006 年版，第 3 页。

　　③ ［美］詹姆斯·M. 布坎南：《经济学家应该做什么》，西南财经大学出版社 1988 年版，
第 4 页。

　　④ ［美］詹姆斯·M. 布坎南：《经济学家应该做什么》，西南财经大学出版社 1988 年版，
第 7—8 页。

土地的封建主来主导资源配置；资本主义生产方式下拥有资本的资本家是资源配置的主导方面，而工人处于从属地位。现代资产阶级经济学排除了生产关系、单纯地研究抽象的理性经济人如何配置资源，目的在于否认资本主义生产方式下资源配置中的对抗性质，进而否认其历史阶段性。事实上，西方经济学不过是以一种抽象的、脱离一定社会生产方式的所谓的资源配置，取代特定的资本主义生产方式的资源配置，以便实现掩盖资本主义社会资源配置矛盾的目的。相反，马克思主义经济学则是在把每一种生产方式都看作是一个历史阶段的基础上、结合与该生产方式相适应的生产关系和交换系来研究资源配置问题。例如，马克思对价值规律的资源配置功能的分析，就严格地区分了价值规律在简单商品经济和在资本主义商品经济时期的不同历史时期的作用；马克思还区分了资本主义商品经济初期部门内部竞争及部门之间的竞争充分展开以后的不同阶段的价值规律具体形式的区别；等等。

三　现代资产阶级经济学研究方法的批判

关于现代资产阶级经济学的方法，首先要指出它的唯心主义认识论基础。无论是资产阶级古典政治经济学，还是早期、近代和现代庸俗经济学，都以孤立的个人作为经济学研究的出发点。古典政治经济学的重要代表人物亚当·斯密和大卫·李嘉图阐述经济问题时，总是以单个孤立的猎人和渔夫当作出发点；边际主义创始人则以一杯水，对沙漠中的旅行者和对涌泉旁边的人，有不同意义而作为判断一杯水的不同价值的根据。因此，边际主义也是以抽象的个人为出发点的；现代资产阶级经济学所谓的以利己为动机的"经济人"假设，实际上也是以孤立的个人为出发点。以孤立的个人为出发点，这充分证明了资产阶级经济学是以唯心主义历史观作为指导经济学研究的理论基础。相反，马克思主义现代政治经济学，则以"在社会中进行生产的个人——因而，这些个人的一定社会性质的生产作为研究的出发点"。因为马克思认为，"我们越往前追溯历史，个人，也就是进行生产的个人，就显得越不独立，越从属于一个更大的整体"。① 现实社会中的人，不是与世隔绝、离群索居状态的人，而是处在

①　马克思：《〈政治经济学批判〉导言》，《马克思恩格斯全集》第 12 卷，人民出版社 1962 年版，第 734 页。

一定的社会关系中的个人。人们在自己生活的社会生产中必然要发生一定的、不以他们的意志为转移的关系，即同他们的物质生产力的一定发展阶段相适合的生产关系。由此，马克思强调："我决不用玫瑰色描绘资本家和地主的面貌。不过这里涉及的人，只是经济范畴的人格化，是一定的阶级关系和利益的承担者。我的观点是：社会经济形态的发展是一种自然历史过程。不管个人在主观上怎样超脱各种关系，他在社会意义上总是这些关系的产物。"①

当然，现代西方经济学唯心主义方法论，也不是以一成不变的旧形式出现的。例如，近年来所流行起来的逻辑实证主义哲学的方法就是唯心主义的一个新派别。库恩的范式论也属于这个唯心主义派别。在逻辑实证主义哲学家看来，世界是不可知的。他们认为科学家的思想最初都是以科学假说的形式被提出来的。这种科学假说，在实践中从来不能够被实践所证实，而只能被实践所证伪。任何一种科学思想都要经过这样的不断被实践证伪的过程。一种学说在它没有被实践证伪的时候，它就是正确的。一种学说只有在它被实践证伪以后，它才被认为是错误的。萨缪尔森以经济学研究方法论的主观性，宣传这种不可知论观点。他以格式塔心理学中的鸭兔实验为例说明经济学研究的主观性②这种唯心主义的不可知论，最主要的错误就是，否认物质第一性，意识第二性，物质决定意识的唯物主义基本观点，为各种错误思想和错误思潮的泛滥提供理论支持。

其次，现代资产阶级经济学方法论上的另一个主要错误就是形而上学的思想方法。现代资产阶级经济学的形而上学思想方法有多种表现，在这里我们以现代西方资产阶级经济学误用和滥用数学为例来予以分析。

不可否认，用数学语言表达一些思想观点是十分规范和精确的。在统一的数学语言表达规范中，进行交流和学术探讨是十分方便的。因此，我们完全没有必要盲目地反对一切运用数学工具建立起来的经济模型，并用经济模型表达各种经济变量之间的关系。马克思认为，一门科学只有成功地运用数学时，才算达到了完善的地步。因此，绝不能因为马克思为通俗

---

① 马克思：《〈资本论〉第一版序言》，《马克思恩格斯全集》第 5 卷，人民出版社 2009 年版，第 10 页。

② [美] 萨缪尔森：《经济学（第 12 版）》中译本，中国发展出版社 1992 年版，第 14—16 页。

化的目的而尽量使用简单的数学，就误认为马克思否定数学方法对经济分析的意义。

然而，对现代资产阶级经济学关于数学方法的运用我们却不能这样说。在由美国次贷危机引发的全球性金融危机和经济危机后，西方经济学家被指责：运用现代数学方法建立了诸多的用于预测的经济模型，却没有预见到这场如此严重的经济危机。这是为什么呢？我们认为，问题不在于西方经济学家运用数学方法，而在于他们不能正确地运用数学方法，或说他们是误用和滥用数学方法。

在现代资产阶级经济学中，数学方法的运用往往缺少科学的理论前提。例如，在作为资产阶级经济学基础的生产函数理论中，资产阶级经济学家没有对生产过程中的数量关系的前提进行科学的抽象和分析。他们从来都不详细地区分，某一经济变量，和另一个经济变量在什么意义上存在着依存关系？他们从来不注意区分这种依存关系是在价值意义上存在，是在价格意义上存在，还是在使用价值意义上存在。他们也不注意研究一个生产过程所反映的价值关系和使用价值关系的不同。结果，就出现了用使用价值生产中的人与自然的关系掩盖价值和剩余价值生产的人与人之间的关系的情况。再如，在眼花缭乱的数学模型中，里昂惕夫的投入产出模型应该是认可程度较高的一个"技术手段"。然而，恰恰是在这个几乎是普遍被资产阶级经济学家和马克思主义经济学家接受的模型中，却存在着方法论上的形而上学错误。在里昂惕夫系数矩阵 $[a_{ij}]$ 中，a_{ij} 表示的是 i 部门产品生产时，j 部门产品作为要素的投入量，但是，里昂惕夫却回避了 j 部门产品作为要素投入到 i 部门产品生产时，是怎样经过市场进行的，在市场运行中会有什么矛盾？它实际上是将以货币为媒介的、对立统一的两个过程 W—G（售卖）和 G—W（购买），看成是直接同一的、"W—W"的物物交换过程。可见，资本主义充满矛盾的、现实的生产方式在这里被偷换成没有任何矛盾的物物交换。资产阶级经济学运用这样的形而上学的思想方法，自然就看不到 W—W 的过程在资本主义商品经济中要分解为 W—G 和 G—W 两个独立的过程，看不到在 W—G 的过程中有"惊险的跳跃"，当然也就更看不到卖 W—G 和买 G—W 的矛盾和脱节。因此，从这个意义上分析，里昂惕夫投入产出模型不过是披上现代外衣的鲁滨逊漂流记故事！

现代资产阶级经济学误用数学和滥用数学，并不说明数学方法不可用。问题在于现代资产阶级经济学脱离唯物辩证法的对立统一规律、质量互变规律、否定之否定规律和范畴的指导来进行经济问题分析。本书的后续部分将会通过具体的经济理论分析证明：在唯物辩证方法的指导下，马克思主义经济学的许多经济学理论和经济学命题是完全可以简捷地运用数学公式或数学模型予以表达的。

第二节　现代西方经济学庸俗理论体系批判

上一节从经济思想史分期的角度讨论了资产阶级经济学从古典经济学向庸俗经济学演变过程，讨论了学术界对资产阶级经济思想史分期的认识。从分析中可以得出的基本判断是，不论是从萨伊、马尔萨斯到约翰·穆勒的古典资产阶级庸俗经济学，还是从凯恩斯到萨缪尔森、再到现代西方经济学思想史学者的现代资产阶级庸俗经济学，它们的资产阶级辩护性、庸俗性和反动性始终是不变的。下面对当代西方经济学分微观和宏观，对它们的体系特征、非科学性及其批判性借鉴意义做系统分析。

一　现代西方资产阶级庸俗经济学微观理论批判

现代西方微观经济学以马歇尔的均衡分析为基本框架，以斯密的"经济人"或"合乎理性"为假设前提，以实现消费者效用最大化和生产者利润最大化的边际分析和市场的均衡分析作为理论体系的两大基本支柱，来分析经济过程。下面将对微观经济学的核心内容及其非科学性展开分析。

1. 微观经济学的核心内容

微观经济学以单个经济单位的经济行为作为考察对象，包括各个消费者、单个生产者和单个市场等。微观经济学对个体经济单位的考察，是在三个层次上逐步深入展开。第一层次是分析市场行为主体即消费者和生产者的个体经济行为；第二层次是分析单个市场的供求量和均衡价格的决定问题；第三层次是分析所有市场的均衡量和均衡价格的决定问题。其内容可用图2—1来表示。

图2—1把家庭和企业连接起来的生产要素市场是为了从个量的角度具体说明企业对每一种生产要素的引致需求和每一种生产要素对企业的供给。同样连接家庭和企业的产品市场是为了从个量角度说明消费者对每一种产品和劳务的需求以及企业对每一种产品和劳务的供给。

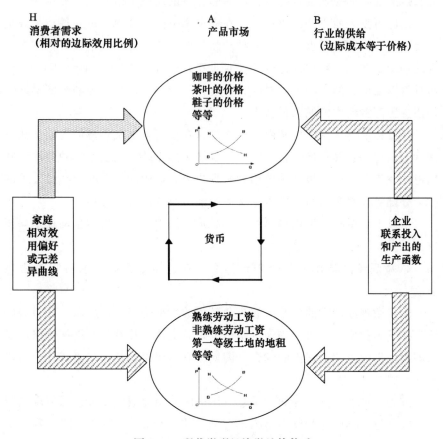

图 2—1　现代微观经济学结构体系

在要素市场中，每一种生产要素都有来自厂商的需求曲线（B）和来自家庭的供给曲线（H）。为了获取最大利润，企业作为生产要素使用者，从生产要素市场雇佣和购买各种生产要素。家庭作为生产要素所有者，为了获得最优的报酬，向生产要素市场提供劳动、土地、资产等生产要素。要素市场的需求曲线和供给曲线的交点决定每一种生产要素的均衡价格和均衡数量。

在产品市场中，每一种产品或劳务都有来自家庭的需求曲线（B）和来自厂方的供给曲线（H）。家庭作为消费者，为了取得最大效用，向产品市场购买面包、咖啡、衬衣、戏票等产品和劳务。作为生产者的企业，为了取得最大利润，向产品市场供给各种产品和劳务。产品市场的需求曲线和供给曲线的交点决定每一种产品和劳务的均衡价格和均衡数量。

由此可见，西方经济学认为，在完全竞争的经济中，每一种产品或生产要素都有供给和需求，而每一种产品和要素的市场都能单独处于供求相等的均衡状况。一般均衡论进一步证明，均衡不但可以存在于单个市场，而且可以在所有的市场中同时存在。这种一般均衡体系被福利经济学证明是使资源配置最优的帕累托状态。

西方经济学承认由于垄断等因素的存在使资本主义经济偏离帕累托最优状态，但是它又宣称实行反垄断法等微观经济政策就能使这种经济的缺陷得到矫正，这样，最大的效用和选择自由、最优的资源配置和最公平的收入分配等仍然被认为是资本主义微观经济所能达到的目标。

从以上分析我们可以得出结论：微观经济学的核心内容是马歇尔均衡价格论。

2. 微观经济学作为一个理论体系，在整体上我们必须对它持否定态度

既然微观经济学的核心内容是马歇尔的均衡价格论，所以，对微观经济学的基本评价就取决于均衡价格论的理论真伪。马歇尔的均衡价格论是新旧庸俗价值论和价格论的综合，因此，它的错误也是这些庸俗理论的重复和发展。

首先，在需求分析方面，马歇尔用边际效用递减规律来说明需求的变动，并且把它具体化为以货币为表现的"需求价格"，这是企图逃避对决定需求变动的真正原因的分析。马克思主义认为"调节需求原则的东西，本质上是由不同阶级的相互关系和它们各自的经济地位决定的"。例如，工人阶级的需求完全取决于工资水平。工人阶级需求的限制并不由于效用而由于购买力，所以需求的变动不决定于人们的主观效用而决定于社会条件、阶级关系。为了保卫资产阶级的利益，马歇尔及以后的资产阶级学者故意回避这些决定资本主义制度下需求运动的最重要的因素。而这些因素是与阶级结构、资本主义的基本矛盾及由此派生的资本主义生产的无限扩大趋势与广大劳动人民有支付能力需求相对狭小之间的矛盾等问题相联系的。

其次，在供给分析方面，马歇尔更是以主观心理现象来代替客观的社会生产过程的分析。把劳动说成"反效用"，把劳动变为不可衡量的心理范畴。这样，就无法区别必要劳动和剩余劳动，从而也就模糊了剩余价值

的起源，掩盖了资本主义剥削的真相。马歇尔还通过把劳动的"反作用"和资本家的"等待"解释为同一范畴，竭力使人们相信资本主义生产过程是建立在工人和资本家共同作出牺牲，共同合作基础上。在这种手法下，资本主义社会阶级矛盾也就被掩盖起来了。

第三，马歇尔的均衡价格论归根到底还是庸俗的供求论，尽管他企图以调和效用论和成本论来充实他的供求论，但这并不能改变供求决定价值的根本谬误。马克思认为："要理解供求之间的不平衡，以及由此引起的市场价格同市场价值的偏离，是再容易不过的了。真正的困难在于确定，供求一致究竟是指什么。"如果供求一致，那么，这两种相反力量的作用就会互相抵消。这样，我们便无法用供求去说明一个价格为什么恰好表现为这样一个货币额而不表现为另一个货币额。只有劳动价值论才能对此作出科学的解释。

总之，包括马歇尔在内的一切供求论者，都不了解供给和需求所反映的经济关系的本质。用供求一般偷换现实资本主义经济中的供求关系。实际上，资本主义经济中的供求不仅以单纯的买者和卖者为前提，而且"还以不同阶级和阶层的存在为前提，这些阶级和阶层在自己中间分配社会总收入，把它当作收入来消费，因此形成那种由收入形成的需求；另一方面，为了理解那种由生产者自身互相形成的供求，就要弄清资本主义生产过程的全貌"。由此可见，不从劳动价值论出发，不研究资本主义生产过程、流通过程和总过程，不研究剩余价值的生产、流通和分配，供求关系的研究必然流于形式。

既然微观经济学的核心内容是马歇尔的均衡价格论，而均衡价格论又不过是传统庸俗经济学的继续和发展，所以我们必须从总体上对西方微观经济学持否定态度。

二　现代资产阶级庸俗经济学宏观理论批判

现代资产阶级经济学的宏观经济学部分或者其社会资本再生产理论及其所建立的模型，一定程度上反映了宏观经济中某些现象关系，对宏观经济运行具有一定的借鉴意义。但就其理论内核来说，囿于其固有的唯心主义和形而上学的世界观和方法论的局限，难以胜任解决经济中存在的各种矛盾和问题，就其整体来看是庸俗和错误的。

1. 资产阶级古典政治经济学的宏观经济思想的谬误及其继承

社会资本再生产理论最早可追溯到英国古典经济学家威廉·配第那里。他从整个社会出发考察总生产问题。在配第之后，爱尔兰经济学家理查德·坎蒂隆对社会总资本再生产问题作了初次尝试性分析。在《商业性质概论》[①] 中，坎蒂隆分析了总产品在土地所有者、租地农场主和手工业者三大社会集团之间的流通，现代西方经济学家将其称作"三角交换"关系[②]，这构成了魁奈《经济表》的重要思想来源。

（1）魁奈的宏观分析理论及其缺陷

魁奈的《经济表》是古典经济学家宏观经济分析的第一次天才尝试，马克思给以高度评价："这个尝试是在 18 世纪 30 至 60 年代政治经济学幼年时期做出的，这是一个极有天才的思想，毫无疑问是政治经济学至今所提出的一切思想中最有天才的思想。"[③] 魁奈《经济表》的创见主要表现在以下几个方面：

第一，魁奈对再生产过程进行抽象分析所假定的若干前提条件，撇开了一些具体而复杂的外在联系，使分析能反映社会再生产过程的内在联系和本质，这是他在分析方法上的独创。

第二，《经济表》的出发点是每年从土地上生产的总产品，正确分析了简单再生产的基础。

第三，魁奈把资本的整个生产过程看成是再生产过程，流通只是再生产过程的形式，货币流通只是资本流的要素，是为再生产过程服务的，受生产制约。

第四，魁奈将社会生产分为农业和工业，具有科学意义，研究社会再生产问题，实际是考察社会生产各部门包括农业和工业之间的相互关系。

魁奈在对社会总资本再生产和流通问题的分析中闪现出了许多有益的科学思想，是马克思社会资本再生产理论一个重要思想来源。马克思曾经把自己所创立的科学的社会资本再生产理论称作"经济表"，并明确表示是用来"代替魁奈的表"的，并且也同样把自己的理论用类似

---

① 理查德·坎蒂隆：《商业性质概论》，商务印书馆 1986 年版。

② Robert V. Eagly , The Structure of Classical Economic Theory. New York：Oxford University Press，1974. p. 18.

③ 《马克思恩格斯全集》（第 2 版）第 33 卷，人民出版社 2004 年版，第 415 页。

魁奈的《经济表》的形式表述出来。① 然而，囿于其所处的时代和阶级的局限性，魁奈的《经济表》也不可避免地存在着诸多的缺陷。这种缺陷表现在：

第一，由于魁奈没有科学的价值理论，他只是把资本划分为"原预付"和"年预付"，而没有不变资本和可变资本的划分，因此他不仅不能科学地分析剩余价值的来源，而且也无法对社会总产品的价值构成（C + V + M）进行科学的分析从而也就不能从价值补偿方面说明社会总产品的实现。

第二，由于魁奈只是把社会生产划分为农业生产和工业生产两大部门而没有划分为两大部类，即没有把社会生产划分为生产资料生产部类和消费资料生产部类，因而不能从实物补偿方面说明社会总产品的实现。

第三，由于魁奈把农业作为唯一的生产部门而轻视工业部门，由此就产生了很多矛盾和错误。

（2）亚当·斯密的宏观经济分析

首先，斯密教条阻塞了亚当·斯密宏观经济分析的道路。亚当·斯密在宏观经济分析道路上比其前辈退步的地方主要表现在：第一，在某些方面亚当·斯密重犯了重农学派的错误。例如，为了证明租地农场主比任何其他资本家生产出了更大的价值，亚当·斯密把牲畜、自然的劳动与人类劳动相提并论，进而把地租归结为农业家使用自然力的产物；第二，亚当·斯密将魁奈的"原预付"和"年预付"加工成为"固定资本"和"流动资本"。这里进步之处在于"资本"这个名词，他使资本概念普遍化，摆脱了重农学派把资本局限于农业生产领域的情况。退步之处在于他把"固定"和"流动"理解为决定性的区别，进而混淆了固定资本、流动资本与生产资本、流通资本的界限。

阻碍亚当·斯密在宏观经济分析道路上前进的是斯密教条。亚当·斯密在《国民财富的性质和原因的研究》第一篇第六章中说："无论什么产品的全部价格，最后必由那三个部分或其中一个部分构成。""分开来说，每一件产品的价格或交换价值，都由那三个部分全数或其中之一构成；合起来说，构成一国全部劳动年产物的一切商品价格，必然由那三个部分构

①　马克思：《马克思致恩格斯（1863 年 7 月 6 日）》，载《马克思恩格斯文集》第 10 卷，人民出版社 2009 年版，第 205—211 页。

成，而且作为劳动工资、土地地租或资本利润，在国内不同居民间分配。"① 亚当·斯密关于社会商品价值由 V + M 构成的这一理论称为"斯密教条"。亚当·斯密以谷物价格为例进行说明。谷物价格分为三部分：一部分是付给地主的地租；另一部分是付给生产上雇佣的劳动者的工资及耕畜的维持费；第三部分是付给农业家的利润。那么，为什么没有作为不变资本的耕畜和农具等消耗的补偿呢？亚当·斯密解释道，"也许有人认为，农业家资本的补充，即耕畜或他种农具消耗的补充，应当作为第四个组成部分。但农业上一切用具的价格，本身就由上述那三个部分构成。就耕马说，就是饲马土地的地租，牧马劳动的工资，再加上农业家垫付地租和工资的资本的利润。因此在谷物价格中，虽必须以一部分支付耕马的代价及其维持费，但其全部价格仍直接或最后由地租、劳动及利润这三部分组成"。② 我们看到，亚当·斯密在论证谷物价格由 V + M 构成时，他没有直接以要论证的结论为前提，而是承认谷物价格不仅由 V + M 构成，而且还由生产谷物时的生产资料的耗费来构成。但是，他在考察谷物的生产资料例如耕马的价格时，却武断地假定耕马的价格由 V + M 构成。事实上，耕马价格为什么仅由 V + M 构成，而不包括生产耕马所消耗的生产资料的价格与谷物的价格，为什么仅由 V + M 构成，而不包括生产谷物所消耗的生产资料如耕马的价格，是同一个需要亚当·斯密证明的命题。难怪马克思说亚当·斯密是用从本丢推给彼拉多的方法重复同一个命题。

　　亚当·斯密在宏观经济分析中所犯的上述错误来源于他微观经济分析基础。在微观经济分析中，亚当·斯密由于没有劳动二重性学说，使他不能科学地说明旧价值转移和新价值创造是怎样在生产过程中完成的。他是用雇佣工人加入劳动对象中去的劳动量来决定商品价值的。这一微观经济分析中的错误反映在宏观经济分析上，他混淆了年产品价值和年价值产品。

　　斯密教条使亚当·斯密看不到再生产过程中的一个重要因素，严重地阻碍了他宏观经济分析的道路。亚当·斯密在宏观经济分析方面任何成就

---

① 亚当·斯密：《国民财富的性质和原因的研究》（上），商务印书馆 1972 年版，第 46—47 页。

② 亚当·斯密：《国民财富的性质和原因的研究》（上），商务印书馆 1972 年版，第 45 页。

的获得都是以他自觉不自觉地抛弃他自己的教条为前提的。

其次，亚当·斯密突破了自己的教条在宏观经济分析上进行了有益的探索。斯密教条将社会年产品价值分解为三种收入，在简单再生产条件下，收入显然是要用于个人消费的，因此，全部年产品都要被消费掉。这是由斯密教条所推导出的一个必然结论。这一结论的荒谬性是显而易见的，亚当·斯密拒绝这一结论。为了回避矛盾，亚当·斯密又不得不通过划分总收入和纯收入，把"第四个组成部分"引了进来。他说："一个大国全体居民的总收入，包含他们土地和劳动的全部年产物。在总收入中减去维持固定资本和流动资本的费用，其余留供居民自由使用的便是纯收入。换言之，所谓纯收入，乃是以不侵蚀资本为条件，留供居民享用的资财。这种资财，或留供目前的消费，或用来购置生活必需品、便利品、娱乐品，等等。"① 因为纯收入是以不侵蚀资本为条件，留供居民享用的资财，所以，个人的产品从而社会年产品，都有一个价值部分既不分解为工资、也不分解为利润和地租，而只分解为资本。这里亚当·斯密已经不自觉地放弃了自己的教条。正因为亚当·斯密放弃了自己的教条，因而在宏观经济分析上才取得了新的进展。

在谈到固定资本再生产时，亚当·斯密说："很明显，补充固定资本的费用，决不能算在社会纯收入之内。……这种修葺所必要的材料，以及把这种种材料制为成品所需要的劳动产品，也都不能算作社会上的纯收入。固然，这种劳动的价格，也许会成为社会纯收入的一部分，因为从事此种劳动的工人，可能要把工资的全部价值作为留供目前消费的资财。但就别种劳动说，那就不仅劳动的价格归入这种资财，而且劳动的产品，也归入这种资财。"② 在这里，亚当·斯密碰上了一种非常重要的区别，即生产生产资料的工人和直接生产消费资料的工人之间的区别。亚当·斯密已经认识到，在第一类工人的产品价值中，有一个组成部分和工资总额相等。第一类工人以货币工资形式取得这部分价值，形成他们的收入。但这部分价值的实物形态却是不能留供目前消费的资财即生产资料。当然，亚

---

① ［英］亚当·斯密：《国民财富的性质和原因的研究》（上），商务印书馆 1972 年版，第 262 页。

② ［英］亚当·斯密：《国民财富的性质和原因的研究》（上），商务印书馆 1972 年版，第 262 页。

当·斯密还不了解，第一类工人的产品价值中以利润和地租范畴下存在的那部分价值的情形也类似。第一类工人的产品价值中，有一个组成部分构成资本家和土地所有者的地租，但它的实物形态却是不能供资本家和土地所有者目前消费的资财。亚当·斯密更没有认识到，在第一类工人的产品价值中，有一部分和这个生产领域执行职能的生产资料的价值相等。这部分价值不仅由于它借以存在的实物形态，而且也由于它的资本职能，绝对不可能成为任何形成"收入"的价值组成部分。

关于第二类工人，亚当·斯密只是说，在这种工人的劳动中，劳动的价格和产品，二者都直接归入留供目前消费的资财。不过第二类工人产品的一部分与劳动的价格相适应，是留供工人目前消费的资财，产品的另一部分是留供第二类资本家目前消费的资财。

在考察流动资本的补偿时，亚当·斯密说："社会流动资本便与个人流动资本不同。个人的流动资本，决不能算作个人的纯收入；个人的纯收入全由他的利润构成。但社会流动资本，虽由社会内各个人的流动资本合成，但不能因此便说社会流动资本绝对不是社会纯收入的一部分。商店内存的货物，虽然不是商人自己留供目前消费的资财，但可以是别人留供目前消费的资财。由别种财源取得收入的他人，可经常以该收入补还商人的货物的价值，以及偿付商人的利润。商人的资本不会减损，享用者的资本亦不会减损。"[1]

亚当·斯密在这里将作流动资本的东西，实际上就是每年生产的、生产消费资料的资本家每年投入流通的商品资本。第二类工人的商品资本中补偿 C 的部分，尽管对单个资本家来看不能形成他的收入，但从社会总资本的角度来看这部分仍然是社会收入的一部分。从以上分析我们看到，亚当·斯密在抛弃他的教条，已经指出：社会全部年产品由以构成的商品资本中的一种商品资本（即生产资料）的某些价值部分，虽然形成从事这种生产的单个工人和资本家的收入，但并不形成社会收入的组成部分；而另一种商品资本（即消费资料）的价值部分，虽然对它的单个所有者形成资本价值，但只形成社会收入的一部分。马克思高度评价亚当·斯密的这一贡献，认为亚当·斯密已经接近了宏观经济问题的实质。而且马克

---

① ［英］亚当·斯密：《国民财富的性质和原因的研究》（上），商务印书馆 1972 年版，第264 页。

思还作了一个假设，"如果亚当·斯密把他先前在考察他称之为固定资本的再生产时和现在在考察他称之为流动资本的再生产时涌现出的一些思想片断综合起来，他就会得出如下的结论"，"如果亚当·斯密的分析达到了这一步，那么，离全部问题的解决也就相差无几了"。① 然而，亚当·斯密关于商品价值构成的正确观点不断地和他在广度上占优势的教条纠缠在一起，所以，亚当·斯密并没有对他的有关思想片断加以综合，他继续迷失在混乱之中。

2. 现代资产阶级宏观经济学承袭了"斯密教条"

马克思在考察了亚当·斯密以后的几位经济学家之后，不无感慨地得出结论说："斯密的混乱思想一直延续到今天，他的教条成了政治经济学的正统信条。"这是 1870 年前后的情况，那么，时隔 100 多年后，现代西方经济学的情形又是怎样呢？这理所当然地成为当代马克思主义经济学者所关注的问题，它直接涉及我们在新的历史条件下如何正确评价现代西方宏观经济学的问题。

（1）以萨缪尔森为代表的现代西方宏观经济学承袭了斯密教条

萨缪尔森在《经济学》第六章开篇说道："在全部经济学中最重要的概念之一是国民生产总值（GNP），它表示一国产出的总价值。"② 接着萨缪尔森给出了不包括政府和投资因素在内的宏观经济运行图如下：

结合此图，萨缪尔森提出国民产值的两种衡量方法：产品流动法和所得或成本法。所谓的产品流动法就是，从环形上部来看，家庭要用收入购买每年企业所生产出来的最终物品和劳务。从这个观点看，"国民总产值被定义为该国生产的最终产品流量的货币价值"。所谓的"所得或成本法"就是从环形下部看产品成本的年流量。从这个第二种观点看，"国民生产总值也可以被定义为生产要素的所得（工资、利息、租金和利润）的总和，这些所得是生产社会最终物品的成本"。萨缪尔森认为，这两种方法是等同的。③ 就是说，社会年产品的价值等于生产要素的所得（工资、利息、租金和利润）的总和。这不正是斯密教条吗？

现在我们来看萨缪尔森是如何论证他所继承的斯密教条的。萨缪尔森

① 《资本论》第 2 卷，《马克思恩格斯文集》第 6 卷，人民出版社 2009 年版，第 409 页。
② 萨缪尔森、诺德豪斯：《经济学》（第十六版），华夏出版社 1999 年版，第 502 页。
③ 同上。

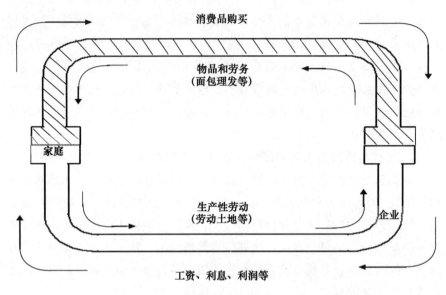

图 2—2　现代宏观经济学的结构体系

说："以理发师为例很容易看清这种一致性。在这个例子中假定他没有开支。如果他以单价 6 售出 10 次理发，那么他创造的 GNP 是 60。而他的所得（不是工资就是利润）也正好是 60，因此，不管用环形上部（60 理发）还是用环形下部（60 工资和利润）来衡量，他这部分 GNP 的价值都是一样的。"前面我们在考察亚当·斯密的宏观经济分析理论时，我们看到，亚当·斯密在论证谷物价值只分解为 V + M 时，首先假定谷物价值中存在"第四个组成部分"，然后在为谷物生产提供生产资料如耕马的生产部门假定耕马价值不包括"第四个组成部分"。萨缪尔森抛弃了亚当·斯密的这套从本丢推到彼拉多的方法。要证明理发只分解为 V + M，萨缪尔森不兜圈子，直接假定理发没有开支。萨缪尔森把未知当已知，我们不能不钦佩他的理论勇气。至于萨缪尔森所说的，把利润定义为余额成本，就能使环形下部的成本或所得与环形上部的物品价值正好相等。这一套简直是牛头不对马嘴。环形下部成本或所得与环形上部的物品价值是否相等，不在于利润项，而在于不变资本或斯密所说的"第四个组成部分"。

再看一下萨缪尔森为了避免国民总产值重复计算而采用的"加入价值方法"，我们就会更加清楚地看到：萨缪尔森和亚当·斯密一样，在微观经济分析中没有劳动二重性学说，不能科学地说明生产资料旧价值的转移和新价值的创造在生产过程中是如何进行的。这一微观经济中的理论缺陷反映到宏观经济分析中就是混淆年产品价值和年价值产品。

通过以上我们对萨缪尔森《经济学》中有关宏观经济学的内容的考察，我们看到：亚当·斯密的混乱思想在资产阶级经济学界一直延续到20世纪90年代，斯密教条仍然是以萨缪尔森为代表的现代主流经济学的正统信条。

（2）现代西方宏观经济学突破斯密教条的企图及其失败

萨缪尔森在承袭斯密教条，将社会的收入和社会生产的总价值相等之后，企图利用总投资和净投资与国民总产值和国民净产值的概念区别，把"第四个组成部分"引进来。

萨缪尔森意识到，只谈需要消费面包、苹果、柑橘和理发的人们是很不够的，在现实生活中，国家还要用一部分产出来生产新的资本品，因此必须分析投资。关于投资，萨缪尔森强调投资是资本形成，"是由一国建筑、设备和存货存量的增加部分构成的。它是在一年内生产的新的房屋、工厂、卡车和存货"。① 那么，为什么要在投资前面加上一个"总"字呢？萨缪尔森解释说："统计工作者使用这个字是要指出，他们还没有扣除资本的消耗，即没有扣除资本的折旧"。因此，"净投资等于总投资减去折旧。"对萨缪尔森的总投资和净投资的划分，我们评论如下：第一，萨缪尔森将生产资料中的劳动资料部分直接等同于资本，抹杀了资本范畴的历史性；第二，萨缪尔森既不懂不变资本和可变资本的区别，也不懂固定资本和流动资本的区别。因此，他把投资片面地理解为固定资本投资。即便是他的总投资概念也不包括投资构成要素中的流动资本部分。

考虑到人们把一部分社会生产可能用于投资的情形，萨缪尔森修改了原先的国民总产值的定义。"国民总产值是一切最终产品的总和。除消费品和劳务外，我们还必须计入总投资。"在谈到怎样通过国民总产值不计算国民净产值时，萨缪尔森说："国民总产值（GNP）被定义为最终产品的总和：它包括消费品和加总投资（和我们将看到的政府购买）。国民净产值只包括消费、政府购买加净投资。"萨缪尔森强调，总投资能够相当精确地被估计出来，而不需要难于估计的折旧数字。因此，各国政府一般

---

① 萨缪尔森、诺德豪斯：《经济学》（第十六版），华夏出版社1999年版，第503页。

都主要依据国民总产值而不是国民净产值。

　　我们认为，即便是就国民总产值而言，萨缪尔森仍没有将"第四个组成部分"全部引进来。国民总产值与国民净产值的区别就在于前者包括折旧部分。因此，萨缪尔森通过国民总产值与国民净产值的区别而引进的至多不过是"第四个组成部分"（即不变资本价值）中的固定资本损耗部分，不变资本价值的另一个重要部分即流动不变资本部分，仍被排除在国民总产值之外。可见，以萨缪尔森为代表的现代主流派的宏观经济学突破斯密教条的企图已宣告破产。由此决定了现代西方宏观经济学的奠定在国民总产值理论基础之上的总需求和总供给分析是缺乏科学基础的。相应地，两部门经济中的 $I=S$（即投资等于储蓄）、三部门经济中的 $I+G=S+T$（即投资和政府支出的总和等于储蓄和税收的总和）以及四部门经济中的 $I+G+X=S+T+M$ 或 $(T-S)=(T-G)+(M-X)$（即投资储蓄差额＝政府收支差额＋进出口差额），这些均衡条件也都是缺乏科学依据的。

　　不仅如此，更为不幸的是：以萨缪尔森为代表的现代主流派宏观经济学比亚当·斯密更退一步，彻底地抛弃了劳动价值论。如前所述，亚当·斯密从劳动创造价值出发，已经触及了生产生产资料的工人和生产消费资料的工人的划分，为宏观经济分析中的两大部类划分及总量平衡和结构平衡理论奠定了理论基础。相反，现代西方宏观经济学在这方面却毫无作为。事实上，现代西方宏观经济学用来说明结构平衡的存货调整理论不过是庸俗的市场自动调节理论。

　　综合以上分析，我们可以得出如下结论：现代西方经济学，就其理论体系而言，较亚当·斯密的宏观经济分析也是一个很大的退步。现代西方宏观经济学仍然是庸俗经济学。因此，如果说现代西方宏观经济学的某些具体的概念和方法能够被我们借鉴和吸收，那么，这也必须是在批判和抛弃它的庸俗体系的前提下才能获得成功。

第 三 章

现代西方资产阶级经济学的
若干主要经济理论批判

从经济思想史的发展脉络看,马克思主义经济学是在批判吸收古典经济学基础上所创建的科学理论体系。整个体系的核心内容,马克思在整个《资本论》中做了全面剖析。马克思为了更好地凸显《资本论》这部宏篇巨著对古典经济学批判继承的思想渊源,和与资产阶级庸俗经济学的对立立场,特用"政治经济学批判"作为这篇巨著的副标题。马克思在这里所说的政治经济学,主要是指马克思主义经济学形成以前的资产阶级经济学,包括 19 世纪 20 年代之前的资产阶级古典经济学和其后的资产阶级庸俗经济学。

资产阶级古典经济学产生于重商主义晚期,其阶级基础是新兴的产业资产阶级。17 世纪和 18 世纪,新兴的产业资产阶级与封建统治阶级和依仗其庇护的商业资产阶级展开了激烈斗争。为了揭露封建地主阶级和商业资产阶级的剥削本质,古典经济学还能够去深入研究经济问题的本质。他们试图运用劳动价值论和建立其基础之上的分配理论,来证明地租和商业利润是对生产领域中创造的商品价值的分割,因而与整个社会利益是相冲突的。但到了 19 世纪 20 年代,事情发生了根本性的变化。产业资产阶级先后在英、法等先进资本主义国家取得了政权,封建地主阶级被推翻,商业资产阶级的垄断地位被打破,商业资本成为了隶属于产业资本的资本形态。资产阶级与无产阶级的矛盾开始取代产业资产阶级与封建阶级和商业资产阶级的矛盾,成为了社会的主要矛盾。而此时的劳动价值论和建立在其基础之上的分配理论,对资产阶级不再具有利用价值,并反而成为了其对立阶级——无产阶级的理论武器。在这种历史条件下,资产阶级开始抛弃古典经济学、抛弃劳动价值论,试图去寻找新的理论与古典经济学和劳动价值论对抗，来掩盖资本主义生产方式的剥削本质，从此资产阶级经济学开始走向了庸俗化的道路。

马克思在《资本论》第 I 卷第二版跋中对资产阶级庸俗经济学取代资产阶级古典经济学的历史背景作了深刻分析。马克思在这里指出，资产阶级在英法等国家取得政权后，资产阶级经济科学的丧钟就已经开始敲响，"现在的问题不再是这个或那个原理是否正确，而是它对资本有利还是有害，方便还是不方便，违背警章。无私的研究让位于豢养文丐的争斗，不偏不倚的科学探讨让位于辩护士的坏心恶意"。这里马克思主要批判的是 19 世纪 20 年代至 60 年代发展起来资产阶级庸俗经济学，亦即从萨伊、马尔萨斯到约翰·穆勒的资产阶级庸俗经济学。这些理论的斗争矛头主要指向资产阶级古典经济学，特别是李嘉图经济学，反对朴素形态的劳动价值论和剩余价值理论，鼓吹效用价值论、生产费用价值论等各种非科学的价值论。这些理论对以后西方经济学的发展产生了巨大影响。马克思对这些庸俗理论进行了无情的批判和鞭挞，揭露了它们的非科学性和反动性。

资产阶级庸俗经济学经过近半个世纪的发展，即从 19 世纪 70 年代至 20 世纪初叶，资产阶级庸俗经济学已经发展成一个庞大的理论体系，并开始运用数学中边际分析方法作为理论分析的重要工具，这一时期被史学界称为资产阶级庸俗经济学的边际革命时期。在对应时期，马克思《资本论》经过半个世纪的发展和传播，社会影响不断扩大，对资产阶级和资产阶级庸俗经济学构成了极大威胁。资产阶级庸俗经济学开始将斗争矛头转向马克思主义经济学，对马克思的劳动价值理论展开了猛烈攻击。但他们用来批判马克思经济学的理论武器仍然是早期资产阶级庸俗经济学的效用价值理论和相应的分配理论，此时只不过给这些理论披上了更精致的数学外衣，即运用微积分和集合论等数学工具对这些理论进行了重新包装，它们内在的庸俗性和资产阶级的辩护性并没有发生改变。边际主义者们所提出的许多理论概念，经马歇尔的综合，构成了当代西方微观经济学的基本内容。

20 世纪 30 年代西方世界爆发了严重的经济危机，以马歇尔均衡论为核心的资产阶级庸俗经济学也受到沉重打击，直接导致了奉行经济自由主义和推崇自由放任政策的古典庸俗经济学的破产，同时也推动了以推行需求管理为特征的凯恩斯宏观经济学的诞生。凯恩斯经济学经过萨缪尔森等人的发展、改造，及其与古典资产阶级庸俗经济学某种程度的综合，并逐渐成为了当代西方经济学的主流。这些综合性理论在经济史上被称为新古典综合理论，它们构成了当代西方宏观经济学的主要内容。然而它们的庸俗性质并没有发生改变。本章余下部分内容将对现代西方资产阶级经济学生产与分配理论、垄断理论、资本积累理论和危机理论等展开系统批判。

第一节 现代西方资产阶级庸俗经济学生产理论批判

马克思在批判地继承古典经济学生产理论科学成就的基础上，运用劳动二重性原理对资本主义生产过程进行深入的分析，揭示了剩余价值的真正来源，从而揭示了资本主义生产的实质。然而，现代资产阶级经济学彻底地抛弃了劳动价值论和剩余价值论，以经济人假设为出发点，以萨伊的"三要素"论为基础，构建了以生产函数为核心的生产理论。这种生产理论，用单纯的使用价值（效用）生产过程掩盖了价值形成和价值增殖过程，从而掩盖了资本主义生产的本质，以达到为资本主义制度辩护的目的。

一 现代资产阶级经济学生产理论基本逻辑与核心内容

现代资产阶级经济学生产理论的基本内容按照传统的说法，就是通过生产要素的不同组合形式，实现利润最大化，就其基本逻辑与核心内容来看，包含以下几个层面：

（1）生产的行为主体和行为目标。在现代资产阶级经济学的生产理论中，生产者被看作是能做出统一决策的单个经济单位，厂商的作用就在于实现土地、资本、劳动和企业家才能等生产要素的合理组合，生产出商品和劳务。生产的目标就是实现利润最大化。

（2）生产过程的技术分析框架。现代资产阶级经济学把生产过程抽象化为数学上的生产函数，认为生产过程无非就是以生产函数为基础的投入产出关系。在萨缪尔森看来，生产函数是指一种技术关系，用来表明每一组具体投入品（即生产要素）所可能生产的最大的产出量。在每一种既定的技术条件下，都存在着一个生产函数。[①] 按照萨缪尔森的逻辑，可

---

① ［美］萨缪尔森：《经济学》（第 12 版），中国发展出版社 1992 版，第 960—963 页。

以把现代资产阶级经济学的生产函数写成如下的一般表达形式：

假定 Q 代表某种产品的产量；x_1，x_2，…，x_n 分别代表 1，2，…，n 等 n 种要素的投入量，则生产函数可以写成如下形式：

$$Q = f(x_1, x_2, \cdots, x_n)$$

从萨缪尔森的这一界定不难发现，其最大化思想，来源于亚当·斯密关于生产的界定，即"每一种物质投入的最大组合所能得到的最大产出"。[①] 至于生产要素，则来自于萨伊的生产三要素论，即土地、资本和劳动等各种要素协同活动使自然界本来就有的各种物质适于用来满足人们的需要。

（3）生产的短期分析与长期分析。按照生产要素能否得到完全调整，现代资产阶级经济学把生产理论划分为短期生产理论和长期生产理论，并考察了两种情形下的最优要素组合，即短期内生产要素不完全调整下的边际收益递减规律和长期内两种生产要素相互替代下的边际技术替代率递减规律和规模经济效应。

总的来看，现代资产阶级经济学生产理论的研究核心是使用价值的生产，把资本主义生产过程看成是基于生产函数的投入产出关系的技术选择，每一个参与者都按照最大化原则行事，即都是理性的"经济人"。在一系列假设和技术分析基础上，试图证明资本主义是一种永恒的生产方式。

二　现代资产阶级经济学生产理论的缺陷

首先，资产阶级经济学生产理论否定了生产的社会属性。现代资产阶级经济学生产理论的基本内容就是通过生产要素的不同组合形式，实现利润最大化。这一研究是以"理性经济人"假设为前提的，并以此建立了以生产函数为基础的生产者决策模型。不可否认，这种生产函数形式的生产理论分析工具，用简洁的方式描述物质生产过程中普遍存在的投入和产出的技术关系，单就生产力分析角度看，不失为一种有用的分析工具。然而，进一步研究会发现，现代资产阶级经济学这种以"经济人"假设为出发点建立起来的生产理论存在如下的悖论，即"经济人"假设把每个人作为自由选择的主体与生产理论中把劳动者仅仅作为生产要素之间的逻

---

① ［英］亚当·斯密：《国民财富的性质和原因的研究》中文版，商务印书馆 1997 年版。

辑悖论；资本的生产资料归属与资本社会属性的悖论。

（1）否定了劳动者的生产主体地位和主观能动性。在现代资产阶级主流经济学家视域里，"经济人"被看作是对人性的最好描述。在他们看来，资本主义经济制度充满了自由、平等和博爱，每个人都可以按照自己的理性追求利益最大化，最终必然达到全社会福利最大化。资本所有者可以自由选择劳动者；同样，劳动者也可以自由选择资本所有者。① 所以，在资本主义市场经济中人与人之间是平等、自由的契约关系。然而，如果我们仔细分析他们的生产过程特别是生产函数理论，就会发现另外的一番图景：真正能够自由选择的只有资本所有者，而劳动者；则仅仅被视为同资本一样的、服务于厂商最大化目标的生产要素。把劳动者仅仅看成是一种生产要素，就使劳动者的劳动变成了一个个人的孤立行为，从而丧失了生产的主体地位。然而人总是社会关系的总和，个人的经济行为并不完全由个人的意志支配，他必然受同他们物质生产力的一定发展阶段相适应的生产关系的制约。与此同时，由于强调追求经济利益最大化，因而现代资产阶级经济学的生产理论就仅仅停留在物与物的关系上，不能摆脱物的外观的迷惑。即使是把劳动者作为人分析，在这种要素化情境下，展现在我们面前的也仅仅是"劳动者的努力与痛苦"字样。② 因而，它在事实上忽视了现实生产中真实的、具体的主体——劳动者。虽然在研究"财富的生产和分配"问题时，一些资产阶级经济学家如李斯特、穆勒、西斯蒙第等人也看到了人的重要意义，但从总体上看，资产阶级经济学家重视财富甚于人本身。马克思在分析李嘉图的理论时说："李嘉图在他的书（地租）中说：各国只是生产的工场；人是消费和生产的机器；人的生命就是资本；经济规律盲目地支配着世界。在李嘉图看来，人是微不足道的，而产品则是一切。"③ 这种见物不见人的理论是不可能真正关注现实的生产主体并发现人与人之间的真正关系的。事实上，作为生产主体的人总是在一定社会关系下从事物质生产的、作为历史起点的"现实的个人"。他作为有生命的个人存在，总是同特定的物质生活条件（包括特定的自然

---

① 刘凤义：《西方经济学与马克思主义经济学关于生产理论比较——一个方法论的视角》，《经济经纬》2007年第3期。

② ［英］斯坦利·杰文斯：《政治经济学理论》，商务印书馆1997年版，第132页。

③ 马克思：《1844年经济学哲学手稿》，《马克思恩格斯文集》第1卷，人民出版社2009年版，第139页。

环境和人化自然环境）相关联，总是处于社会交往中并同社会历史生活结合在一起。然而以斯密和李嘉图为代表的古典经济学家们，把孤立的个人理解为生产的主体和物质生产的起点，也就是他们的经济学体系的逻辑起点，从而推导出生产总是从孤立的个人开始再慢慢发展到社会化大生产的结论。真实的情况是，在社会中处于社会生产关系整体联系中进行生产的个人才是真正的出发点。"我们越往前追溯历史，个人，从而也是进行生产的个人，就越表现为不独立，从属于一个较大的整体……"① 所以，马克思说："产生这种孤立个人的观点的时代，正是具有迄今为止最发达的社会关系（从这种观点看来是一般关系）的时代。"② 令人遗憾的是，这种逻辑上的缺陷不但没有在现代西方经济学家那里得到矫正，反而在后续的理论研究中不断得以强化。特别是萨伊以来，直接把劳动者同资本、土地一样看作是服务于厂商最大化目标的生产要素，完全忽略了劳动者作为历史的、现实的人的主观能动性。事实上，劳动者绝不仅仅是生产要素，更为重要的是他们构成能动的生产主体。劳动过程是人的主观能动性与物质生产过程的客观实在性的统一。劳动不仅创造了人本身，而且创造着人类自身不断发展和完善的社会条件。劳动者作为生产活动的主体，他们的活动是精神能力和躯体能力的有机统一。他们总是有目的性、计划性，即主观能动性。就像马克思阐述的那样："蜘蛛的活动与织工的活动相似，蜜蜂建筑蜂房的本领使人间的许多建筑师感到惭愧。但是，最蹩脚的建筑师从一开始就比最灵巧的蜜蜂高明的地方，是他在用蜂蜡建筑蜂房以前，已经在自己的头脑中把它建成了。"③

　　可见，在马克思看来，劳动者绝不仅仅是生产要素，更为重要的是他们构成能动的生产主体。虽然有些资产阶级学者也看到了现代资产阶级经济学生产理论的这种局限性，并提出了以西奥多·舒尔茨、加里·贝克尔、罗默、卢卡斯等为代表的人力资本理论。然而他们虽然注意到了现代生产更多地依赖于人自身的主观创造性和知识学习、创新与整合，强调智力投资对现代经济增长的意义，但其理论却完全抽象掉了生产关系。在其人力资本理论中，他们把人力资本作为一种投资所得，并且认为"人们

---

① 马克思：《导言》，《马克思恩格斯文集》第8卷，人民出版社2009年版，第6页。
② 马克思：《导言》，《马克思恩格斯文集》第8卷，人民出版社2009年版，第6页。
③ 《资本论》第1卷，《马克思恩格斯文集》第5卷，人民出版社2009年版，第208页。

已经获得了具有经济价值的大量的知识和多种技能，他们已经变成了资本家"。① 因此，在这些学者的眼中，资本主义社会不是由两个对抗性的阶级所组成，而是由许多彼此没有什么区别的两个资本家集团所组成，这些资本家可以互相进行竞争，目的都是实现利润最大化。这样，人力资本理论就把资本家与雇佣工人、剥削者和被剥削者混为一谈，把劳资关系以及劳资对抗驱逐出对劳动力价值决定的解释之外了。从这一点看，马克思对"现实的个人"的生产主体地位的强调，以及以此为着力点对资本主义生产关系本质的分析，是任何现代资产阶级经济学者所无法达到的。

（2）否定了资本与生产的社会属性。在现代资产阶级经济学中，资本被作为与土地、劳动和企业家才能等并列的生产要素，认为资本主义生产过程就是这些要素结合起来生产物质资料的协作关系。诚然，我们并不否定资本作为一般要素在生产中的作用。但现代资产阶级经济学把资本归于生产工具的做法，就抽象掉了资本本身所蕴含的社会属性和资本主义生产关系的内在本质，即资本占有劳动。就像约翰·穆勒所言，"所谓资本，是手段与工具"。② 边际效用价值论也不例外，把资本定义为用来概括所有被生产出来的生产因素，包括各种资本设备、正在生产过程中的产品和被生产出来的原料。这样，现代资产阶级经济学就把资本定义为生产资料，把资本只归结为生产的物的要素。然而，马克思则认为："资本不是物，而是一定的、社会的、属于一定历史社会形态的生产关系，后者体现在一个物上，并赋予这个物以独特的社会性质。资本不是物质的和生产出来的生产资料的总和。资本是已经转化为资本的生产资料，这种生产资料本身不是资本，就像金或银本身不是货币一样。"③

可见，现代资产阶级经济学生产理论将一个并不是物的资本作为投入要素加入到表示物物之间技术关系的生产函数中去。就生产函数的性质而言，作为投入的资本必须有物理单位，而从资本本身的性质来看，资本并没有物理单位，这就构成现代资产阶级经济学生产理论无法解决的难题。④ 这一难题，不仅在现代资产阶级经济学内部引起"两个剑桥"之

---

① ［美］舒尔茨：《教育的经济价值》，吉林人民出版社1982年版，第8页。

② ［英］约翰·穆勒：《穆勒经济学原理》，世界书局1936年版，第222页。

③ 马克思：《资本论》第3卷，《马克思恩格斯文集》第7卷，人民出版社2009年版，第922页。

④ 白暴力：《新古典生产函数的理论困难及其解决》，《人文杂志》1996年第6期。

争，其中涉及资本计量、技术再转换以及资本倒流等一系列逻辑上的悖论问题。现代资产阶级经济学生产函数理论只在表面现象"兜圈子"，目的在于为资本主义制度辩护。现代资产阶级经济学要在包含资本作为投入的生产函数的基础上建立分配理论，要在这个分配理论中说明资本家阶级的收入是资本的贡献，资本主义制度是合理的。正是出于这种辩护的目的，现代资产阶级经济学生产理论必须将资本作为并非仅是生产资料的总体投入加入表现物与物的技术关系的生产函数中，这是一种替资本主义制度辩护不得不做出的选择。

其次，现代资产阶级经济学生产理论掩盖了价值及剩余价值生产。由于现代资产阶级经济学把生产仅仅归结为以生产函数为基础的投入产出关系，并将其看作是任何社会的一个技术选择，因此只研究生产中的人与物、物与物的关系，即只研究使用价值的生产。诚然，我们并不否认经济学对使用价值生产研究的意义。然而，抽象掉生产中的人与人的关系，只研究基于生产函数的投入产出关系的技术选择，就必然背离生产的另一层面，价值及剩余价值的生产。现代资产阶级经济学这种做法，无非就是试图混淆作为生产一般的物质资料生产和资本主义生产的区别，进而说明资本主义制度是绝对合理的、永恒的制度。

把生产理论引向纯粹对生产一般分析的始作俑者是萨伊，他的生产观对后来西方经济学家产生了重要的影响。他把生产定义为："所谓生产，不是创造物质，而是创造效用。"①萨伊这个关于生产的定义，表面看来无非是一个关于"生产一般"的定义，但实际上这背后隐藏着现代资产阶级经济学研究内容的重大转变，即把经济学引向了人与自然关系的研究，彻底抛弃了斯密、李嘉图等古典经济学家对人与人之间关系的研究。继萨伊之后，约翰·穆勒、马歇尔、萨缪尔森等，都把研究抽象的财富生产作为生产理论的基本内容。莱昂内尔·罗宾斯更是直接把经济学定义为"把人类行为当作目的与具有各种不同用途的稀缺手段之间的一种关系来研究的科学"，强调"我们不再探究生产和分配变化的原因，而是探究在某些初始资料给定的情况下，各种经济'量'达到均衡的条件……我们不再把经济系统视为一架生产总产量的机器，不再探究哪些因素决定这种产量的多少以及按何种比例分配这种产量，而是把经济系统视为人与经济

———————

① ［法］萨伊：《政治经济学概论》，商务印书馆1963年版，第938页。

货物之间的一系列相互依赖而在概念上又独立的关系"。① 显然，在罗宾斯那里，现代资产阶级经济学生产理论研究的前提是某些初始资料给定的情况，从而把资本主义生产关系这一制度性因素彻底隐藏起来——用资本主义生产的一般掩盖了资本主义生产的特殊，把使用价值的生产同价值及剩余价值的生产混淆起来。

　　然而，抽象的、一般的生产，在现实世界是根本不存在的。就像马克思在《资本论》开篇所强调的："资本主义生产方式占统治地位的社会的财富，表现为'庞大的商品堆积'，单个的商品表现为这种财富的元素形式。"② 因此，对资本主义生产方式的研究就只能从商品开始。然而商品本身，就包含着双重的关系，使用价值体现了人与自然的关系，价值体现了人与人的社会关系。因此，如果把资产阶级生产方式误认为是社会生产的永恒的自然形式，那就必然会忽略价值形式的特殊性，从而忽略商品形式及其进一步发展——货币形式、资本形式等等的特殊性。由此可见，在马克思这里，作为资本主义生产方式下的生产不仅仅是物质资料的生产，同时也是"达到一定点"的价值形成过程和"超过一定点"的价值增殖过程。对剩余价值的追求，才是资本家行事的不竭动力。

　　由于现代资产阶级经济学生产理论只研究使用价值而不研究价值和剩余价值，所以以新古典经济学为基础的厂商理论始终回避对企业内部人与人之间关系的分析。在他们那里企业始终被看作是一个黑箱。即使以科斯为代表的新制度主义者，看到了新古典主义经济学抽象掉人与人之间关系分析厂商行为的局限性，以交易费用为分析工具，把人与人之间的关系引入厂商理论。但其新古典主义的方法论基础和对新自由主义的基本思想的秉承，仍然是将资本主义制度看作是天然存在的合理的制度。因此，只是把企业和市场看作是资本主义市场经济中自然而然的两种所谓完成交易的机制，单纯从流通领域描述两者的关系，并没有真正分析资本主义企业的本质，即资本家与工人之间的占有与被占有的关系。马克思在分析剩余价值生产和相对剩余价值生产时，详细阐述了资本主义企业的产生和发展及其本质。资本主义企业是伴随着资本主义制度产生和发展而逐渐产生和发

---

　　① ［英］莱昂内尔·罗宾斯：《经济科学的性质和意义》，商务印书馆 2000 年版，第 58—59 页。

　　② 《资本论》第 1 卷，《马克思恩格斯文集》第 5 卷，人民出版社 2009 年版，第 47 页。

展起来的，是资本主义生产方式的生产力和生产关系统一和集中表现。资本主义企业产生的前提是劳动者与劳动资料相分离，生产资料集中在少数资本家手中，作为资本起作用。资本家为了占有更多的剩余价值，一方面，不遗余力地提高劳动生产率，将分散的工人组织起来，统一协作、协调生产；另一方面，为了加强对工人的剥削，也要求将工人集中起来，统一监督和管理。并且，从简单协作到机械大工业，随着生产力的这种不断发展，资本主义企业的组织形式、内部的劳资关系、外部与市场的关系，也都在不断地变化。正是由于不能科学地认识资本主义企业是如何产生的，新制度经济学的企业理论也就不能科学的分析企业的本质。他们将企业看作是和市场一样的、为了完成交易而组织起来的一种制度安排。在企业内部，资本家和工人之间的剥削与被剥削的关系被掩盖了，代之以平等的契约关系。事实上，从马克思对资本主义企业的起源的分析中，我们清楚地看到，资本家和工人之间表面上平等的交易关系掩盖了背后资本家占有生产资料、而工人一无所有只能被雇佣、从属于资本的关系。工人要想生存，就必须接受雇佣，签订所谓的契约。而且即便是契约也是不平等的，工人根本就没有讨价还价的地位。因此，资本主义企业本质上是资本家剥削工人的一种组织形式，反映了资本主义生产方式下的生产力与生产关系的辩证统一关系。

由于现代资产阶级经济学家只看到了资本主义生产过程的自然属性，而没有看到资本主义生产过程的社会属性，因此就出现了马克思所描述的情况：现代资产阶级经济学"把表现在物中的一定的社会生产关系当作这些物本身的物质自然属性，这是我们在打开随便一本优秀的经济学手册时一眼就可以看到的一种颠倒，我们在第一页上就可以读到这样的话：生产过程的要素，归结到它的最一般的形式，就是土地、资本和劳动。……一方面，我们说的一些劳动过程的要素，同它们在一定历史发展阶段上所具有的特殊社会性质混淆在一起；另一方面，我们又加上这样一种要素：这些要素属于同所有一定社会形式无关的、作为人与自然之间的永恒过程的劳动过程。下面我们进一步看到，经济学家的这种幻想——把资本对劳动过程的占有这件事同劳动过程本身混淆起来，从而把单纯劳动过程的物的要素转化为资本，因为资本在其中也转化为劳动过程的物的要素……这种幻想是证明资本主义生产方式的永恒性或证明资本是人类生产本身不朽的自然要素的非常方便的方法"。① 正是为了达到马克思所深刻指出的资产阶级的这一目的，现代资产阶级经济学家进一步将一般劳动过程抽象化为数学上的生产函数，用使用价值的函数说明生产的收益和成本，认为生产过程无非就是以生产函数为基础的投入产出关系。在他们看来，似乎只要按照这个技术标准投入要素，最大化产出就是自然而然的事，从而用实物量关系体系替代了价值量体系，用使用价值的生产替代了价值生产。这样一种从一般劳动过程的角度出发，以投入数量是否可以调整为标准而将生产要素划分为不变要素和可变要素的做法，是有意回避生产过程中不变资本和可变资本以及劳动与劳动力的区别，掩盖作为生产一般的使用价值生产要服从于资本家对剩余价值追求的价值生产这一事实。所以马克思说："因此可以懂得，为什么劳动力的价值和价格转化为工资形式，即转化为劳动本身的价值和价格，具有决定性的重要意义。这种表现形式掩盖了现实关系，正好显示出它的反面。工人和资本家的一切法的观念，资本主义生产方式的一切神秘性，这一生产方式所产生的一切自由幻觉，庸俗经济学的一切辩护遁词，都是以这个表现形式为依据的。"正是在劳动价值论基础上，马克思科学地区分了劳动和劳动力范畴，进而指出在资本主义生产关系条件下，资本家利用形式上平等的契约，占有工人劳动创造的剩余价值。同时，资本家用剩余价值进行资本积累，从而再生产出资本主义生产关系。这样，资本主义生产关系的本质特征及其运动规律，就通过价值范畴逐渐被揭示出来了。也正是运用价值范畴，马克思把资本主义生产过程中企业内部人与人之间经济的关系科学地揭示出来了。

第二节　现代资产阶级庸俗经济学分配理论批判

　　前面我们运用马克思的价值转形理论分析了剩余价值在各类资本家之间的分配过程。既说明了雇佣工人创造的剩余价值如何一步一步地转化为利润、利息和地租，又揭示了资本主义社会各种剥削收入的来源是资本家和土地所有者凭借其对生产资料的所有权瓜分剩余价值的本质关系。而现代资产阶级经济学由于其阶级辩护的需要，却仍然陷于庸俗的要素价值论

――――――――――

① 马克思：《直接生产过程的结果》，《马克思恩格斯文集》第 8 卷，人民出版社 2009 年版，第 477 页。

和与之相对应的要素价格决定的分配理论而不能自拔。

一 "三位一体公式"以及马克思对它的批判

早在 19 世纪,萨伊继承了斯密价值理论中的庸俗成分,在"斯密教条"的基础上提出了他的生产和分配的三要素学说。他把生产定义为"不是创造物质,而是创造效用"①,提出了劳动、资本、自然力三者都具有生产力,它们共同创造效用和财富的生产要素论。与这种生产上的三要素论相对应的是分配上的三要素论。该理论认为在分配中每种生产要素都应按其对效用和财富的贡献得到报酬。具体的分配逻辑是"资本—利息(利润)"、"劳动—工资"、"土地—地租"。马克思将其讥讽为"三位一体公式",并对其进行了深刻的批判。

首先,从形式上来看,"三位一体公式"把资本、土地和劳动并列起来作为生产要素,本身就缺乏科学基础。

我们知道,资本是一种特定的生产关系,在资本主义再生产过程中,资本有各种不同的存在形式。从流通过程中所表现出来的形式看,资本表现为货币资本和商品资本。就货币资本来看,它是一定的货币额,而土地和劳动必须要用这种货币资本来租用和购买。因此,把资本和土地、劳动并列起来,就等于把资本的总价值量和它的两个物质部分并列,反映出的是一种混乱关系。从生产过程中资本所表现出来的形式看,资本表现为生产资本即生产过程的物质要素,表现为劳动资料、劳动对象和劳动者的劳动。在这种情况下将资本和土地、劳动并列起来,我们就难以辨认,它们中的哪一个要素是资本,哪一个要素不是资本。如果说资本是一种生产关系,那么,资本主义生产条件下的劳动、劳动资料、劳动对象,都是资本,不能说哪一个是资本,哪一个不是资本。

土地是天然的自然物质,是人类生存的永恒的物质条件。只有在一定的社会生产关系下,它才变成了它的所有者凭借对土地的所有权为了取得地租收入而交易的对象。

劳动并不是一个直接的客观存在,劳动是劳动力的使用价值。劳动力的使用价值的实现,离不开劳动力和劳动的客观条件。脱离劳动力和客观劳动条件的劳动是一个幽灵般的东西。劳动只有在资本主义制度下才成为

---

① [法]萨伊:《政治经济学概论》,商务印书馆 1982 年版,第 59 页。

雇佣劳动。

因此，"三位一体公式"，把资本、劳动和土地并列为"不言自明"的生产要素，显然是对资本主义生产过程的一种最粗鄙的也是最片面的认识。不仅如此，最致命的错误在于它抽象掉了资本主义的生产关系。

其次，"三位一体公式"掩盖了三种收入的真实来源。本来，工资是劳动力价值的转化形式，而利息（利润）和地租是雇佣工人创造的剩余价值的转化形式。因此，工资、利息（利润）和地租都来源于雇佣工人所创造的新价值。但是，"三位一体公式"却把这三种收入的真实来源掩盖起来了。

在"土地—地租"公式中，地租被看成是土地这种生产要素的创造物。土地是没有价值的自然物质，作为生产要素它只能对使用价值的生产具有一定的作用，而不能创造出任何的交换价值和价值。然而，地租是剩余价值的一部分，是属于价值范畴的。因此，"土地—地租"公式在逻辑上是错误的，它是要"让两个不能通约的量保持一定的比例"。①

"资本—利息"公式，根本无法解释资本是利润或利息这种收入的来源。我们可以从两个方面来看：首先，如果资本被理解为价值物，例如，假定资本为 100 元，这个资本在一定时间内获得 10 元利息。这一关系反映在上述公式中，就相当于说 100 元等于 100 + 10 元，这显然是无稽之谈。其次，如果资本被理解为一定的生产资料，是一种物质实体，那么"资本—利息"这个公式仍是一种不能通约的关系：即一方是使用价值，一方是交换价值和价值。

在"劳动—工资"公式中，工资被看成是劳动的价格，这在逻辑上是荒谬的。因为劳动是一种活动，它本身不是商品，不能有价值和价格。

最后，"三位一体公式"混淆了生产与分配的关系。在资本主义社会中，生产过程的本质是剩余价值生产过程；在为生产过程做准备的劳动力买卖中，雇佣工人得到了作为劳动力价值转化形式的工资。生产过程结束时，资本家得到了剩余价值。但是，由于资本主义生产是许多社会关系共同作用的结果，因此这样生产出来的剩余价值还要在不同的资本家集团之间进行分配。不同类型的资本家凭借其对生产资料所有权进行剩余价值的分割。因而，剩余价值就转化为利润、利息和地租。马克思主义经济学认

---

① 《资本论》第 3 卷，《马克思恩格斯文集》第 7 卷，人民出版社 2009 年版，第 923 页。

为，生产过程决定分配过程，分配过程不过是从另一个角度看的生产过程。然而，在资产阶级庸俗经济学家那里，二者却被割裂开来。马克思在总结资产阶级庸俗经济学在这方面的表现时，曾经尖锐地指出："如果看看普通的经济学著作，首先令人注目的是，在这些著作里什么都被提出两次。举例来说，在分配上出现的是地租、工资、利息和利润，而在生产上作为生产要素出现的是土地、劳动、资本。说到资本，一看就清楚，它被提出了两次：（1）当作生产要素；（2）当作收入源泉，当做决定一定的分配形式的东西……"①

事实上，工人以雇佣劳动的形式参与生产，就以工资形式参与生产成果的分配。分配的结构完全决定于生产的结构，分配本身就是生产的产物，不仅就对象说是如此，而且就形式说也是如此。马克思所批判的同一范畴在资产阶级经济学著作中出现两次，指的就是资产阶级经济学复制萨伊"三位一体公式"所形成的学说体系。在这里必须强调指出，我们不是一般地反对在经济学说体系中将任何生产要素提两次。例如，作为生产要素的土地是劳动过程的简单要素之一，因此在研究劳动过程时，我们曾提到过一次土地。而在研究农业超额剩余价值形成时，由于涉及土地所有权的作用，我们也不得不又一次提到了土地。但是，在后面这一次提到土地，绝不是简单地重复土地在使用价值和价值创造中的作用，而是研究土地所有权在剩余价值分配中的作用。因此，我们反对的是在研究剩余价值生产和剩余价值分配时，都以生产要素（例如土地）的相同作用来予以说明的错误做法。具体说，我们反对资产阶级经济学不把分配过程看作是依照要素所有权对剩余价值的瓜分过程，反对他们把分配过程看作是和生产过程一样的财富生产过程，反对用生产要素在生产上的贡献来说明工资、利息和地租这种分配方式的合理性。总之，"三位一体公式"最核心的错误在于，混淆生产过程和分配过程，不是以特定的生产过程为前提，用要素所有权的作用说明分配过程，而是相反，通过机械地重复要素在一般生产过程中的作用或贡献来说明要素的收入来源。

总之，"三位一体公式"，把雇佣工人新创造的价值和剩余价值这个实实在在的收入源泉，解释成是出自三个完全不同的独立要素，而这三个独立的要素在价值生产上，确实是像上帝造人一样虚无缥缈。在这里，资

---

① 《马克思恩格斯全集》第 12 卷，人民出版社 1979 年版，第 745 页。

本拜物教达到了完成形态，因而"三位一体公式"是资产阶级经济学家为资本主义剥削制度辩护的最合适的形式。因此，"三位一体公式"自萨伊将其阐述出来以来，历代的资产阶级庸俗经济学都没有离开过这个理论逻辑或理论范式。

二　现代资产阶级经济学分配理论是萨伊"三位一体公式"的翻版

总结以上马克思对"三位一体公式"的批判，我们可以将马克思的批判逻辑概括为如下要点：第一，"三位一体公式"将资本、土地和劳动三个互不相干的变量作为独立的三个生产要素，抽象掉了资本主义生产关系的本质。第二，"三位一体公式"用使用价值生产取代价值生产，用生产要素对使用价值生产的贡献来说明要素价格和分配问题。第三，"三位一体公式"根本错误在于，拒绝用生产要素所有权分析资本主义分配关系。

现代资产阶级经济学的分配理论或要素价格理论，与"三位一体公式"相比，表现出若干方面的差别。第一，从分析方法上看，现代资产阶级经济学采用了新古典经济学的供求均衡分析方法。从要素的需求和要素的供给两个方面分析了要素价格的决定，而萨伊的"三位一体公式"仅仅从要素的贡献一个角度说明要素报酬。现代资产阶级经济学的分配理论，无论就需求方面还是供给方面都提出了花样翻新的理论说明，例如要素需求讲的是引致需求，在对要素供给的分析方面，关于劳动要素向后"弯曲"的曲线的理论说明，生产要素的适用原则是边际产品价值等于边际成本说明，等等。第二，对要素价格决定的分析，现代资产阶级经济学是将分析放到不同的市场类型中进行的，而萨伊的"三位一体公式"，仅仅以完全竞争的要素市场为分析条件。现代资产阶级经济学分配理论分析了卖方垄断市场、买方垄断市场情况下，生产要素的数量和价格的决定。第三，现代资产阶级经济学的分配理论，将利润从利息范畴中独立出来，用企业家才能说明利润的来源，将萨伊的三要素的"三位一体公式"演变成四要素的"三位一体公式"，把收入看成是由劳动、资本、土地和企业家才能四种要素共同创造的。第四，现代资产阶级经济学的分配理论用欧拉定理，说明了产品分配净尽，不存在剩余。这些差别，没有改变现代资产阶级经济学分配理论在本质上仍然是"三位一体公式"。

首先，完全竞争条件下，要素需求分析所得出的边际化表达公式 P·

MP（L）＝W，或 MP（L）＝W/P，说明厂商雇佣要素的原则是要素报酬等于要素贡献。要素需求曲线上每一点都表示要素的边际收益产品（或边际产品价值）等于边际要素成本（或要素价格），要素供给曲线上每一点都表示要素供给所带来的收入的效用等于要素自用的效用。生产要素的价格决定于要素需求曲线和供给曲线的交点。现代资产阶级经济学分配理论，只不过在传统分析之上加了一个要素的边际负效用这种心理的或主观的评价。因此，这种分析归根到底还是要素贡献决定要素价格或收入分配。

其次，从不同类型市场上要素供求的具体变化来看，只是说明了要素需求曲线和要素供给曲线的具体变化情况，无论是买方垄断还是卖方垄断市场，或者说无论是边际产品价值大于边际收益产量，还是要素的供给成本小于边际成本的情况，厂商仍然要以边际收益产品和边际成本的均衡原则来确定要素的需求和供给。因此，仍然是要素的贡献决定要素的价格和收入分配。

再次，马克思批判萨伊的时代，"三位一体公式"就已经面临揭示利息和利润差别的问题。资产阶级为了辩护方便，把利润隐藏在利息之中。"资本—利息，土地—地租，劳动—工资；在这个公式中，利润，这个作为资本主义生产方式特征的剩余价值形式，就幸运地被排除了。"① 现代资产阶级经济学将利润范畴从利息范畴中划分出来，从积极方面来看应该是为进一步认识利润范畴提供了基础。然而，资产阶级经济学，由于其阶级利益和时代的局限，实在没有勇气向前迈出哪怕是任何一个小小的步伐。相反，却更加露骨地为资产阶级辩护，将利润解释为企业家才能贡献的报酬。按照这种辩护，工人工资也是工人劳动力才能贡献的报酬。因此，四要素论和三要素论的思想方法和结论都没有改变。

最后，用欧拉定理说明产品分配净尽，只是论证了产品分配不存在剩余和剥削。从产品净尽定理来看，该定理只是说明在完全竞争条件下，如果规模报酬不变，则全部产品正好足够分配给各个生产要素，不存在分配的剩余。按照这个逻辑，工资既不高于也不低于"劳动边际生产力"，利息也既不高于也不低于"资本边际生产力"，工人获得了他自己的劳动产品，得到所应得的份额，资本家也不过获得了他的资本生产的产品，得到

---

① 马克思：《资本论》第 3 卷，《马克思恩格斯文集》第 7 卷，人民出版社 2009 年版，第 925 页。

所应得的份额。因此，产品净尽定理不过是进一步论证和维护了"三位一体公式"。

通过以上分析我们知道，虽然现代资产阶级经济学的分配理论在形式上做了新的改进、增添了新的内容，但都没有改变"三位一体公式"的本质，仍在重复"三位一体公式"的分析逻辑或分析范式。因此，现代资产阶级经济学的分配理论只不过是"三位一体公式"的翻版，马克思对"三位一体公式"批判的逻辑要点同样适用于对现代资产阶级分配理论的批判。

第三节　现代资产阶级经济学资本积累理论批判

马克思在批判地继承了资产阶级古典经济学积累理论的基础上创立了科学的资本积累理论。通过对资本主义积累过程的分析，马克思揭示了资本积累的源泉、资本积累的实质以及资本积累对工人阶级命运的影响，资本原始积累以及资本主义积累的历史趋势等。然而，资产阶级经济学家从其阶级利益出发，抽象掉了再生产过程中的生产关系，把资本积累看作是一个纯粹的技术过程。这样，他们就不能科学地分析资本主义积累过程。他们不仅不承认资本原始积累是一种用血和火的文字载入史册的，而且也不可能认识到资本主义必然被社会主义和共产主义所取代的资本主义积累的历史趋势。

一　现代资产阶级经济学的资本积累理论

古典经济学作为资产阶级经济学发展的黄金阶段，围绕价值和剩余价值问题对资本积累理论进行了有益的探索。法国重农学派较早地论及了资本积累问题。魁奈在其纯产品学说和《经济表》中涉及了资本积累和扩大再生产问题。杜尔哥在魁奈的社会阶级划分基础上，进一步把生产阶级和非生产阶级划分为资本家和雇佣工人。他肯定了资本家是占有资本获取利润的人，强调了资本积累的重要性。但杜尔哥和魁奈一样，把资本的原始积累（初始净产品）看作是"自然的恩赐"，用资本家的勤俭来解释资本积累的来源。[①]

---

① ［法］杜尔哥：《关于财富的形成和分配的考察》，商务印书馆1997年版，第81页。

在资产阶级经济学中，比较系统地研究资本积累问题的是亚当·斯密。斯密从资本与收入的相互关系出发来分析资本的积累，认为无论是劳动生产率的提高还是生产性劳动力的增加，都离不开资本积累。斯密把劳动划分为生产性劳动和非生产性劳动，承认资本积累是对工人劳动成果的一个扣除。但是，斯密关于资本积累的来源的分析，却继承了前人的观点，把资本积累的来源归于资本家的节俭，从而歪曲了资本积累的本质①。与此同时，斯密以其"斯密教条"为依据，认为积累起来的资本全部用于可变资本。对此，马克思曾批评道："事实上，亚当·斯密正是在困难开始的地方中止了他的研究。"② 因此，在他的资本积累理论中，斯密无法说明不变资本也要进行积累。大卫·李嘉图继承了斯密的部分观点，进一步阐明了资本积累对资本主义发展的重要性，把资本积累看作是增长的唯一源泉。与斯密一样，李嘉图也否认存在不变资本的积累。与斯密不同的是，李嘉图看到了资本积累会导致工人贫困的情形，但由于其所处的资产阶级立场，他把资本主义生产方式看作是自然的永恒的方式，因此无法真正说明资本积累对工人阶级命运影响的根本原因和长期趋势。

从古典经济学的资本积累思想来看，他们都强调资本积累的重要性，承认价值的源泉是雇佣工人的生产性劳动，构成了资本积累理论的科学成分。但古典经济学不承认资本原始积累是以血与火的文字载入史册的，他们把资本积累的源泉归于资本家的节俭，没有认识到资本积累是资本主义生产方式下的剩余价值的资本化。由于所处的阶级立场，古典经济学拒绝承认资本主义积累的历史趋势是社会主义或共产主义对资本主义的取代。古典经济学资本积累理论的这些庸俗成分，被后来的资产阶级经济学家所继承，成为一种传统的辩护理论。

在古典政治经济学时期，就存在庸俗的资本积累理论。古典政治经济学之后，资产阶级经济学的积累理论与古典经济学积累理论的科学成分渐行渐远，资产阶级经济学也从革命时期的带有科学成分的政治经济学走向庸俗化，产生了以马尔萨斯、萨伊、詹姆斯·穆勒等为代表的早期庸俗经济学。早期庸俗经济学在资本积累理论上不仅继承了重农学派的"自然

---

① 斯密把资本积累直接归于节俭而不是勤劳。具体参见《国民财富的性质和原因分的研究》，商务印书馆1996年版，第310页。

② 《资本论》第1卷，《马克思恩格斯文集》第5卷，人民出版社2009年版，第681页。

恩赐"的观点，而且把资本家一生的重大目的归于节约和积累资本。他们认为资本家不会把全部收入都消费掉，而是要进行积累，并认为只有一批非生产性的消费者才能提供巨大的有效需求。萨伊认为供给会创造需求，因此不管资本以多大规模积累，都不会出现生产过剩的危机。萨伊甚至断言，工资是工人劳动的全部报酬，工人并未受到剥削，积累是资本家应得收入的转化。西尼尔继承了三种收入的惯常分类，又加入了带有主观心理色彩的"牺牲"、"节欲"的说法，把资本积累看作是资本家节欲的结果。

19世纪末，以瓦尔拉斯、卡塞尔、马歇尔、克拉克、维克塞尔等为代表的近代庸俗经济学形成。他们认为，经济增长是资本家延缓当前消费，把一部分收入储蓄起来增加投资的结果。马歇尔在考察资本积累的动因时认为，"等待"就是延期享受。它与"节欲"一样，表示资本家的"牺牲"，资本家牺牲目前的享受，会带来将来更大的满足，纯利息就是"等待"的代价或报酬。马歇尔还继承了萨伊的观点，认为积累的来源是储蓄而不是剩余价值的资本化，他甚至把雇佣劳动者的收入都看成是积累的来源。马歇尔的这一观点，在萨缪尔森那里得到进一步的发展。他认为资本积累是"在人们愿意储蓄——节制目前的消费，等待将来的消费——的限度内，社会能够把那个限度内的资源用于新的资本形成"。[①]

自凯恩斯的《就业、利息和货币通论》发表以后，形成了以增长理论为代表的现代资产阶级庸俗经济学的资本积累理论。"二战"后，发展经济学的结构主义学派兴起，他们把资本积累看成是阻碍发展中国家经济起飞的主要原因，认为资本形成和资本积累是实现经济起飞的先决条件。然而，结构主义学派虽然看到了资本积累对增长的重要性，但由于结构主义学派的资本积累理论只是研究物质资本的积累，而且常常将"资本形成"与"资本积累"混同起来使用，完全抽象掉了现代经济发展所必需的政治的、制度的、社会的和文化的先决条件，从而带有一定的庸俗色彩。由于只是把资本看作生产要素，有意掩盖资本所蕴含的资本主义生产关系，因此他们只是把资本积累看作是物质要素的增长和生产能力的扩大，完全抽象掉了资本积累的资本主义性质。例如哈罗德、多玛，将凯恩斯的静态增长思想动态化，形成了哈罗德—多玛模型。这一模型虽然强调

---

① 萨缪尔森：《经济学》（第10版），商务印书馆1999年版，第74—75页。

了资本积累的重要性，但该模型完全抽象掉了劳动、技术和制度因素，特别是抽象掉了阶级关系。哈罗德—多玛模型的这一理论缺陷，在此后的"新古典增长模型"、内生增长模型等积累理论中被进一步放大，资产阶级经济学家不仅把资本家的储蓄看成是积累的来源，甚至把工人阶级维持生计的储蓄也看成是积累的来源。不仅如此，他们还利用"黄金律水平"、"边际分配"和"跨期选择"固定了分配份额以及积累比例，彻底把资本积累的真实来源和资本主义积累的实质掩盖起来。

二　现代资产阶级经济学资本积累理论批判

1. 现代资产阶级经济学积累理论掩盖了资本积累的真实来源

马克思主义经济学认为，在资本主义制度下，积累的源泉，只能是剩余价值。因此，资本积累是以资本主义剥削关系为基础的，并体现了资本对劳动占有的这种剥削关系。但资产阶级经济学却把资本积累的源泉归于一般意义的储蓄，资本主义积累的实质完全被抹杀掉。例如萨伊说："只有通过储蓄的方法，就是说，只有通过把超过生产过程中所消耗的产品的数量的产品再投入于生产的方法，才能扩大个人的生产资本和社会资本总量的扩大。"[①] 马歇尔在萨伊的基础上，甚至把雇佣劳动者的收入都看成是积累的源泉之一。马歇尔认为："在现代英国，地租与自由职业者及雇佣劳动者的收入，都是积累的源泉；而在一切初期文明阶段中，它们是积累的主要源泉。"[②] 我们知道，劳动者的储蓄和资本家的储蓄在性质上是完全不同的。工人阶级工资收入形成的储蓄部分，只不过是为了应付个人或家庭在医疗、教育等日常之需。资本家阶级的储蓄则不同，他们的储蓄是来自对劳动者的剩余价值的占有，其中绝大部分不是用来消费，而是用来再转化为资本，从而占有更多的剩余价值。因此，资本家的储蓄才真正是积累的来源。资产阶级经济学把积累的来源归于笼统意义上的储蓄，不过是为了掩盖积累过程中的资本主义剥削性质。

2. 现代资产阶级经济学歪曲了资本积累的真实动因与实质

如前所述，资本积累是剩余价值的资本化，其目的是占有更多的剩余价值。但资产阶级经济学家却把资本积累看作是资本家为了"社会进步"

---

①　［法］萨伊：《政治经济学概论》，商务印书馆 1963 年版，第 117 页。

②　［英］马歇尔：《经济学原理》，朱志泰译，北京出版社 2009 年版，第 325 页。

而"省吃俭用"，实行"节欲"的结果。他们认为资本积累是资本家作出的一种牺牲，因此利润不过是对资本家"节欲"美德的报酬。对这一最早由西尼尔提出的观点，马克思早就将其痛斥为是庸俗经济学的"发现"的不可超越的标本。然而，现代资产阶级经济学却继承了西尼耳的这一观点，并在马歇尔和萨缪尔森那里得到继承和辩护。实际上，在资本主义制度下，资本积累是由资本主义客观经济规律决定的。一方面，追求更多的剩余价值作为内在动力推动资本家去积累，进行扩大再生产；另一方面价值规律作为外在的强制力量，迫使资本家为了增强竞争实力必须进行资本积累。由于把资本积累看作是资本家节欲的结果，现代资产阶级经济学者自然就把资本积累归于一个纯粹的技术分析过程，从要素论出发，考察要素投入的调整对增长的影响，这就把积累过程中资本家和工人之间的剥削与被剥削关系掩盖了。事实上，资本主义的增长总是在资本主义制度框架内的增长，绝不是一个单纯的使用价值的生产过程。正如马克思所指出的，由于"在资本主义制度内部，一切提高社会劳动生产力的方法都是靠牺牲工人个人来实现的；一切发展生产的手段都转变成统治和剥削生产者的手段，都使工人畸形发展，成为局部的人，把工人贬低为机器的附属品，使工人受劳动的折磨，从而使劳动失去内容，并且随着科学作为独立的力量被并入劳动过程而使劳动过程的智力与工人相异化"。[①] 由于一切生产剩余价值的方法同时就是积累的方法，而积累的每一次扩大又反过来成为发展这些方法的手段，所以必然出现财富的积累和贫困的积累相伴而生且互为因果的局面。因此，资产阶级经济学这种积累的节欲论观点，不仅掩盖了资本积累的真实动因，也掩盖了资本积累的实质。

3. 现代资产阶级经济学积累理论掩盖了积累的两极分化后果

在资本主义经济中，资本家阶级与工人阶级是相互对立的，资本家凭借对生产资料的占有，无偿获得工人创造的剩余价值，而工人只能得到相当于劳动力价值或价格的工资。因此，资本的本质是资本家无偿占有工人创造剩余价值的剥削关系，是一种阶级关系。但在资产阶级积累理论中没有了工人阶级与资本家阶级之分，掩盖了在资本主义生产资料私有制条件下，生产资料为资本家私人占有的事实。

---

① 马克思：《资本论》第 1 卷，《马克思恩格斯文集》第 5 卷，人民出版社 2009 年版，第743 页。

　　从早期的结构主义学派的资本积累理论来看，结构主义学者把资本积累仅仅看作物质资本的积累。他们虽然注意到了发展中国家的资本主义不发展，却忽视了由资本主义发展，或确切地说，由资本积累本身所造成的问题。资本积累或资本形成是一柄双刃剑，它既可以推动生产力发展，又可能造成贫富分化及地区差异扩大，彻底抽象掉对抗性分配可能导致的资本主义历史趋势。

　　从现代增长理论特别是新古典增长理论来看，在其资本积累理论中以人均资本量增长代替资本积累，彻底抛开了资本主义制度下对抗性的财富分配。事实上，在资本主义生产关系中，生产资料归资本家私人占有，劳动者一无所有，只有靠出卖自身劳动力才能与生产资料结合，资本包含着人剥削人的不平等经济关系。所以，不能笼统地将社会总资本平均为人均资本量，而要分清资本的所有者。"人均资本量"——更确切地说，意为"每个工人人均资本量"，这个称谓完全抹杀了工人阶级与资本家阶级之间的对立关系，将两个经济性质完全不同的概念人为地组合在一起。同样地，按照马克思的观点，在第Ⅱ部类新创造的价值Ⅱ（V＋M）中，其内部交换具有资本主义剥削关系特征：工人只能消费必要生活资料，资本家不仅可以消费必要生活资料而且还可以消费奢侈品。曼昆就曾指出："在选择稳定状态时，决策者的目的是使组成社会的个人福利最大化。……因此，一个仁慈的决策者要选择消费水平最高的稳定状态。"[1] 即当经济达到稳定状态时，决策者通过改变储蓄率，使得资本达到其"黄金律水平"，从而使每一社会成员"消费最大化"。然而，他们却忽视了在现实经济生活中，同属构成一个社会的成员，劳动者只得到劳动力价值，充其量只能购买维持自身再生产的必要生活资料，根本谈不上使自己的消费水平达到最高状态；只有无偿占有工人所创造的剩余价值的资本家及其阶级利益代言人——那些"仁慈的决策者"，才拥有购买奢侈品、使消费达到令其满意水平的能力。因此，在第Ⅱ部类生产的生活资料中，也不能不加分析地讲"资本的黄金律水平"，还要看到生活资料消费中包含的阶级关系。因此我们可以看到，在现代资产阶级经济学框架内根本无法分析资本主义积累的动态过程，因为其生产函数分析模式完全抽象掉了劳资关系和

---

　　① N. 格里高利·曼昆：《宏观经济学（第5版）》，中国人民大学出版社2007年版，第182页。

劳动过程，也就无法解释资本主义积累的一般规律和资本主义积累的历史趋势。

第四节　现代资产阶级经济学经济危机理论批判

马克思在批判地继承了资产阶级古典经济学的科学成就的基础上创立了科学的经济危机理论。然而，西方资产阶级经济学从其维护资产阶级的利益出发，却经历了从否认经济危机的存在、承认经济危机的存在、到再否认经济危机存在的混乱过程。

一　现代资产阶级经济学关于经济危机的理论演变

1. 资产阶级古典政治经济学的经济危机理论遗产

法国古典政治经济学的完成者西斯蒙第是资产阶级经济思想史上第一个承认普遍生产过剩经济危机的经济学家。西斯蒙第认为，在资本主义社会，社会生产的目的是为了利润；在自由竞争作用的驱使下，掌握生产资料的人追求生产的无限扩张，而社会不公平的分配制度，又使财富集中在少数人手中，广大的劳动者收入不足，从而使市场越来越狭窄。这样，生产和收入之间的比例遭到破坏，产品的实现遇到严重障碍，最后必然导致以生产过剩为特征的经济危机。西斯蒙第已经看到了资本主义社会内部所存在的一种尖锐矛盾，即一方面社会生产力的发展引起社会财富的无限扩大，另一方面生产者的消费却在生活必需品的范围内，相对于生产的无限扩大而言，消费需求表现为严重不足。

西斯蒙第通过对资本主义财富占有形式的分析，深切地感受到资本主义生产方式是自相矛盾的。他看到了资本主义经济中生产力的无限扩大和劳动群众生活必需品范围相对萎缩之间的矛盾。但是，西斯蒙第并不理解，在资本主义社会得到巨大发展的社会化大生产，是人类文明的进步标志；在他对资本主义制度进行严厉谴责时，往往把资本主义的弊端归结为社会生产巨大发展的结果。

从理论本身来说，西斯蒙第的危机理论是错误的。首先，他把生产和消费的矛盾说成为危机的原因，而且把这一矛盾说成为资本主义的基本矛盾。他不了解生产和消费的矛盾只是生产的社会性和资本主义私人占有形式间矛盾的一个表现形式。后一个矛盾才是资本主义的基本矛盾。西斯蒙第没有进一步透过资本主义制度下生产和消费失衡的现象去探究其根源和实质。所以，他虽然也知道危机是资本主义的现象，但他的分析却把危机的原因放在生产领域之外，并在实际上把资本主义这一特定的社会生产方式抽象掉了，这就堵塞了对经济危机进行科学分析的道路。其次，西斯蒙第所强调的群众消费不足，是一切阶级社会所共有的现象，其本身不足以说明危机。再次，西斯蒙第的商品以收入购买的论点只是"斯密教条"——商品价值分解为三种收入——的翻版。由于西斯蒙第把收入同生产看作是一样的，也就把实现个人消费看作是同生产一样的，自然他就会得出资本家不能实现超过收入的额外价值的学说，也就是得出消费不足经济危机学说。最后，西斯蒙第认为商品是以收入购买的，而收入却随着生产的扩大而缩减。这就意味着在资本主义生产方式中，扩大再生产是根本不可能的，生产过剩危机不但是不可避免的而且是持续不断的。然而这两点显然和资本主义的发展和危机的现实不相符。西斯蒙第的错误在于他把商品实现等同于个人消费品的实现，而忽视生产消费。他不知道资本主义市场的增长在一定程度上，不靠个人消费的增长而更多地靠生产消费的增长。

马尔萨斯是一个消费不足经济危机论者。在说明需求不足导致经济危机时，他和西斯蒙第基本是一致的。他的消费不足经济危机论的特殊性在于，他用一个不生产而只消费的土地贵族阶级来弥补或消除消费不足。由于马尔萨斯站在土地贵族阶级的反动立场上为土地贵族阶级辩护，而当时土地贵族阶级又是一个没落的阶级。因而，他的经济危机学说也就没有多大的影响。

2. 早期资产阶级庸俗经济学抛弃了西斯蒙第的消费不足经济危机论

如前所述，1830 年资本主义制度在西欧确立了统治地位，资产阶级古典经济学便被庸俗经济学所取代。早期资产阶级庸俗经济学，抛弃了古典政治经济学的一切科学成就，当然也就丢掉了西斯蒙第的有效需求不足的经济危机理论，信奉国家不干预经济生活的经济自由主义。经历了 19世纪 70 年代的"边际革命"，资产阶级庸俗经济学发展到近代庸俗经济学阶段，以马歇尔和瓦尔拉斯的均衡价格理论为核心的新古典经济学理论体系，也一直否认资本主义经济危机的存在。新古典经济学，是一种充分就业经济学。他们认为现行工资水平上，凡是愿意工作的人都有工作可做。换言之，新古典经济学认为，自由放任资本主义总是能够保证经济达到充分就业均衡，因而无须政府对经济进行政策干预。然而，20世纪30年代所爆发的大危机，惊醒了新古典经济学的和谐美梦。如果说20世纪30年代以前，经济危机持续的时间还比较短、程度也没有那么严重，新古典经济学还能够依靠他的诡辩将经济危机解释成是偏离充分就业的偶然情况、是一种例外的话，那么，面对30年代大危机，这种经济学说就没有任何的解释力了。它既不能在理论上说明大规模失业所产生的原因，更无法在政策上为资产阶级政府提出任何切实可行的建议。

3. 20世纪30年代经济危机和凯恩斯主义的产生

在30年代大危机的特定历史背景下，垄断资产阶级迫切需要一种为其干预经济生活提供理论依据的新的经济理论，于是凯恩斯主义便应运而生了。1936年凯恩斯出版了他的《就业、利息和货币通论》（人们通常都把它简称为《通论》）。在《通论》中，凯恩斯在批判传统经济学就业理论的基础上，提出了他的有效需求不足经济危机理论。凯恩斯认为，资本主义经济的通常状态，是小于充分就业的国民收入均衡。有效需求不足是造成小于充分就业国民收入均衡的根本原因。而造成有效需求不足的是三大心理规律："心理上的消费倾向"、"对资产未来收益的预期"和"心理上的灵活性偏好"。尤其是"对资产未来收益的预期"造成了有效需求不足，而有效需求不足则造成了供给相对过剩，形成普遍的危机。因此，为了解决失业问题，政府必须实施以刺激需求为主的政府干预政策。

4. 凯恩斯经济危机学说的演变和影响

虽然凯恩斯《通论》的核心思想是明确的，但是在它的文字表述上却很晦涩难懂。1937年希克斯在《经济计量学杂志》4月号上发表了《凯恩斯先生和"古典学派"：一种解释》一文。该文将凯恩斯《通论》中的就业思想概括为 IS－LM 模型。此后，希克斯、汉森、萨缪尔森等一大批凯恩斯主义经济学家在 IS－LM 模型的框架内，通过对 IS 曲线和 LM 曲线的精细化分析，为宣传、普及和发展凯恩斯主义做出了贡献。在这一过程中，以萨缪尔森为首的经济学家将凯恩斯经济学和古典经济学综合在一个体系中，形成了"新古典综合派"，凯恩斯主义经济学达到了它的鼎盛时期。美国经济在20世纪70年代以后出现了失业和通货膨胀并存的"滞涨"局面，凯恩斯主义经济学受到了前所未有的挑战。有人形容20世纪70年代中期，在美国35岁以下的凯恩斯主义者成了快要绝迹的物种。然而，20世纪80年代后期，随着美国经济长期衰退的到来，凯恩斯主义又重新被呼唤到前台，出现了新凯恩斯主义。虽然新凯恩斯主义，在理论上尽最大可能地吸收了凯恩斯主义反对派的许多理论成分，但是在对经济危机根源的判断和应对经济危机的国家干预主义政策上，它与凯恩斯主义还是基本一致的。

二　对凯恩斯经济危机理论的批判

1. 凯恩斯经济危机理论中的合理成分

第一，承认资本主义社会存在"非自愿失业"。在资产阶级经济思想史上，早期庸俗经济学和近代庸俗经济学都抛弃了古典经济学西斯蒙第的消费不足经济危机论，拒绝承认资本主义社会存在大规模的"非自愿失业"。凯恩斯作为现代资产阶级庸俗经济学家，理所当然地要在激烈的阶级冲突中站在"有教养"的资产阶级一方，也试图在理论上掩盖矛盾。但是，面对1929—1933年这样大规模的毁灭性的经济危机，资产阶级经济学家在为资本主义作辩护时，也不得不反对资产阶级经济学传统，承认一定范围内失业的不可避免性。在此前提下，才能为资本主义制度摆脱危机而出谋献策。于是，凯恩斯在他的《通论》中率先承认资本主义社会有"非自愿失业"存在。如果把凯恩斯的这种理论倾向与以前传统庸俗经济学相比，确实可以发现在凯恩斯的思想中有某些被资产阶级经济学家称为"激进"的成分。从历史唯物主义的观点来看，凯恩斯思想中的这些部分应该说是站在资产阶级立场上，所能达到的最高限度了。

第二，批判传统庸俗经济学的萨伊定律。为了论证"非自愿失业"的存在，凯恩斯批判了萨伊定律的约翰·穆勒形式、马歇尔形式以及凯恩斯时代的形式。凯恩斯批判了古典学派将《鲁滨逊飘流记》故事的交易不存在的经济，幻像成现实世界。凯恩斯说："无论如何，那些以如此方式思索的人都受到了视觉上的幻像之骗；视觉上的幻像把本质上不同的事物看成似乎相同的东西。"[①] 凯恩斯认为："把社会总产量的需求价格和其供给价格假设为相等的说法可以被当作古典理论的'平行线公理'。"[②] 我们且不说凯恩斯后来是否彻底否定了萨伊定律，也不说凯恩斯在这里是不是有一些小题大做，仅就凯恩斯把挑战萨伊定律，比作数学家（高斯、

---

① 凯恩斯：《就业、利息和货币通论》，商务印书馆1999年重译本，第26页。
② 同上。

罗巴切夫斯基和黎曼等）挑战欧几里得平行公理而言，还是可以看出凯恩斯的足够的理论勇气。当然，后面我们还会进一步说明，凯恩斯的资产阶级局限性使他不能真正否定萨伊定律。

第三，客观描述了资本主义社会的有效需求不足，提出国家干预经济的政策主张。资本主义经济危机的实质是生产相对过剩的危机，因而凯恩斯提出有效需求不足，一定程度上反映了经济危机的本来面目。凯恩斯一反经济自由主义国家不干预经济生活的传统，提出了以需求管理为主要特征的国家干预主义政策，对稳定资本主义经济还是有一定的积极作用的。

总之，凯恩斯学说的这些重要方面，和传统的庸俗经济学相比显得更符合实际，也更加务实得多了。但是，从理论上讲，凯恩斯并没有真正认识到资本主义经济危机的规律性，因而其干预政策也不可能真正使资本主义经济摆脱危机。

2. 凯恩斯的理论错误

首先，凯恩斯对萨伊定律的否定是不彻底的。我国著名经济学家高鸿业先生早就深刻地指出了，凯恩斯并没有否定萨伊定律，"而仅仅给萨伊定律加上一个条件，即只要执行正确的宏观经济政策，使投资等于充分就业下的储蓄，萨伊定律是可以成立的"。[①] 问题在于，我们应该怎样认识萨伊定律。我们看到，《通论》全书，无论是最终结论还是方法论和行文过程，凯恩斯确实都是在批判萨伊定律。如果把萨伊定律仅仅理解为总供给和总需求这两个总量相等，那么，凯恩斯断定资本主义经济的通常情况是总供给和总需求这两个总量不相等，二者相等只是一种特例。这样，凯恩斯就提出了构成萨伊定律命题的否命题，代替了萨伊定律的原命题，难道否命题不构成是对原命题的否定吗？如果我们把萨伊定律理解为一种方法论，那么，凯恩斯批判萨伊定律把《鲁滨逊漂流记》故事中的不存在交易的经济，当作资本主义的"现实世界"[②]。马克思把萨伊定律的方法论概括为，萨伊把现实的资本主义经济简化或还原为没有货币起作用的"物物交换"经济。马克思说："为了证明资本主义生产不可能导致普遍的危机，就否定资本主义生产的一切条件和它的社会形式的一切规定，否

---

① 高鸿业：《〈通论〉译者导读》，载《就业利息和货币通论》，商务印书馆1999年版，第24页。

② 凯恩斯：《就业利息和货币通论》，商务印书馆1999年版，第26页。

定它的一切原则和特殊差别，总之，否定资本主义生产本身，实际上是证明：如果资本主义生产方式不是社会生产的一个特殊发展的独特形式，而是资本主义最初萌芽产生以前就出现的一种生产方式，那么，资本主义生产方式所固有的对抗、矛盾，因而对抗、矛盾在危机中的爆发，也就不存在了。"① 这里，我们看到凯恩斯只不过是在马克思以后（70 多年）重复了马克思对萨伊定律方法论的批判。如果我们暂时不去探究凯恩斯是否对马克思的抄袭，而单就否定萨伊定律这一角度来看，我们不能说马克思批判了萨伊定律，而凯恩斯就没有批判萨伊定律。从论证过程来看，凯恩斯在《通论》的全篇行文中都充满了对萨伊定律的批判。萨伊定律供给会创造自身需求的观点，是现代经济自由主义经济政策的理论基础，而凯恩斯的有效需求不足论则是国家干预主义的理论基础。综上所述，我们认为，凯恩斯确实批判和否定了萨伊定律。当然，凯恩斯由于他的资产阶级世界观和方法论决定了他不可能从资本主义经济制度的本质上深刻地批判萨伊定律。在他对萨伊定律的批判中，还有许多不得要领、没有切中要害的地方。甚至他所批判过的萨伊定律的错误方法，在他的《通论》中仍然被沿用。

如前所述，从总供给和总需求相等的角度，凯恩斯否定了萨伊定律。从最抽象的意义上讲，凯恩斯批判了萨伊定律将《鲁滨孙漂流记》故事用以代替资本主义经济现实。凯恩斯似乎批判了萨伊以"物物交换"过程（即 $W-W$），代替资本主义以货币为媒介的商品流通过程 $[即(W-G) \cdot (G-W)]$。但是，凯恩斯并没有真正抛弃萨伊的这种方法。凯恩斯由于没有科学的劳动价值理论，因而也就没有科学的货币理论，在分析交换过程时就陷入李嘉图的错误。"李嘉图对货币的错误理解的根本原因在于，李嘉图总是只看到交换价值的量的规定，就是说，交换价值等于一定量的劳动时间，相反，他忘记了交换价值的质的规定，就是说，个人劳动只有通过自身的异化（alienation）才表现为抽象一般的、社会的劳动。"②

事实上，在《通论》中凯恩斯否定的只是萨伊所坚持的总需求和总供给会自动实现平衡的结论（即 $D=Z$）。凯恩斯与萨伊不同之处，就在

① 《马克思恩格斯全集》第 26 卷（b），人民出版社 1979 年版，第 571 页。
② 《剩余价值理论》，《马克思恩格斯全集》第 26 卷（b），人民出版社 1979 年版，第 575 页。

于凯恩斯强调有效需求小于有效供给（即 D < Z）。在凯恩斯那里，只要通过政府干预实现了需求和供给的平衡（即 D = Z），经济危机就不会爆发。然而，资本主义的现实危机不仅有总量上的原因，也有结构方面的原因，还有资本主义再生产过程各个环节之间衔接上的原因。所有这些方面如果不从资本主义经济制度的内在逻辑去分析，是不会得出科学的结论的。资产阶级经济学家历来都只重视量的关系而不重视质的分析。凯恩斯作为资产阶级经济学家显然也是一样，他沉迷于仅仅从数量关系上研究总量是否相等，而忽略对资本主义经济内在结构的深刻分析。

其次，凯恩斯承袭了斯密教条，因而不可能科学地说明资本主义经济的总量关系。凯恩斯在向其学生解释《通论》中为什么没有价值理论时曾说，"因为唯一通用的价值理论是劳动价值论，它已声名狼藉了。"[①] 凯恩斯既不相信以边际主义为基础的均衡价值论，也不屑于马克思的劳动价值论。而科学的价值理论是一切正确的经济分析的基础，凯恩斯没有价值论基础的《通论》，就不能不陷入混乱之中，重复庸俗经济学的陈词滥调。凯恩斯说："生产成本总是能从由于需求而造成的销售所得中全部收回这一古典学派的结论具有很大的可信性，因为，很难把它和另一个看来和它相似的正确命题分开，而后一个命题是：在社会中从事某一生产活动的各生产要素的收入总量必然等于这一生产活动的生产物的价值。"[②] 这里凯恩斯明确肯定的"正确命题"不就是众所周知的"斯密教条"吗？斯密由于将商品价值分解为 V + M（即各种要素的收入）而阻塞了再生产分析的道路。[③] 凯恩斯在这里又捡起了斯密教条，自然也就不能正确认识资本主义经济的总量关系。斯密在论述再生产总量关系时，遇到了生产资料的生产者和消费资料的生产者的划分问题，已经接触到社会再生产的根本问题，但由于其错误的教条而无法得出正确的结论。凯恩斯在探讨总量关系时，也遇到了如何合理划分消费品的购买者和投资品的购买者的问题，凯恩斯同样也不能够得出科学的结论。凯恩斯从斯密教条出发，推导出储蓄恒等于投资的结论。凯恩斯写道："只要我们同意：收入等于现期

---

① P. 德鲁克：《走向下一种经济学》，1981 年版，载贝尔等编《经济理论的危机》，上海译文出版社 1985 年版，第 28 页。

② 凯恩斯：《就业利息和货币通论》，商务印书馆 1999 年版，第 26 页。

③ 见丁堡骏《亚当·斯密的宏观经济分析和现代西方宏观经济学》，《经济评论》1996 年第 6 期。

产量的价值，现期投资等于没有被用之于消费的现期产量，而储蓄又等于收入超过消费的部分……储蓄和投资的相等是必然的结果。"① 因为，收入＝产量的价值＝消费＋投资；又储蓄＝收入—消费；所以，储蓄＝投资。储蓄恒等于投资，显然有悖于经济现实，凯恩斯又不得不辩解性地解释储蓄等于投资。

再次，凯恩斯将一条曲线辩护性地描述为独立的总需求曲线和总供给曲线。凯恩斯说："令 Z 为雇佣 N 个人时的产品的总供给价格，则 Z 和 N 之间的关系可以被写作为 Z＝Φ（N）；该式可被称为总供给函数。同样，令 D 为企业家雇佣 N 个人时所预期的卖价，则 D 和 N 之间的关系可以被写作为 D＝f（N），该是可以被称为总需求函数。"② 从这里我们可以看出，总供给函数是雇佣工人数量 N 所实际形成的产品的价格，而总需求函数则是雇佣工人数量 N 所实际形成的产品的价格在企业家心目中的预期。若企业家的预期和实际的产品价格相符，也就是如果企业家具有足够的预见性，那么，总需求函数的因变量 D 就会和总供给函数的因变量 Z 相一致，也就是总供给函数和总需求函数是相同的，因而 Z 曲线和 D 曲线是一条重合的曲线。③ 凯恩斯及其信徒狄拉德等都没有勇气将总供给函数和总需求函数描述成具有截然不同性质的曲线。凯恩斯把总需求总是小于总供给的原因归因于企业家的预期，是资产阶级经济学家回避对资本主义经济危机进行深入分析的一种遁词。

最后，凯恩斯作为资本主义的病理学专家，他不仅没有找到资本主义经济危机的病因，而且也没有理性地开出救治资本主义的良方。凯恩斯杜撰了三大心理规律用以说明资本主义有效需求不足以及由此造成失业和经济危机。事实上，马克思通过商品分析，揭示了商品经济由物物交换必然发展为以货币为媒介的商品流通，以及由此造成买卖脱节出现了经济危机的可能性。马克思还解释了随着资本积累，资本有机构成不断提高造成对抗性的分配关系：一极是资产阶级的财富的积累，另一极是无产阶级贫困化的积累。随着资本有机构成不断提高，随之而出现一般利润率趋向下降

---

① 凯恩斯：《就业利息和货币通论》，商务印书馆 1999 年版，第 70 页。
② 凯恩斯：《就业利息和货币通论》，商务印书馆 1999 年版，第 30 页。
③ 狄拉德将总需求曲线和总供给曲线都描述成为向右上方倾斜的线性的曲线，总供给曲线的斜率大于总需求曲线的斜率。（狄拉德：《约翰·梅纳德·凯恩斯的经济学》，第 29—31 页。）

的规律，这个规律内部矛盾的展开和激化必然导致资本主义经济危机。首先，如果说凯恩斯和马克思都揭示了资本主义消费不足的话，那么，马克思用资本积累过程中无产阶级的贫困说明资本主义必然存在严重的消费不足，这当然是科学的，也是实事求是的。相反，凯恩斯用一个抽象的心理上的消费倾向来说明资本主义的消费不足，这显然是主观的或唯心的，因而他并没有触及问题的本质。即使我们暂且不说凯恩斯的分析明显不如马克思的分析深刻，仅就二者都揭示了消费不足这一经济现实而论，凯恩斯的分析在时间上也比马克思足足晚了 70 多年。其次，马克思和凯恩斯都注意到了利润率下降导致危机的问题。马克思用一般平均利润率趋向下降规律来进行具体的解释。而凯恩斯则用一个杜撰的心理上的资本边际效率递减规律来进行说明，陷入了唯心主义泥潭。凯恩斯仅仅从收入和消费的关系来解释消费需求，但是"消费——收入——决不是这个过程的主导因素，对于仅仅为了把商品变成生活资料而出卖商品的人来说，消费确实是主导因素。但这不是资本主义生产，在资本主义生产中，收入（消费）是作为结果，而不是作为起决定作用的目的出现的"。[1] 凯恩斯不能从资本和雇佣劳动之间的生产关系去说明经济危机。把经济危机和失业的根源归结为流通领域的主观心理因素的作用，而否认失业和经济危机是资本主义制度的必然产物。正如马克思所说的："因此，这里论证不可能有危机的办法就是，忘记或者否定资本主义生产的最初前提——产品作为商品的存在，商品分为商品和货币这种二重化，由此产生的在商品交换中的分离因素，最后，货币或商品对雇佣劳动的关系。"[2]

凯恩斯提出了政府扩大预算支出，通过财政赤字的办法来救治资本主义的国家干预政策。他的实践依据似乎是 20 世纪 30 年代，美国罗斯福总统的"新政"。但是，在 1933—1940 年，根据官方的数字，美国的失业人口每年仍保持在 1000 万人的水平上，经济活动始终都处于萧条状态。第二次世界大战后，美国和其他西方国家都更大规模地执行了凯恩斯主义的经济政策，但并没有取得凯恩斯所说的摆脱经济危机的效果。不仅1973—1975 年，美国和整个资本主义世界又爆发了严重的经济危机，而且 20 世纪 60—70 年代，美国由于执行凯恩斯主义的赤字财政政策，美国

---

① 《马克思恩格斯全集》，第 26 卷（第二分册），人民出版社 1979 年版，第 574 页。
② 《马克思恩格斯全集》，第 26 卷（第二分册），人民出版社 1979 年版，第 572 页。

和西方资本主义世界都在不同程度上出现了通货膨胀。进入 70 年代，不仅危机所造成的失业问题没有解决，而且还出现了严重的通货膨胀，这就是所谓的"滞胀"。严重的滞胀和反对派的抨击使凯恩斯主义丧失了主流经济学的地位，也宣布了凯恩斯主义的破产。

值得特别注意的是，虽然凯恩斯的经济危机理论已经被西方发达资本主义国家的干预实践所证伪，在它的理论发祥地、在它曾经风光一时的西方发达资本主义国家已经声名狼藉了。但是，在一些落后的发展中国家经济学家和政府官员那里，却没有对其持一个应有的分析态度。

第五节　现代资产阶级庸俗经济学垄断理论批判

垄断是当代资本主义最重要的经济特征之一。自 18 世纪末至 19 世纪初，欧洲主要国家完成了工业革命，资本主义生产方式基本实现了从工厂手工业生产向机器大工业生产的过渡，这些发达资本主义国家的国内统一市场初步形成，国外市场也在不断扩大。随着资本主义社会生产力的不断提高，这些发达资本主义国家的资本积累增长迅猛，企业规模不断扩大，大资本家、大财团不断涌现，垄断现象在社会经济生活中开始显现，并表现日趋明显。

这些垄断现象在西方资产阶级经济学中自然也有所反映。然而由于其阶级局限性，资产阶级经济学在一个相当长的时期内不愿承认资本主义已进入垄断阶段这一事实，坚持将完全竞争视为经济常态，而将偏离竞争格局的垄断视为是偶然现象。[1] 当垄断成为资本主义经济生活中的普遍现象并开始占统治地位，资产阶级完全竞争理论与资本主义垄断现实发生严重冲突时，资产阶级经济学才开始着手讨论垄断问题。然而，西方垄断理论从张伯伦和罗宾逊系统提出不完全竞争市场结构理论演变至今，虽已发展成一个相对"完整"的理论体系，但它们对垄断的讨论都仅停留在垄断问题的形式内容上，而并没有真正触及当代资本主义的垄断实质。

近年来垄断也成为我国现实经济生活的重要现象，我国学术界介绍和研究西方垄断理论的文献也开始增多。但这些文献大多没有从批判视角对西方垄断理论做出恰当评价，而这样的评价又是研究现实生活所必需的。

---

[1]　熊彼特：《经济分析史》第 3 卷，商务印书馆 1995 年版，第 324 页。

本节则试图从马克思主义经济学批判视角对当代西方垄断理论的主要理论缺陷及其资本主义的辩护本质做一简要述评。

一　垄断资本主义的发展与现代西方垄断理论的演变

法国经济学家古诺于 1839 年出版的《财富理论的数学原理研究》一书，在西方学界被认为是一部首创性地系统阐述垄断理论的著作①，这部著作以产量为竞争手段，对"垄断"、"双头垄断"直至"无限竞争"等不同市场条件下的均衡价格和均衡产量的决定问题做了解答。其分析得出，行业中厂商数目越多，古诺均衡就越接近于社会最优或竞争均衡。1883 年伯特兰德则以价格为竞争手段，讨论了市场均衡的确定，得出结论是，只要市场上存在两个或两个以上生产同类产品的生产企业，则没有一个企业可以控制市场价格，获取垄断利润。可以说，古诺模型和伯特兰德模型为以后的资产阶级经济学市场结构垄断理论的发展奠定了理论基础。但在当时经济理论界占统治地位的是自由资本主义时期发展起来的崇尚自由竞争的资产阶级庸俗经济学，古诺和伯特兰德的垄断理论并没有受到资产阶级经济学界的重视。

19 世纪末至 20 世纪初，资本主义生产力得到迅猛发展，资本主义资本积累高度膨胀，在经济现实中出现了一系列的庞大垄断组织，研究垄断理论的专门著作也开始增多。埃奇沃思于 1897 年发表的《关于纯粹的垄断理论》一文中在古诺、伯特兰德等研究基础上进一步阐述了寡头垄断价格与竞争价格及垄断价格之间的关系②，庇古于 1906 年在《财富与福利》一书中对垄断竞争特征进行了描述③，费雪 1923 年在《资本和收入的性质》一书中进一步分析了垄断与竞争的关系④，等等。新古典经济学重要代表人物马歇尔晚年曾感叹，如果英国有像美国那样强大的垄断组织，那么英国就能形成与之抗衡的国际竞争力。⑤ 说明马歇尔此时也已注意到垄断对资本主义发展的作用。乔治·刚顿对垄断的资本主义发展意义作了进一步阐述，认为资本集中"是将它们（即企业）并入一个更大、

---

① 威廉·斯皮格尔：《经济思想的成长》，中国社会科学出版社 1999 年版，第 438 页。
② 熊彼特：《经济分析史》第 3 卷，商务印书馆 1992 年版，第 332 页。
③ 熊彼特：《经济分析史》第 3 卷，商务印书馆 1992 年版，第 333 页。
④ 威廉·斯皮格尔：《经济思想的成长》，中国社会科学出版社 1999 年版，第 531 页。
⑤ 马歇尔：《工业与贸易》，麦光来伦出版社 1919 年版，第 655 页。

更复杂的生产体系，使之能够更廉价地共同生产财富，同时也使自己获得
更多的收入"。① 刚顿并批评了古典学派自由竞争理论有关垄断会损害竞
争的说法。

20世纪30年代资本主义经济大危机以后，垄断组织在控制范围和生
产方式上都发生了深刻变化，社会经济的垄断势力大大加强，并逐渐在资
本主义经济中占统治地位。同时发达资本主义国家在世界各地不断进行殖
民扩张，以争夺自己的势力范围。在这一时代背景下，资产阶级经济学垄
断理论也有了新的发展。美国经济学家张伯伦和英国经济学家罗宾逊先后
出版了有关研究垄断的理论著作②，他们摒弃了古典学派把纯粹竞争作为
经济现实常态的假定，认为市场的经济现实是不完全竞争而不是纯粹竞
争，并从产品差别等角度解释了垄断形成的原因。③ 张伯伦和罗宾逊的垄
断分析在一定程度上冲击了主流派自由竞争理论的基础，他们并运用马歇
尔关于市场供求均衡价格的分析方法，讨论了不完全竞争市场垄断价格的
决定问题，从另一方面也丰富了资产阶级经济学的均衡理论，为现代西方
经济学产业组织理论的发展打下了重要基础。

垄断程度的提高加速了生产的扩张和资本的积累，极大地促进了资本
主义生产力的发展。以熊彼特、加尔布雷思等为代表的一批资产阶级经济
学家开始探讨垄断促进生产力发展的内在机制和垄断形成的原因及其影
响。熊彼特于1942年在《资本主义、社会主义和民主主义》④ 一书中分
析了技术创新与垄断的关系。他认为大企业更有实力进行研发活动，因而
更具有技术创新的潜力。正是这种技术创新促进了资本主义企业生产力的
发展，并促使市场结构的变化，从而创造新利润，形成垄断地位。加尔布
雷思于1973年在其代表作《经济学和公共政策》⑤ 中认为，当前资本主
义社会的经济结构是由"计划体系"和"市场体系"构成的二元体系，
其中"计划体系"由许多具有垄断性质的大公司构成，它们决定生产的
品种、数量和销售价格；而"市场体系"则由大量的小企业和个体经营

---

① 《新帕尔格雷夫经济学大辞典》第3卷，经济科学出版社1992年版，第577页。

② 张伯伦：《垄断竞争理论》，哈佛大学出版社1933年版；罗宾逊：《不完全竞争经济学》，
麦克米伦出版公司1933年版。

③ 威廉·斯皮格尔：《经济思想的成长》，中国社会科学出版社1999年版，第497页。

④ 熊彼特：《资本主义、社会主义与民主》，商务印书馆2004年版。

⑤ 加尔布雷思：《经济学和公共政策》，商务印书馆1980年版。

者构成，它们只能被动接受"计划体系"所操纵的价格，任凭"计划体系"的掠夺。但加尔布雷思认为，这种"二元体系"能够保障大公司按计划稳定发展。针对两种体系发展不平衡现象，加尔布雷思也提出了一些限制垄断资本权力的一些要求和方法。

　　第二次世界大战后，美国等主要资本主义国家经济处于恢复时期，工业化大规模生产处于上升阶段，资产阶级经济学对垄断问题的研究也进入一个新的发展阶段。20 世纪 40 年代以后在美国以哈佛大学为中心以梅森、贝恩为代表的资产阶级经济学家开展对市场结构和市场绩效关系研究，创立了产业组织理论体系，建立了完整的"市场结构—市场行为—市场绩效"分析范式，被理论界称之为哈佛学派。[1] 他们认为市场结构、市场行为、市场绩效三者之间存在因果关系，即市场结构决定企业行为，企业行为决定市场运行的经济绩效，因此哈佛学派认为，为获取良好的市场绩效，必须采取积极的反托拉斯政策和政府管制，以改善市场结构，规范企业市场行为。由于哈佛学派十分重视市场结构对市场行为和市场绩效的决定性作用，因此又被称之为结构主义学派。哈佛学派的结构主义观点对战后以美国为首的西方发达国家反垄断政策的开展与强化都曾产生过重大影响。

　　但以斯蒂格勒（Stigler）、德姆赛茨（Demsetz）、布罗曾（Broaen）等为代表的芝加哥学派[2]却认为哈佛学派颠倒了市场结构与市场绩效的因果关系，事实应该是市场绩效决定市场结构，而非相反。因此芝加哥学派反对政府以各种形式对市场结构进行干预，尤其反对哈佛学派所主张的严格控制大企业兼并的做法。他们认为，企业的发展壮大表明这些企业具有比竞争对手更高的生产效率，这是由企业发展内生所决定，因而控制企业的兼并就等于扼杀了它们的增长源泉。因此他们认为应该把反托拉斯的重心放在市场行为，如价格协调行为、市场分配行为等的调节上，而不应放在对大企业兼并行为的控制上。

　　20 世纪 80 年代以来资本主义全球化的新发展和大发展，加剧了资本主义国家与发展中国家之间的矛盾，同时也加剧了资本主义国家内部之间的矛盾。此时市场进入壁垒问题成了西方资产阶级经济学家研究的重

---

① 龚维敬：《西方经济学垄断理论的发展进程》，《社会科学辑刊》2007 年第 1 期。
② 龚维敬：《西方经济学关于垄断理论的争议》，《社会科学战线》2008 年第 7 期。

心，他们研究得出的结论是绝对成本优势和规模优势是形成市场进入壁垒的重要原因。

　　总之，当资本主义经济形势每发生一次重大变化时，垄断理论所研究的重心和相应的政策都有一次重大调整，但不论它们作如何的调整，但都无法从根本上解决资本主义矛盾，也就无法从根本上阻止资本主义灭亡的必然趋势。

二　现代西方垄断理论没有触及垄断资本主义的实质

　　在西方资产阶级经济学发展的早期阶段，尤其是在资本主义自由竞争阶段，以崇拜市场、提倡自由放任为特征的古典经济学占据经济学的主流地位，它们将自由竞争作为经济生活的常态，反对政府干预，认为个体经济行为在追求自身利益最大化的同时，能够实现资源最优配置，主张通过市场"看不见的手"来调节经济。当资本主义进入垄断阶段后，资产阶级经济学已经不能对其提供合理解释，因为资产阶级经济学始终遵循"斯密传统"，尽管它们也对垄断进行研究，但只是将垄断作为自由竞争的"例外"来进行讨论。

　　张伯伦和罗宾逊等垄断理论的提出，无疑冲击了资产阶级古典经济学自由竞争理论基础，从而宣告了"斯密传统"的彻底结束。张伯伦、罗宾逊等人的垄断理论将市场结构分成了更加符合资本主义进入垄断阶段实际情况的四种类型，使西方资产阶级经济理论较之前期能够相对较理性地面对资本主义发展历史现状和现实困境，也使西方经济理论较之前期也相对更具现实性。也正是垄断理论的提出，推动了新古典经济学与传统古典经济学的"决裂"，完成了现代资产阶级经济学的微观经济的"革命"。在这个意义上，可以说垄断理论的提出和发展为经济学研究展示了一个新的分析视角。垄断理论有关市场效率方面的分析为西方资产阶级国家的反垄断政策和垄断管制政策提供了理论依据，在这方面，它对我国社会主义市场经济建设也有一定的积极借鉴意义。但西方资产阶级经济学垄断理论的缺陷也是十分明显的。

　　首先，西方垄断理论对垄断形成原因的分析只看到问题的表象，而并没有抓住问题的根本。西方学者一般将"产品差别"、"市场绩效"或"创新"等表象因素作为是导致垄断的决定性因素，而没有认识到垄断是资本主义发展到一定阶段的必然产物，是资本主义生产力和生产关系矛盾对抗的必然结果。垄断组织正是资本主义调整生产关系以适应生产力发展要求所形成的一种重要资本组织形式。列宁在其《帝国主义论》中认为，垄断是从生产集中产生。"集中发展到一定阶段，可以说，就自然而然地走到垄断。……这种由竞争到垄断的转变，是最新资本主义经济的最重要现象之一，甚至是唯一的最重要的现象。"① 某些资产阶级经济学家认识不到垄断产生的这种必然性，还试图设想通过将市场恢复到完全竞争形式来消除垄断给经济所带来的不利影响。

诚然，上述的"产品差别"、"市场绩效"、"创新"等因素确实会影响价值规律在竞争中发挥作用，会妨碍行业之间和行业内部厂商实现平均利润，但它们不能阻止利润率平均化这一过程。因此，正是由于行业间和行业内部间竞争的存在，特定行业的长期利润率就不可能仅仅依靠"产品差别"等因素，就与平均利润产生实质性的差别。概言之，"产品差别"、"市场绩效"、"创新"等因素只是行业内部竞争的手段，它们不能从根本阻止行业参与平均利润率形成过程。虽然这些因素对垄断的形成有一定影响，但比起资本积聚和集中对垄断产生所起的作用，这些影响根本就微不足道。而事实上，垄断厂商的"产品差别"以及"市场绩效"或"创新"等方面的差异只有在垄断资本主义条件下才能发挥持久的作用。

其次，资产阶级经济学家认识到垄断厂商可凭借垄断地位获得超额利润，即垄断利润，但他们只看到垄断利润产生于垄断价格的表象，并错误地认为垄断利润最终实现取决于市场需求，而没有认识到垄断利润就其本质而言，与资本主义社会中的其他形式的利润一样，都是雇佣工人在生产过程中所创造的剩余价值。具体而言，垄断利润的来源主要有：第一，剥夺垄断组织内部雇佣工人所创造的剩余价值；第二，通过垄断价格，剥夺非垄断企业工人创造的一部分剩余价值和小生产者所创造的一部分价值；第三，通过不等价交换或对外投资剥夺发展中国家劳动者所创造的一部分价值和剩余价值。而垄断价格只是垄断利润实现的形式，垄断本身不能增加商品的价值，垄断价格只不过是垄断组织为了获取垄断利润对商品价值和剩余价值进行再分配的工具。资产阶级经济学把垄断因素纳入其价格理论体系，无非是想试图弥合在经济大危机期间不能自圆其说的纯粹或完全竞争模型与资本主义现实之间的鸿沟。

---

① 《列宁选集》第 2 卷，人民出版社 1965 年版，第 740 页。

再次，资产阶级经济学对垄断的研究仅局限在纯粹的经济领域，只关注垄断产生的市场原因，而没有将垄断问题放在特定的历史背景下来进行考察，因而也就不能够揭示隐藏在垄断现象背后的特定历史时期的社会经济关系。大多数资产阶级经济学家所分析的垄断可以是在任何商品生产历史时期都可能出现的市场形式。在资产阶级经济学界，对垄断的一个较为被普遍接受的解释是，"垄断厂商的需求曲线弹性是有限的，因此它能够实施独立的价格策略，使垄断价格高于边际成本"[1]。从这里可以看出，这种垄断观的界定缺乏任何历史因素，它不仅适用于对当代资本主义垄断组织的分析，同样也适用于前资本主义时期拥有垄断权力的商会、行会组织。因此缺乏历史观的资产阶级垄断理论，对垄断的讨论就只能停留在"垄断定价"、"市场分割"、"进入壁垒"等形式内容上，而不可能去讨论垄断背后的生产关系，也不可能去讨论垄断资本对雇佣工人的剥削。可以说，现代西方资产阶级经济学的垄断理论根本就没有触及现代资本主义垄断的实质。

三　现代西方垄断理论的资本主义辩护本质

西方资产阶级经济学的垄断理论归根到底属于资产阶级意识形态，它是为适应垄断资本主义发展新形势需要而诞生，它的发展也必然是为垄断阶级利益服务。当资本主义经济形势每发生一次重大变化时，垄断理论所研究的重心和相应的政策都会进行一次重大调整，但其调整的目都是为维护资本主义发展、缓解资本主义矛盾而服务。

自19世纪70年代开始，自由竞争资本主义逐步向垄断资本主义阶段过渡，19世纪末20世纪初，垄断代替自由竞争，并占统治地位，资本主义发展进入垄断阶段。但当时以马歇尔为代表的资产阶级古典经济学家最初对垄断问题采取回避态度，将垄断视为是自由市场竞争的一种"例外现象"。马歇尔曾明确表示，"垄断理论提出了而不是解决了这些实际问题，对于这些问题我们只好置而不论。"[2] 一批资产阶级经济学为维护资本主义制度，依然还在鼓吹只有自由竞争才能使资本主义经济实现均衡发展。古诺和伯格兰德模型尽管讨论垄断问题，但依然将自由

① 安道尔·马加什：《现代非马克思主义经济学说史》，商务印书馆1992年版，第283页。
② 熊皮特：《经济分析史》第3卷，商务印书馆1995年版，第332页。

竞争作为市场理想状态，伯格兰德最终甚至还否认垄断厂商垄断利润的存在。

　　20 世纪二三十年代，以美国为首的资本主义国家已进入垄断水平最高的帝国主义阶段，国家政权与垄断资本主义空前紧密结合在一起，国家垄断资本主义对整个经济起着越来越大的作用，资产阶级经济学家不能不对垄断统治表示自己的态度。以康芒斯为代表的资产阶级经济学家代表资产阶级利益，提出"合理资本主义"论、"制度进化"论等各种论调来捍卫垄断统治，粉饰资本主义，认为当前的垄断资本主义是"合理的资本主义"，是制度进化的结果。[①] 20 世纪二三十年代正值资本主义世界经济危机严重时期，一批资产阶级经济学家急切抛出"超帝国主义论"，声称资本主义进入垄断阶段可以利用"国际联合金融资本"来消除各国金融资本的相互竞争，经济危机也就可以避免。列宁对这种谬论进行了尖锐批判。列宁指出，"用卡特尔消除危机是拼命为资本主义涂脂抹粉的资产阶级经济学家的无稽之谈。相反，在几个工业部门中形成的垄断，使整个资本主义生产所特有的混乱现象更加厉害，更加严重"。[②]

　　当然，在资产阶级经济学界也存在如张伯伦、罗宾逊等一批资产阶级经济学能够相对客观地分析垄断的特征、成因和垄断的影响。但在他们的理论分析中，多次使用了新古典经济学的均衡和均衡价格概念，其实质无非是想通过对均衡的分析，来说明垄断资本只能在短期内获得超额利润，在长期只能获得正常利润，从而来掩盖垄断资本对工人的剥削，抹杀雇佣工人所创造的剩余价值是垄断利润的真正来源。而现实也并不像张伯伦等所言，垄断资本在长期只能获得正常利润，事实有不少大型垄断集团凭借其稳固的垄断地位或彼此间达成的协议，获得了长期的超额垄断利润。因此张伯伦等人的分析，其实质也无疑是为垄断资本主义辩护服务的。还有一批资产阶级经济学家从福利经济学和市场绩效角度分析了垄断的影响，这些理论承认了资本主义社会存在矛盾和垄断，但回避资本主义矛盾的发展，否认资本主义世界的垄断统治。而熊彼特垄断理论，虽承认垄断资本主义的帝国主义阶段特征，但歪曲了帝国主义的扩张本性，不仅如此，熊彼特还试图用"创新"论来宣扬资本主义的优越性。

---

　　① 　康芒斯：《制度经济学》（上），商务印书馆 1962 年版，第 81 页。

　　② 　中央编译局编：《列宁专题文集》（论资本主义），人民出版社 2009 年版，第 118 页。

　　第二次世界大战后，除美国外的西方资本主义国家经济受到战争的破坏，被压迫民族的解放运动也是风起云涌。为缓和资本主义国家内部矛盾，资产阶级经济学家提出"人民资本主义论"来为资本主义制度辩护，宣扬资本主义已变成"人民资本主义"，从而来粉饰垄断资本对雇佣工人的剥削，转移工人阶级的注意力。在政策方面，资产阶级政府根据凯恩斯理论，运用国家政策工具对经济进行干预，以稳定资本主义经济。这些理论和政策正好从侧面反映了当时垄断资本主义发展现状和资产阶级经济理论为垄断资本主义服务的本质。而以芝加哥学派为代表的资产阶级经济学家则公然反对政府对市场结构的直接干预，以维护垄断阶级的利益。

　　20 世纪 60 年代末 70 年代初以来，西方资本主义国家经济出现了"滞涨"，凯恩斯主义理论及其相应的国家垄断调节政策对资本主义经济的"滞涨"问题束手无策，新自由主义开始抬头。资本主义国家的经济"滞涨"，实际上是国家垄断资本充分发展导致资本主义固有矛盾日趋激化的结果。资本主义国家为摆脱国家垄断资本主义"滞涨"危机，转嫁国内矛盾，开始对外进行经济扩张，推行全球化战略，国家垄断资本主义由此开始向国际垄断资本主义转变。新自由主义的兴起正是适应了当代国际垄断资本发展的需要。1990 年"华盛顿共识"出笼后，新自由主义就成了国际垄断资本向全球扩张的理论依据。在微观层面，一批资产阶级经济学家开始专注"贸易壁垒"等垄断问题的研究，来直接为垄断资本的全球扩张鸣锣开道。事实上，新自由主义并不能彻底解决资本主义的固有矛盾，也不能挽救资本主义最终灭亡趋势，2008 年以来爆发的全球性经济危机就是其最好的注释。这场危机的爆发同时也宣告了新自由主义经济学的彻底终结。

　　总之，西方资产阶级经济学垄断理论属于资产阶级意识形态，它就必然要为代表资产阶级利益的垄断资本主义服务。"资产阶级经济学替资本主义和资产阶级辩护的本质都是客观存在的，而且是永远不会改变的。"①

---

　　① 丁堡骏：《必须加强马克思主义对西方经济学教学工作的指导》，《当代经济研究》2006年第 1 期。

第 四 章

驳主流经济学家对马克思主义
经济学"庞巴维克"式的批判

劳动价值论是马克思主义经济学的理论基石，马克思通过劳动价值论和建立其基础上的剩余价值理论深刻揭露了资本主义生产关系的剥削本质，阐明了资产阶级与无产阶级之间阶级斗争的经济根源，揭示了资本主义必然灭亡的历史发展趋势。因而劳动价值论是无产阶级反对资产阶级的主要理论武器，自然也就是资产阶级和资产阶级利益代言者即资产阶级庸俗经济学家的主要攻击对象。

《资本论》刚一问世，一位资产阶级经济学家就曾断言："驳倒价值理论是反对马克思的人们的唯一任务，因为如果同意这个定理，那就必然要承认马克思以铁的逻辑做出的差不多全部结论。"[①] 事实正是如此，马克思《资本论》自问世以来，资产阶级庸俗经济学家就从来没有停止过对她的攻击和诋毁，这些攻击矛头集中指向马克思的价值向价格转化的逻辑分析，他们希望借此来贬低和推翻马克思的劳动价值理论。本章首先就西方资产阶级庸俗经济学家对马克思劳动价值论及其核心转形理论所做的攻击做一个简单的历史回顾，并做一个概括性评论，然后着重就资产阶级庸俗经济学代表人物萨缪尔森对马克思劳动价值论和转形理论的批判进行反批判。

第一节　现代资产阶级经济学对马克思
劳动价值论批判之批判

价值向生产价格的转化是劳动价值论的基础，是事关劳动价值论存废

---

① 转引自《马克思恩格斯全集》第 16 卷，人民出版社 1964 年版，第 353 页。

的重要命题。西方资产阶级庸俗经济学家企图将其作为动摇马克思主义理论体系的重要缺口。

价值向生产价格转化，换而言之就是利润平均化和生产价格的形成过程。平均利润和生产价格理论是马克思在 1894 年出版的《资本论》第 3卷中第一次系统地予以阐述的。这一理论的重要性，在马克思主义经济理论界往往被低估了。很多人都只从数学形式上去认识它，把它看作是一个"转形"的数学计算问题。事实远不是那么简单。从马克思主义经济学的理论结构来看，转形问题是马克思从纯粹形式的剩余价值生产研究，向具体说明现象形态的利润、利息和地租形式过度的一个关节点。没有这个中间环节，人们便无从了解利润、利息和地租。马克思在批判资产阶级经济学的著作《剩余价值理论》一开篇就高屋建瓴地指出："所有经济学家都犯了一个错误：他们不是就剩余价值的纯粹形式，不是就剩余价值本身，而是就利润和地租这些特殊形式来考察剩余价值。由此必然会产生哪些理论谬误，这将在第三章中得到更充分的揭示，那里要分析以利润形式出现的剩余价值所采取的完全转化了的形式。"① 事实上，一方面资产阶级经济学家缺少抽象力，他们不能够从利润、利息和地租这样一些剩余价值的具体形式中抽象出剩余价值这个一般范畴；另一方面他们更不能从作为一般范畴的剩余价值，运用转化的方法从剩余价值这个本质关系去说明利润、利息和地租等具体范畴。资产阶级经济学家由于其阶级局限性和历史局限性，他们的超历史观点根本无法正确理解这一理论。资产阶级经济学还在其发展的古典阶段，就发生了围绕李嘉图价值理论所展开的论战。这场论战的最终结果是李嘉图学派的解体，资产阶级古典经济学让位于资产阶级庸俗经济学。平均利润规律和价值规律的表面矛盾就是导致李嘉图学派解体的两个重要矛盾之一。在《资本论》第三卷出版以前，关于平均利润和生产价格问题的论战，主要是起因于资产阶级经济学家关于马克思剽窃洛贝尔图斯的议论。为了证明马克思成果的独创性，恩格斯用马克思未发表的平均利润和生产价格理论向资产阶级经济学家进行挑战。恩格斯指出，马克思在《批判》手稿中已经解决了这个矛盾。现在，离《资本论》第三卷出版还有几个月，那些愿意相信马克思剽窃洛贝尔图斯的人，

---

① 马克思：《剩余价值理论》第 1 分册，《马克思恩格斯全集》第 26 卷，人民出版社 1979年版，第 7 页。

如果能够事先说出马克思在《资本论》第三卷是怎样解决这一矛盾的，那么，我们就愿意继续奉陪他们探讨马克思的剽窃问题。恩格斯强调等到《资本论》第三卷出版了，"洛贝尔图斯这个经济学家，就用不着再提了"。① 为迎接恩格斯的这一挑战，各派资产阶级经济学家纷纷粉墨登场加入讨论者队伍。这些人包括威·莱克西斯、康拉德·施米特、彼·法尔曼、尤利乌斯·沃尔弗、阿基尔·洛里亚、乔治·斯蒂贝林、韦尔纳·桑巴特等都参加了讨论。恩格斯及时地肯定了威·莱克西斯、康拉德·施米特、彼·法尔曼等资产阶级经济学家。对威·莱克西斯，恩格斯肯定他问题"已经含糊地、肤浅地，然而大体上正确地被提出来了"。恩格斯评价说"像作者这样沾沾自喜地以'庸俗经济学家'自居的人能达到这一点，实际上已经出乎我们的意料"。对康拉德·施米特，恩格斯肯定他"多少懂得从《资本论》的前两卷中得出各种进一步的结论。……这是属于他的荣誉。"恩格斯指出，"施米特在问题已经临近解决的时候走上了这条岔路"。恩格斯也肯定了彼·法尔曼"实际上已经接触到了问题的关键"。法尔曼事实上已经描述出了商品按新的价格出售，一部分商品出售价格高于其价值，另一部分商品出售价格低于其价值，就全社会来看总价格和总价值相等。并且法尔曼认为特殊部门的商品出售价格对价值的偏离是一种"干扰"，这种"干扰"并不否定价值规律。法尔曼的不足是，他并没有把这种竞争的结果用科学的价值规律予以说明。因为在这里还有许多中间环节需要具体地予以系统地阐述，而法尔曼不正确地将价格偏离价值看作是一种"干扰"，导致他无法正确认识马克思的分析。恩格斯还指出了尤利乌斯·沃尔弗、乔治·斯蒂贝林等人的浅薄错误。恩格斯把分析批判的重点，放到了意大利经济学家阿基尔·洛里亚的理论上。阿基尔·洛里亚伪造和歪曲马克思的唯物史观，并将其窃为己有，同时攻击马克思的平均利润和生产价格理论否定了价值理论，是"科学上的自杀行为"。如果说近代和现代资产阶级庸俗经济学家庞巴维克和萨缪尔森等以疯狂攻击马克思劳动价值论著称，那么，洛里亚对马克思劳动价值论的攻击就是这种攻击的最原始形式。

---

① 恩格斯：《〈资本论〉第二卷序言》，《马克思恩格斯文集》第 6 卷，人民出版社 2009 年版，第 25 页。

一　资产阶级经济学对马克思劳动价值论和转形分析所进行的庞巴维克式的攻击

洛里亚站在资产阶级立场上疯狂地攻击马克思劳动价值论和转形分析。他认为马克思劳动价值论的价值范畴是非现实的。他指出，"任何一个稍有点理智的经济学家都不会，而且将来也不会去研究这样一种价值，商品既不按照它来出售，也不能按照它来出售"。在此基础上，他进一步认为，马克思在《资本论》第三卷不放弃价值是比例于商品中包含的劳动量。但他以生产价格理论否定价值理论。他硬说当马克思的生产价格说明商品交换时，马克思只是以相反的形式重复资产阶级经济学家的论点：作为商品出售依据的价值，不是比例于商品中耗费的劳动！他的意思是说，马克思的生产价格已经原则上不同于价值了。我们知道马克思曾经在《资本论》第三卷中论述道，虽然个别价格会偏离个别价值，但全部商品的总价格始终和它们的总价值一致，或者说始终和商品总量中包含的劳动量一致。但洛里亚认为，马克思的这种辩护也无济于事。洛里亚的理由是，价值既然不外是一个商品和另一个商品相交换的比例，而比例数又是无法加总的，所以，总价值这个观念本身就是荒谬的。

总之，洛里亚认为，马克思在《资本论》第一卷从商品交换中得出两种商品相等，只是因为这两种商品里面包含有一个质和量上相同的要素，即同样大的人类劳动量。但是，在《资本论》第三卷马克思又极其庄重地否定了自己的这个论点。在第三卷中马克思已经承认商品交换不是按照商品里面所包含的劳动量的比例，而是按照另外一种比例来进行。于是他大喊大叫："什么时候见过这样十足的谬论，这样重大的理论破产？什么时候见过这样大吹大擂的、这样庄重的科学的自杀行为？"①

继洛里亚之后，庞巴维克（Eugen von Böhm-Bawerk，1851—1914）是资产阶级经济学家中又一个疯狂地攻击马克思劳动价值论和转形问题的人。在1884年《资本与利息》一书中，庞巴维克用第六篇第三章整章的

---

① 转引自恩格斯《〈资本论〉第三卷增补》，《马克思恩格斯文集》第7卷，人民出版社2009年版，第1007页。

篇幅批判马克思《资本论》第一卷所阐述的劳动价值论和剩余价值论。当《资本论》第三卷出版以后，他又于1896年出版了《马克思体系的终结》的长篇文章。这篇文章的核心论点是，证明"马克思的第三卷否定了第一卷。平均利润率和生产价格理论同价值论是不可调和的。"具体论证有以下几个环节：

首先，庞巴维克认为价值规律的任务就是要揭示现实中观察到的物的关系。马克思在第一卷里也是用1件上衣等于20码麻布来说明这种关系，现在马克思否定了这种看法，转而用总价值等于总生产价格说明价值规律，是毫无意义的。因为总价值等于总生产价格，这种总的相等，无助于说明单个商品的交换关系。

其次，庞巴维克认为，马克思在第三卷里为了说明价值规律支配价格运动，却严重忽视了自己的矛盾。他一方面主张，除供求波动以外，劳动消耗是调节商品交换比例的唯一因素。另一方面又认为，劳动消耗不变，由于生产过程缩短，资本构成发生变化，价格也会发生变动。这种自相矛盾表明，不能把价值规律作用看成是劳动单独支配交换比例。

第三，庞巴维克认为，价值规律在资本主义以前的"原始状态"中从未起支配作用，因为利润率平均化在马克思看来有两个前提：一是资本主义生产方式，已经占支配地位；二是竞争有效地表现出它的平均化作用。恰恰在马克思认为人价值规律占支配地位的"原始状态"的社会中，这两个前提条件也同时具备。

此外，庞巴维克还根据他所误解的马克思的价值规律，"检验"劳动量是否是商品交换比例的唯一基础。他的结论当然是否定的。庞巴维克总的结论是："马克思的体系同事实毫不相干，它的体系建立在比形式辩证法还不稳固的基础上。"①

保罗·萨缪尔森（1915—2010）是当代资产阶级主流经济学家，于1970年获得该年度的诺贝尔经济学奖。他一生发表了多篇对马克思劳动价值论进行批判的论文，其中影响较大的是1970年收录在《全国科学院会议论文集》9月号上的《马克思的"价值"向竞争"价格"的"转化"——放弃和替换的过程》，和1971年发表在《经济学文献杂志》6

---

① 庞巴维克：《马克思体系的终结》，载斯威齐编《卡尔·马克思和他的体系的终结》，1949年英文版，第29页、第101页。

月号上的《理解马克思的剥削概念：马克思的价值与竞争价格间所谓转化问题的概述》。这两篇文章在总思维逻辑上，都是采用割裂价值体系和生产价格体系之间的内在联系的办法，选择接受生产价格体系而放弃价值体系来否定马克思的转形分析。以 1970 年的文章为例，萨缪尔森假定 a_0 = $[a_{0j}]$ 是获取生产部门 n 的产品的劳动直接投入的行向量；a = $[a_{ij}]$ 是里昂惕夫矩阵，矩阵中的要素表示生产部门 j 的产出的产品投入；m = $[m_i]$ 表示为满足劳动力生产和再生产的成本的最低生存产品需求列向量。萨缪尔森把马克思在《资本论》第一卷所阐述的"价值"表示为行向量，π = $[\pi_i]$，则有下式：

$$\pi = Wa_0 + \pi a + sWa_0 = Wa_0[I - a] - 1(1 + s)$$
$$= WA_0(0)(1 + s)$$
$$\pi m = W \qquad\qquad (4-1-1)$$

萨缪尔森将《资本论》第三卷中提出的生产价格行向量表述为：

$$P = [Wa_0 + Pa](1 + r) = Wa_0(1 + r)[I - a(1 + r)]^{-1}$$
$$= WA_0(r)$$
$$Pm = W \qquad\qquad (4-1-2)$$

萨缪尔森认为，（4-1-2）式的解包括 n 级多项式的正根解 r^*，而（4-1-2）式包括 s^* 的线性等式解。

通常情况下，当遇到 πa = $[\sum_i \pi_i a_{ij}]$ 总和不能拆成它的组成成分的价值表，就不可能"识别"潜在的技术系数 a，并准确推导出（4-1-2）的均衡价格。由此萨缪尔森得出结论：由价值到价格的"转化"可以用下面的程序表述出来："①写下价值关系；②用橡皮将他们擦掉；③最后写下价格关系，然后，完成转化过程。"[1]

不仅资产阶级主流经济学家否定价值向生产价格转化，而且，国外一批所谓的马克思主义经济学的同情者也否定转形的历史过程。森岛通夫也认为在这个问题上马克思和恩格斯有矛盾，不赞成恩格斯所讲的历史转形

① Paul, A. Samuelson. (1970). The "Transformation" from Marxian "Values" to Competitive "Prices": A Process of Rejection and Replacement. Proceedings of the National Academy of Sciences, Vol. 67, Sept. 1970, p. 425.

分析。① 米克认为，在这个问题上，我们不必完全跟恩格斯一致。② 恩格斯的观点从方法论的角度而不是从历史的角度也受到贝特海（Bettelheim）、以马利（Emamanuel）和澳赛泽和巴利波（Balibar）的批驳。③

洛里亚是庞巴维克的先驱，他奠定了对马克思劳动价值论和转形分析的庞巴维克式攻击的理论范式基础。庞巴维克继承了洛里亚批判的主要方法和观点。一方面，由于庞巴维克是边际效用价值论著名代表人物，以边际效用价值论为基础，批判马克思劳动价值论和转形分析，代表资产阶级经济学的主流倾向；另一方面，它对马克思的攻击也带有极强的感情色彩，因此，庞巴维克的攻击就更具有典型意义。萨缪尔森更作为现代资产阶级经济学的主流经济学家，他在价值论上信奉的是庞巴维克的边际效用价值论，在阶级立场上，更是代表当代国家垄断资产阶级的利益要求。因此，他毫不隐讳地称自己是当代的"庞巴维克"。但是，萨缪尔森对马克思劳动价值论的所谓"里昂惕夫和斯拉法时代"的批判，与洛里亚和庞巴维克的批判相比，除了在数学方法上的误用和错用以外，再没有增加任何新内容。总结资产阶级经济学不同时期的经济学家对马克思劳动价值论和转形问题的批判和攻击，如果去掉一些枝节问题，其基本逻辑要点不外乎以下两个方面：第一，否认价值规律是资本主义经济的客观经济范畴，而将其说成是一种从未得到贯彻的理论上的"虚构"，或最多也只能说是一种"假说"；否定资本主义商品经济历史上存在由价值向生产价格转化的过程。第二，用《资本论》第三卷所阐述的生产价格否定《资本论》第一卷所阐述的价值。断言马克思在《资本论》第三卷中所阐述的生产价格理论宣告了马克思"科学的自杀行为"。

---

① 森岛通夫说："马克思的观点与恩格斯形成鲜明对照。根据恩格斯观点，自己造工具、做衣服的农民了解手工业者的工作环境，而手工业者也知晓农民的状况；因此在小独立商品生产者的范围内，交换中的每一个参与者都十分清楚商品的劳动成本，因而以价值作为交换基础是普遍现象。无论如何，非常清楚，马克思看到只有在资本主义充分发展时期（即远超过恩格斯的独立小农时期），商品生产（价值规律存在的前提条件）才能得到充分发展。因此，价值概念的'古典形式'除在资本主义条件下以外，在任何前资本主义经济形式中都不可能出现。试图从历史角度定义一个前资本主义价值时期，对我们来说将陷入一个逻辑陷阱中。"

② 米克：《有关转形问题的几个注释》，载于《经济杂志》66 期，1956 年 3 月。

③ 以马利：《不平等交换：帝国主义贸易研究》，伦敦，1972；澳赛泽和巴利波（Balibar）：《〈资本论〉阅读》，伦敦，1970。

二　庞巴维克式的攻击只是去掉价值写上价格的庸俗故事的故技重演

1. 庞巴维克式的攻击采用的是一套主观的边际效用价值论的思想方法

19 世纪 70 年代，资本主义社会的阶级矛盾日益尖锐化。马克思的科学巨著《资本论》第一卷于 1867 年出版。在这部著作中马克思第一次对现代资本主义社会全部社会体系所赖以旋转的轴心——资本和雇佣劳动的关系给予了透彻而又精辟的分析。随着《资本论》第一卷的出版发行，马克思主义在工人阶级中得到了进一步的传播，工人运动蓬勃发展。而资产阶级面对《资本论》则是极其恐惧，他们最初采取的策略是，用"缄默抵制"的办法企图置马克思主义于死地。当这种"缄默抵制"的办法失败后，资产阶级便要求他们的思想家能够提出新的理论，用以抵制马克思主义的影响。边际效用价值论便是资产阶级御用思想家向资产阶级所奉献的一种经济理论。上面所提到的向马克思《资本论》中的劳动价值论发难的资产阶级经济学家，从洛里亚、庞巴维克到萨缪尔森，他们都是边际效用价值论的狂热的鼓吹者或倡导者。他们坚持价值范畴是消费者的主观判断，强调价值是比例关系，而反对客观的劳动价值范畴的存在。既然价值仅仅是比例关系，价值便不能进行加总，因此他们反对总价值概念。

洛里亚认为，"价值不外是一个商品和另一个商品相交换的比例，所以单是商品的总价值这个观念，就已经是荒谬的"。对此恩格斯指出，"要是这样，两个商品互相交换的比例，它们的价值，就纯粹是一种偶然的，从外部飞到商品上面来的东西，可能今天是这样，明天又是那样"。例如 100 千克小麦，一种场合可以和 1 盎司黄金交换，另一种场合又可以和 100 盎司黄金交换，这样出现了不确定的交换比例。按洛里亚的逻辑，"不管两个商品按什么比例互相交换，这个比例就是它们的价值"。100 千克小麦的价值可以是 1 盎司黄金，也可以是 100 盎司黄金。因此，价值和价格是等同的。每一个商品有多少种价格，就有多少种价值。这样荒唐的结论并不能使庸俗经济学家感到不安，因为他们可以从供求价值论中找到根据：价格是由需求和供给决定的。

洛里亚似乎在供求价值论中找到了避难所，在那里，他也能够"自圆其说"了！但是，供求价值论最怕的就是追究供求平衡的情况。资本主义经济的通常情况是供求不一致，但是，如果我们从一个或长或短的时期来看，需求和供给的不一致会有互相抵消的趋势，因此最终结果是供求一致。这样，我们可以将一个国家现有的全部商品平均分成两半，一半代表需求，另一半代表供给。假定每一半商品所代表的价格和价值都是10000亿元。则商品的总价格和总价值相等，都等于20000亿元。这里并没有洛里亚所说的"总价值就是荒谬"的这种情况。因为，如果洛里亚仍然要坚持说20000亿元总价值是荒谬的，那么，我们就同样也可以说20000亿元总价格也是荒谬的，因此根本不存在洛里亚所说的20000亿元总价值是荒谬的，而20000亿元总价格就不是荒谬的。

现代资产阶级经济学拒绝劳动价值论，拒绝一般劳动时间是价值的实体，仍然陷于价值是比例关系而不能加总的陈腐教条之中，价值总量之谜和资本总量之谜仍是困扰现代资产阶级经济学宏观经济分析的理论难题。究其根源，就是资产阶级经济学家拒绝劳动价值论而认为价值是一种比例关系、是一种主观心理范畴所导致的必然结果。

2. 价值规律作用形式变化的历史分析

桑巴特把"价值规律理解为思想上、逻辑上的事实，而不是经验上的事实"。施米特把价值规律看作是为说明实际交换过程而提出的科学假说，他还进一步宣称"资本主义生产形式内的价值规律是一种虚构，即使是理论上必要的虚构"。洛里亚等否认历史上曾经存在过商品按价值出售的一个历史时期。针对资产阶级经济学家在价值规律认识上的种种错误观点，恩格斯明确指出：无论桑巴特还是施米特和最拙劣的庸俗经济学家洛里亚，都没有充分注意到："这里所涉及的，不仅是纯粹的逻辑过程，而且是历史过程和对这个过程加以说明的思想反映，是对这个过程的内部联系的逻辑研究。"[①]　恩格斯通过对大量历史资料的分析，补充论证了马克思的如下理论观点："把商品价值看作不仅在理论上，而且在历史上先于生产价格，是完全恰当的。"[②]

（1）简单商品生产——商品按价值出售——时代的存在

恩格斯从原始共产主义社会谈起。在原始公社内部，生产者自己拥有一定的生产资料，生产者消费自己的产品。最初的、极其少量的产品交换

---

① 恩格斯：《〈资本论〉第三卷增补》，《马克思恩格斯文集》第7卷，人民出版社2009年版，第1013页。

② 《资本论》第3卷，《马克思恩格斯文集》第7卷，人民出版社2009年版，第198页。

发生在原始公社之间，两个公社用自己的剩余产品进行交换。通过这种交换，产品转化为商品。产品在两个公社之间转化为商品，由于反作用两个公社内部产品也就转化为商品。这个过程导致原始公社解体，分解为大小不等的家庭集团。家庭集团的生产也基本是自给自足的，他们只用较少量的剩余产品和外界交换。恩格斯描述了，在德国直到19世纪初期，一个家庭向其他家庭交换的也只是少量的手工业生产物品。恩格斯写道："中世纪的农民相当准确地知道，要制造他换来的物品，需要多少劳动时间。……农民和卖东西给他的人本身都是劳动者，交换的物品也是他们各人自己的产品。他们在生产这些产品时耗费了什么呢？劳动，并且只是劳动。…在这里，不仅花在这些产品上的劳动时间对互相交换的产品量的数量规定来说是唯一合适的尺度；在这里，也根本不可能有别的尺度。"①可见，历史上自从有商品交换的时期开始，劳动时间决定商品价值的价值规律就起作用。

从价值由劳动时间决定这一点出发，全部商品生产，以及价值规律的各个方面借以发挥作用的多种多样的关系发展起来了，这在《资本论》第一卷第一篇中已经作了概括。恩格斯认为，劳动时间决定价值的原理，在金属货币产生并发挥作用以前都是很清楚地被商品生产者所认识。但是，"最重要和最关键的进步，是向金属货币的过渡。但是这种过渡也造成了如下的后果：价值由劳动时间决定这一事实，从此在商品交换的表面上再也看不出来了。……货币在人民大众的观念中开始代表绝对价值了"。②通过这些论证，恩格斯雄辩地证明了："只要经济规律起作用，马克思的价值规律对于整个简单商品生产时期是普遍适用的，也就是说，直到简单商品生产由于资本主义生产形式的出现而发生变化之前是普遍适用的。"从时间和空间上来看，恩格斯说明了"在埃及，至少可以追溯到公元前三千五百年，也许是五千年；在巴比伦，可以追溯到公元前四千年，也许是六千年；因此，价值规律已经在长达五千年至七千年的时期内起支

---

① 恩格斯：《〈资本论〉第三卷增补》，《马克思恩格斯文集》第7卷，人民出版社2009年版，第1016页。

② 恩格斯：《〈资本论〉第三卷增补》，《马克思恩格斯文集》第7卷，人民出版社2009年版，第1018页。

配作用"。①

（2）利润率平均化和价值转化为生产价格的历史过程

恩格斯不仅证明了存在一个简单商品生产时期，而且还运用大量的经济史资料证明了，存在马克思关于价值转化为生产价格的逻辑论证背后的历史过程。

首先，恩格斯考察了商业一般利润率的形成及其对价格形成机制的调节。恩格斯指出，中世纪的商人像他们所有同时代的人一样，本质上都是共同体的成员。这种共同体就是按照马尔克公社的原则建立的商业公会。在这里，商品的质量、出售和收购的价格，等等，都是商定的，从而利润率对所有成员都是均等的。不过，这种由商会共同行动导致的平均利润率，只是在本商会或在本"民族"的范围内才有效。至于不同的商会或"民族之间的利润率平均化，则是以相反的方式通过竞争来实现的"。因此，不论是由商会内部的共同行动造成的，还是由商会之间或单个商人之间的竞争导致的，平均利润率都只是出现在国际贸易和批发商业中。这样一来，可以看到这样一种现象："在国内单个生产者之间进行的零售贸易中，商品平均说来是按照价值出售的，但在国际贸易中，由于上面所说的理由，通常都不是如此。……生产价格适用于国际贸易和批发商业，但在城市零售贸易中，价格的形成则是由完全不同的利润率来调节的。"② 这样，恩格斯就证明了，在商业中已经形成了相等的利润率。

其次，以商业一般利润率作为出发点，恩格斯考察了商业利润率如何影响和调节产业一般利润率的形成。在分析了商业利润率平均化之后，恩格斯进一步考察了商人资本向产业的渗透。商人以包买商身份出现，使商人成为超过其利润以上的剩余价值的占有者。当包买商雇佣小纺织业者为自己生产时，他就已经打破了只能是生产者出售自己产品这一传统限制。换言之，包买商的出现，已经初步改变了商品交换的交换关系，即由原来的小商品生产者出售自己的产品，变为由资本所有者出售资本的产品。商人之所以承担包买商的业务，是因为这样做，他可以获得更大的利润。但

---

① 恩格斯：《〈资本论〉第三卷增补》，《马克思恩格斯文集》第7卷，人民出版社2009年版，第1019页。

② 恩格斯：《〈资本论〉第三卷增补》，《马克思恩格斯文集》第7卷，人民出版社2009年版，第1023—1024页。

是，这样一来，引起了他的竞争者们的效仿，这些竞争者们也会逐渐成为包买商，这时，个别包买商的额外利润就又变成了普通利润。在所有的人的资本已经增加的情况下，利润率的均等再一次形成了。

包买商，直接导致了工场手工业的出现，从而使产业开始从属于资本。由于采用工场手工业的生产方式从事商品生产的包买商比较于普通的包买商的生产有更高的劳动生产率，因此，所生产的商品也就更便宜，卖的也更便宜，且能获得更高的利润。这又引起他的竞争者们的效仿，因此，使得工场手工业这种生产方式在一定范围和程度上得到推广。这样，已有的商业利润率就又实现了平均化。这种平均化过程，正如恩格斯所说：它"仍然是一张普罗克拉斯提斯的床，以它为标准，超额的产业剩余价值都会被毫不留情地砍掉"。①

伴随着生产力的发展，特别是机器的采用，生产规模迅速扩大。原来弱小的资本生产者由为单个商人或某些顾客生产，变成为面向商业界生产。此时，资本生产者地位就发生了改变，从原来对商人的从属地位，变为主导地位。机器大工业通过它的不断革命的生产方式，使商品的生产费用越降越低，并且无情地排挤掉以往的一切生产方式。机器生产通过超低的价格，把自给自足的农民家庭的小生产和城市手工业生产排挤掉。结束了自然经济和简单商品生产。这样，工业资本不但使商业成为它的奴仆，而且还彻底战胜了一切形式的小生产。这就扫除了资本发展的绝大部分障碍，并使工业取得应有的支配地位。机器大工业的发展，使商品不只是当作生产者的商品来交换，而是当作资本的产品来交换。在资本主义的发展过程中，由于不同部门资本之间的竞争，机器大生产还使不同商业部门和工业部门的利润率平均化为一个一般的利润率。这样，对整个交换来说，价值转化为生产价格的过程就大致完成了。

恩格斯关于价值规律在长达五千年至七千年的历史时期内起支配作用的考证，有力地驳斥了庞巴维克式没有简单商品经济，没有商品按价值出售历史时期的荒谬说法。恩格斯运用经济史资料证明了资本主义机器工业，排挤了以往以任何形式存在的落后的生产方式，完成了商品从按价值出售，向按生产价格出售的历史转化。这一分析有力地回击了资产阶级经

---

① 恩格斯：《〈资本论〉第三卷增补》，《马克思恩格斯文集》第 7 卷，人民出版社 2009 年版，第 1026 页。

济学要求用数学公式来概括历史转形的责难。

3. 萨缪尔森对劳动价值论的批判不过是庸俗经济学的故技重演

资产阶级经济学由于阶级利益不承认资本主义是历史的生产方式。表现在对价值规律的认识上，把价值规律描述为一个不能变化的规律。由于资产阶级的视野所限，他们面对本质形态的价值和现象形态的生产价格，他们本能地接受现象形态的生产价格，而拒绝接受更深刻的本质形态的价值。因而，要么是把价值说成是没有发生作用的理论虚构，要么是根本不承认有价值规律。

在《资本论》第 3 卷第 10 章结尾，马克思为我们留下了一段不朽的文字：

"生产价格包含着平均利润。我们把它叫做生产价格——实际上这就是亚·斯密所说的'自然价格'，李嘉图所说的'生产价格'、'生产费用'，重农学派所说的'必要价格'，不过他们谁也没有说明生产价格同价值的区别——因为从长期来看生产价格是供给的条件，是每个特殊生产部门商品再生产的条件。我们也理解了，为什么那些反对商品价值由劳动时间，由商品中包含的劳动量来决定的经济学家，总是把生产价格说成是市场价格围绕着发生波动的中心。他们所以会这样做，因为生产价格是商品价值的一个已经完全表面化的，而且乍看起来是没有概念的形式，是在竞争中表现的形式，因而是存在于庸俗资本家的意识中，也就是存在于庸俗经济学家的意识中的形式。"①

在这里，马克思一方面讲到，在经济思想史上像亚当·斯密、大卫·李嘉图这样杰出的古典经济学家，他们不能区别价值和生产价格，他们能够看到和接受生产价格概念，而不能说明生产价格和价值之间的关系；另一方面马克思又揭露了庸俗经济学家的浅薄：他们不能揭示资本主义经济关系的内在联系和本质。"庸俗经济学所做的事情，实际上不过是对于局限在资产阶级生产关系中的生产当事人的观念，当作教义来加以解释、系统化和辩护。"② 因此，庸俗经济学由于其本质是代表资本家阶级的利益

---

① 马克思：《资本论》第 3 卷，《马克思恩格斯文集》第 7 卷，人民出版社 2009 年版，第 220—221 页。

② 马克思：《资本论》第 3 卷，《马克思恩格斯文集》第 7 卷，人民出版社 2009 年版，第 925 页。

露骨地为资产阶级辩护，它必然一方面系统化和公式化地接受生产价格这个商品价值的表面化的、似乎是没有概念的形式；另一方面却又强烈地反对价值由劳动时间决定的价值规律。换言之，马克思早已预见到，庸俗经济学家一定会用橡皮擦掉经济关系体系中的价值范畴，转而写上完全表面化的、没有概念的生产价格范畴。

　　萨缪尔森（1970 年）的文章正是沿着如下的逻辑展开的：首先，割裂价值和生产价格范畴，将它们二者看成是两个截然不同的概念，并将它们数学化为两个方程，并千方百计地使价值的方程式和生产价格的方程式能够独立求解。然后，通过肯定价格方程而否定价值方程。可见，萨缪尔森所做的不过像马克思所预言的接受完全表面化的、没有概念的生产价格范畴，而否定价值范畴。萨缪尔森的新鲜之处就是依据现代矩阵代数学的数学语言，包装了价值范畴和生产价格范畴。萨缪尔森所谓的价格方程中的 r 要解"n 级多项式方程"，而价值方程中的 s 只需解线性方程，等等，不过是使用数学语言宣传将价值范畴和生产价格范畴对立起来的陈旧观念。萨缪尔森从来没有打算去寻找这些范畴之间内在联系和发展关系。事实上，马克思对转化问题的阐述是他的辩证法发展思想的集中体现。萨缪尔森脑子里充满拜物教的世俗偏见，他随意用一个庸俗资本家的生意经中（因而也是存在于庸俗经济学家头脑中）的利息率（或增值率）r 解释所谓的价格体系。马克思曾经深刻地指出："在这里，真正困难的问题是：利润到一般利润率的这种平均化是怎样进行的，因为这种平均化显然是结果，而不可能是起点。"[①] 事实是，价格方程以及其中的利润率 r 是从价值方程以及其中的剩余价值率 s 转化而来的。这一点是萨缪尔森以及许多像萨缪尔森这样当代庸俗经济学家至今也不能理解的。因此，萨缪尔森对马克思劳动价值论的所谓"里昂惕夫和斯拉法时代"的批判，具体说就是通过抹去经济体系中的价值转而写上价格，非但没有否定马克思的转形学说，恰恰相反，萨缪尔森的这些表演，不过是马克思在 100 多年前所预见的庸俗经济学家古老的擦橡皮故事的一个现代脚本，萨缪尔森充当了这出戏剧中的丑角！下文将专门对萨缪尔森分析中存在的问题作详细讨论。

---

　　① 　马克思：《资本论》第 3 卷，《马克思恩格斯文集》第 7 卷，人民出版社 2009 年版，第 195 页。

三　批判资产阶级经济学对马克思主义经济学庞巴维克式攻击的现实意义

回击资产阶级经济学对马克思劳动价值论所进行的庞巴维克式攻击，对于我们面向 21 世纪坚持马克思主义经济学的主流地位，建设有中国特色的马克思主义经济学具有重要的现实意义。改革开放建设有中国特色的社会主义，使中华民族在社会主义的物质文明和精神文明建设上都取得了可喜的前所未有的巨大成就。但是随着对外开放过程的推进，在引进国外先进的科技成果、先进的管理经验过程中，资产阶级的腐朽思想和资产阶级意识形态的某些方面也就乘虚而入，干扰我们中国特色社会主义经济建设事业。就经济学而论，目前我们国内某些经济学者，他们不去深入研究和宣传运用科学的马克思的劳动价值论，而是凭借自己所了解的概念条条的肤浅认识，盲目断言马克思主义经济学的价值是看不见摸不着的抽象概念，否定价值规律的客观现实性。他们不了解劳动价值论是系统的价值——价格理论；他们称马克思劳动价值论，只是一种价值理论，而不是一种价格理论。并且按照他们想当然的理解，断言马克思的劳动价值论作为价值决定是一元论，但是，价格论就不能仅仅用这种一元的劳动价值论来解释。这些同志同样也没有认真地、系统地了解现代西方资产阶级经济学，他们不知道西方经济学的边际效用价值论，是主观唯心主义的价值论。更不知道边际效用价值论是资产阶级提出的。用来取代和对抗马克思主义经济学的劳动价值论的。他们一厢情愿地相信马克思主义经济学的劳动价值论研究经济过程的本质，而西方经济学的边际效用价值论则研究经济的运行过程，因而二者并不矛盾，完全可以统一和综合到一个理论体系中。他们在这样对马克思主义经济学和当代西方资产阶级经济学无知的情况下，盲目地将两个体系的价值论综合起来，形成所谓的马克思主义新综合体系。

首先，通过我们对马克思劳动价值论的分析知道，马克思的劳动价值论是系统的价值价格理论。在简单商品生产时期和资本主义商品生产初期，商品的出售价格以价值为基础。因此价格是价值的货币表现。但是，当资本主义生产有了一定的发展，资本主义部门之间的竞争尚未展开以前，商品的出售价格以市场价值为基础，这时，价格就不是价值的货币表现，而是市场价值的货币表现了。当资本主义部门之间的竞争充分展开以后，这时，价格既不是价值的货币表现，也不是市场价值的货币表现，而是生产价格的货币表现。可见,马克思是有系统的价值价格理论的。断言马克思的劳动价值论只是一种价值理论,而不是一种价格理论是完全错误的。

其次,通过我们对资产阶级经济学对马克思劳动价值论和转形分析所进行的庞巴维克式的攻击的剖析,我们可以看出,资产阶级经济学由于其庸俗的辩护性质所决定,他们回避对经济过程进行本质的分析,因而停留在对经济过程表面联系的描述上,在表面联系上兜圈子,而不是说资产阶级庸俗经济学天然就具有研究经济运行的优势。在价值理论上,他们为了替资产阶级进行辩护,他们拼命地拒绝接受价值、剩余价值这些范畴,而宁愿接受已经被掩盖起了概念本质的利润和生产价格范畴。他们千方百计地要从利润和生产价格范畴中将它的基础即价值和剩余价值切除。这就是庞巴维克式攻击的本质所在。上面那种主张综合劳动价值论和边际效用价值论的马克思主义经济学者,既不了解边际效用价值论的产生和发展的历史,也不了解它与马克思主义经济学劳动价值论斗争的历史和现实,从认识深度来看显然是十分肤浅的,也是十分错误的;从阶级立场和经济思想发展的历史逻辑来看,是十分荒唐的。

在国内外的学者中,历来都不乏有人提出否定转形问题的观点,或曰转形伪问题。伪问题论者认为,价值转形是不必要的,生产价格范畴是多余的。事实上,马克思一方面对资本主义经济在现象形态上的利润、利息和地租等进行抽象,形成了剩余价值这样一个本质的、一般范畴;另一方面,马克思又通过对转化形式的分析,用剩余价值这个本质的和一般范畴对利润、利息和地租等具体形式进行说明。如果没有平均利润和生产价格理论分析,那么,马克思主义政治经济学就无法说明利润、利息和地租等具体经济现象范畴。马克思说:"我的书最好的地方是:(1)在第一章就着重指出了……劳动的二重性(这是对事实的全部理解的基础);(2)研究剩余价值时,撇开了它的特殊形态——利润、利息、地租等等。这一点将特别在第二卷中表现出来。古典经济学总是把特殊形态和一般形态混淆起来,所以在这种经济学中对特殊形态的研究是乱七八糟的。"[①]

资产阶级经济学对马克思主义经济学劳动价值论和转形分析的庞巴维

---

① 《马克思致恩格斯(1867年8月24日)》,载《马克思恩格斯〈资本论〉书信集》,人民出版社1976年版,第225页。

克式攻击，是对马克思主义经济学坚持和发展的考验，向马克思主义经济学家提出了挑战。这种理论上的挑战既有根本立场观点和方法的挑战，也有具体的技术路线上的挑战。在历史上，资产阶级经济学在不同的历史时期都有其代表人物挑起这种论战，将来马克思主义经济学也必然难以回避这种论战。马克思主义经济学既要在总结和指导实践中坚持和发展，也要在同对立的资产阶级经济学的论战和斗争中坚持和发展，这是当代马克思主义经济学家的神圣使命。

第二节　萨缪尔森对劳动价值论批判的反批判

众所周知，作为资产阶级经济学家，在 20 世纪六七十年代西方世界发生深刻的政治经济危机、马克思经济学由此出现"复兴"迹象的背景下，萨缪尔森一反平时一贯"节制"、"慎言"的学术风格，在《经济学文献杂志》发表了一系列的论文对马克思经济学展开了"挑衅性"的攻击，在西方学术界引起了极大反响。① 当时国外一批忠诚的马克思主义者被萨缪尔森的狂言所激怒，他们纷纷撰文寄给《经济学文献杂志》对萨缪尔森进行了严厉批驳，但是《经济学文献杂志》并未有按照公平原则，让马克思主义经济学者自由地发表言论。在我们现在所能阅读到文献中，这些经过坎坷经历后剩下来的文献包括：鲍莫尔批判萨缪尔森根本不理解马克思转形的意图②；赖布曼认为，萨缪尔森只注重了量的方面，忽视了质的意义。③ 在批判萨缪尔森时马蒂克对劳动价值论进行反思，认为劳动价值论只有在整体的水平上才能得到证实。④ 纵观这些国外学者对萨缪尔森的理论批判，要么理论阐述过于抽象空洞，没有击中萨缪尔森理论的要害，要么自身对马克思劳动价值论理解上存在错误，这些错误又足以让萨

---

① M. Bronfenbrenner, "Samuelson, Marx, and Their Latest Critics", *Journal of Economic Literature*, Vol. 11 (1), 1973: 58 - 63.

② W. J. Baumol, "The Transformation of Values: What Marx 'Really' Meant (An Interpretation)", *Journal of Economic Literature*, – Vol. 12 (1), 1974: 51 - 62.

③ D. Laibman, "Values and Prices of Production: The Political Economy of the Transformation Problem", *Science and Society*, Vol. 37 (4), 1973: 404 - 436.

④ P. Mattick, "Samuelson's 'Transformation' of Marxism into Bourgeois Economics", *Science and Society*, Vol. 36 (3), 1972: 258 - 273.

缪尔森等人能够利用作为进一步反对劳动价值论的口实。最典型的是，作为马克思经济学同情者的森岛通夫，在他与萨缪尔森论战时，不仅没有真正站在马克思主义经济学一边，而且他对马克思主义经济学的所谓论证还带来了一系列的混乱。因此，在一个相当长的时期内，萨缪尔森并没有受到马克思主义经济学家的有力批驳。此后，在西方出现了形形色色的斯拉法马克思主义。包括"没有劳动价值论的剩余理论"、"没有劳动价值论的马克思经济学"，一直发展到"没有马克思经济学的西方马克思主义"。阿兰·弗里曼认为，当前资本主义正面临 1929 年以来最严重的经济危机，马克思主义的理论影响却没有显著增加，罪魁祸首不是马克思本人，而是我们称为"没有马克思经济学的西方马克思主义"的一股思潮。阿兰·弗里曼指出："原来奠基于马克思有关的商品形式之分析之上的政治的、社会的、伦理的和文化的理解被从其根基处撕开，这使马克思主义在这场地道的经济危机面前解除了武装。"[1]

在国内，马克思主义经济学家多数人是不认同萨缪尔森对马克思劳动价值论的攻击和批判的。但是，在那些试图以理论争鸣的形式回应萨缪尔森的学者中，还很少有真正领会了萨缪尔森对马克思批判要害，因而还没有真正达到以理服人的境界。以至于学术界留下今天有人试图论证"马克思和萨缪尔森殊途同归"[2]，或者还有人主张要把萨缪尔森的数学公式写进马克思主义政治经济学高级教程。[3] 毕竟萨缪尔森是世界范围内有重大学术影响的经济学者，因而，不管萨缪尔森是否辞世，他对马克思主义经济学研究和批判的学术影响都是存在的。面对今天变革中的世界政治经济形势，客观公正地评价萨缪尔森对马克思劳动价值论的研究和批判，对今后马克思主义经济学和西方资产阶级经济学的繁荣发展都会产生影响。

一　萨缪尔森对劳动价值论的错误批判

萨缪尔森一生对马克思劳动价值论的批判发表了多篇论文，其中最有

---

① ［加］阿兰·弗里曼：《没有马克思经济学的西方马克思主义——为什么马克思主义在国际金融危机中没有壮大起来？》，《国外理论动态》2010 年第 11 期。

② 张忠任：《转形问题：萨缪尔逊与马克思殊途同归》，载 2006 世界政治经济学学会首届论坛文集《经济全球化与现代马克思主义经济学》，第 160 页。

③ 荣兆梓、程建华：《转形理论的现代表达及转形问题的最终解决——评萨缪尔森的"奥卡姆剃刀"》，《经济学动态》2009 年第 10 期，第 50 页。

影响的是 1957 年发表在《美国经济评论》12 月号上的《工资和利息：马克思经济模式的现代剖析》、1970 年收录在《全国科学院会议论文集》9 月号上的《马克思的"价值"向竞争"价格"的"转化"——放弃和替换的过程》和 1971 年发表在《经济学文献杂志》6 月号上的《理解马克思的剥削概念：马克思的价值与竞争价格间所谓转化问题的概述》。这三篇文章在总的思想倾向上否定马克思劳动价值论。在思维逻辑上，它们都是采用割裂价值体系和生产价格体系之间的内在联系办法，选择接受生产价格体系而放弃价值体系。当然，这三篇文章在对马克思劳动价值论的具体理论的表述和批判上也各有特点，下面我们就来作具体分析。

1. 1957 年萨缪尔森擦掉经济体系中的价值写上价格的故事

1957 年在《工资和利息：马克思经济模式的现代剖析》一文中，萨缪尔森分别研究了简单再生产和扩大再生产条件下的两个部门的价值和价格问题。由于萨缪尔森在扩大再生产模型中否定马克思转形分析的思路和方法与简单再生产模型相比并无本质区别，所以这里我们仅以简单再生产模型为例进行分析。萨缪尔森假设存在两个部门，部门 I 生产同质的机器或原材料 K（为实物资本）。部门 II 生产同质消费品 Y。实物量关系的生产方程写成如下形式：

$$a_1K + a_2Y = L$$
$$b_1K + b_2Y = K \tag{4—2—1}$$

这里（$a_1, b_1; a_2, b_2$）是正技术生产系数，具有固定比例的连续规模收益生产函数的特征。由（4—2—1）解得：

$$Y = \frac{1 - b_1}{a_2(1 - b_1) + a_1 b_2}L$$
$$K = \frac{b_2}{a_2(1 - b_1) + a_1 b_2}L \tag{4—2—2}$$

在这个静态模型中，萨缪尔森假定劳动力供给 L'在 L 的水平，并认为劳动力是一个长期唯一不增加的量，所有其他的量都与其对应成比例，因而可以将其作为分析基础。具体地，国民产品 NP 可用简单的劳动力单位 L 来表示，其中对应的消费品可用联立方程（4—2—2）第一式中的 Y 来表示。资本品 K 可记入总产品，但由于它是作为生产最终消费品的中间投入，因而不计入国民产品 NP 中。

萨缪尔森引入市场利息率，将生产价格体系写作：

$$p_1 = (wa_1 + p_1b_1)(1 + r)$$

$$p_2 = (wa_2 + p_2b_2)(1 + r)$$

（4—2—3）

通过第一个等式可以直接得出 p_1/w；求出结果带入第二个等式，用 $(a_1, b_1; a_2, b_2; r)$ 表示可以得出（4—2—3）的精确解：

$$\frac{p_1}{w} = \frac{a_1(1 + r)}{1 - b_1(1 + r)}$$

$$\frac{p_2}{w} = \frac{a_2(1 + r)[1 - b_1(1 + r)] + a_1(1 + r)b_2(1 + r)}{1 - b_1(1 + r)}$$

（4—2—4）

萨缪尔森注意到：（4—2—4）式中最后一个等式的倒数是用消费品表示的实际工资。当 $r = 0$ 时，这个式子的完全可以还原为（4—2—2）式中的第一个等式。

同时萨缪尔森强调要注意任何两种产品间的，或其中之一同第三个物品间的比例，如（4—2—4）中的 $p_2/w \div p_1/w$，它们将不会像（4—2—2）中的第一个等式那样与复合劳动成比例，用对应的等式可以导出 L_1 表示的 K 的解。

萨缪尔森就这样以价格体系与价值体系的差别而坚持说马克思《资本论》第一卷关于价值的研究是不必要的迂回的。

2. 1970 年萨缪尔森擦掉经济体系中的价值写上价格的故事

1970 年萨缪尔森在《马克思的"价值"向竞争"价格"的"转化"——放弃和替换的过程》一文开宗明义地讲，马克思价值向竞争价格转化的过程用逻辑形式表现如下："任何事物"等于"任何别的事物"乘以"任何事物/任何别的事物"。[①] 具体论证中萨缪尔森假定 $a_0 = [a_{0j}]$ 是为生产 n 个行业产品的直接劳动投入的行向量；$a = [a_{ij}]$ 是"里昂惕夫投入系数方阵"，矩阵中的元素表示的是生产第 j 个行业产出的第 i 个行业的投入；$m = [m_i]$ 表示作为实际工资的用以补偿劳动力生产和再生产所需的最低生存必需品成本的列向量；萨缪尔森认为，卡尔·马克

---

① 萨缪尔森：《马克思的"价值"向竞争"价格"的"转化"——放弃和替换的过程》，载《全国科学院会议论文集》，1970 年 9 月号。

思在《资本论》第一卷中假设每个部门都会在劳动力和原材料成本基础上，再增加一个按固定比例 s（剩余价值率）计算的工资量的增值额。如果 W 表示实际工资率，马克思"价值"的行向量 $\pi = [\pi_j]$ 可以定义为：

$$\pi = Wa_0 + \pi a + sWa_0 = Wa_0 [I - a]^{-1}(1 + s)$$
$$= WA_0(0)(1 + s) \qquad\qquad (4—2—5)$$

$$\pi m = W$$

萨缪尔森认为，这里也存在着另一种分析思路：这就是从资产阶级经济学（即所谓的瓦尔拉斯均衡）中一般均衡价格，也就是马克思死后出版的《资本论》第三卷中所提出的"竞争价格"的角度来思考。这种思路与（4—2—5）式是完全不相容的，除非各个行业的 a_{0j}/A_{0j} 都相等。这里价格行向量 $P = [P_j]$ 是在成本（工资加上原材料成本支出）上增加一个固定的利润率或利息率所得到。从而生产价格向量可以表示为：

$$P = [Wa_0 + Pa](1 + r) = Wa_0(1 + r)[I - a(1 + r)]^{-1}$$
$$= WA_0(r) \qquad\qquad (4—2—6)$$

$$Pm = W$$

一般地，式（4—2—6）是有关 n 次方程正根解 r^* 的求解问题，而式（4—2—5）是有关线性方程根 s^* 的求解问题。

通常情况下，当遇到 $\pi a = [\sum_i \pi_i a_{ij}]$ 的总和不能拆成它的组成成分的价值表，就不可能"识别"潜在的技术系数 a，并准确推导出（4—2—6）的均衡价格。由此萨缪尔森得出结论：由价值到价格的"转化"可以用下面的程序表述出来："（1）写下价值关系；（2）用橡皮将他们擦掉；（3）最后写下价格关系，然后，完成转化过程。"

3. 1971 年萨缪尔森擦掉经济体系中的价值写上价格的故事

1971 年，萨缪尔森发表了《理解马克思的剥削概念：马克思的价值与竞争价格间所谓转化问题的概述》一文。这是一篇更详细、更具体地分析批判马克思劳动价值论和转形理论的长篇文章，也是一篇因为措辞激烈而有广泛影响的文章。这篇文章的基本理论观点没有变，还是重复了 1970 年的观点。萨缪尔森在这里首先更详细阐述了全部劳动系数矩阵公式，然后在全部劳动系数矩阵之上又重新表述了的价值体系和生产价格体系，在此基础上，萨缪尔森又得出了与 1970 年文章相同的观点。在这篇文章中萨缪尔森还以他的实物量关系体系为依据更具体地批判了马克思的价值转形图表。下面我们就先来分析全部劳动系数矩阵以及与之相关的价值和转形观点。关于萨缪尔森的实物量关系体系以及由此出发对马克思的价值转形图表的批判，我们将在本节的后续部分陆续加以研究。

首先，萨缪尔森试图写出全部劳动系数矩阵。假设劳动力用鹿作为诱饵捕捉鹿。如果需要 $a = 3/4$ 头鹿来生产一头鹿，并且 $a_{01} = 1$ 劳动力。显而易见，在正常的生产状态下，要留下一头鹿给劳动者进行消费就必须生产出四头鹿。一头鹿的全部劳动时间必须体现什么呢？显然，$A_{01} = a_{01}4 = 4$。要得到 I 单位的净鹿，必须生产 $[I - 3/4]^{-1}$ 头鹿，或用一个一般公式 $[I - a]^{-1}$ 表示。因此，全部劳动系数矩阵可以写成：

$$A_0 = a_0 [I - a]^{-1} \tag{4—2—7}$$

其次，求出价格体系。萨缪尔森以流转税对应《资本论》第三卷中的利润价格模型，以增值税对应《资本论》第一卷的剩余价值模型。首先以流转税 r 对公式（4—2—7）进行修正。它将生产过程中的直接的活劳动系数和物化劳动系数都同时以相同增值率 r 进行增值，得

$$A_0(r) = a_0(1 + r) [I - a(1 + r)]^{-1} \quad (r > 0) \tag{4—2—8}$$

再次，求出价值体系。萨缪尔森又以增值税来概括价值体系。这种税并不是累进的，在每个阶段都只对直接劳动支付一次。如果税率是 s，（4—2—7）再修改为

$$A_0(0)(1 + s) = a_0(1 + s) [I - a]^{-1} \tag{4—2—9}$$

萨缪尔森认为公式（4—2—9）和公式（4—2—8）两种征税体制会出现"转化"问题或"对比和比较"问题。对于所有的 r 会有一种结果分布，对于所有的 s 会有另外一种结果分布。如果所需要的最低生存需求是 m，可以分别用 $W/P = m$ 替换 $r*$ 和 $s*$ 进行计算，这样

$$A_0(r)m = 1 \tag{4—2—10}$$

或

$$A_0(0)(1 + s)m = 1 \tag{4—2—11}$$

萨缪尔森同样认为，（4—2—10）即 $A_0(r)m = 1$ 涉及的是求解 n 次多项式方程的正根解 r^* 的问题，而（4—2—11）即 $A_0(0)(1 + s)m = 1$ 是有关求解线性方程根 s^* 的问题。

在这一基本认识的指引下，萨缪尔森又一次重谈擦橡皮的旧调，不过

更加肆无忌惮。萨缪尔森说："如果你解开了代数的迷网并开始明白实情，你就发现，'转化算式'恰恰是这样的形式：'熟视两个互换而又不相协调的系统。写下其中的一个。用擦子将它抹去，以进行转化。然后填入另一个。瞧！你已经完成了你的转化算式。'用这样一种方法，人们可以从燃素'转化'为熵；从托勒梅'转化'为哥白尼；从牛顿'转化'为爱因斯坦；从创世纪'转化'为达尔文——并且从熵又'转化'为燃素……"①

二　萨缪尔森对劳动价值论批判的反批判

无论是 1957 年的萨缪尔森，1970 年的萨缪尔森，还是 1971 年的萨缪尔森，无论他在这些不同时期写出的价值形式方程有什么不同，也无论他写出的价格形式的方程有什么细微的差别，萨缪尔森基本逻辑只有一个，那就是他千方百计地使价值形式的方程式和生产价格形式的方程式能够独立求解。然后通过肯定价格方程而否定价值方程。可见，萨缪尔森所做的不过是接受完全表面化的、没有概念的生产价格范畴，而否定价值范畴。正如前文分析，萨缪尔森的这些表演，不过是马克思在 100 多年前所预见的庸俗经济学家古老的擦橡皮故事的一个现代脚本，萨缪尔森充当的是这出戏剧中的丑角！本节着重讨论萨缪尔森分析逻辑上的错误。

1. 萨缪尔森在处理与再生产平衡条件有关问题上的混乱

我们说萨缪尔森是戏剧中的丑角，主要是指萨缪尔森在 20 世纪的 50 到 70 年代初此期间内，以资产阶级经济学斗士的姿态向马克思劳动价值论的挑战中，虽然有大无畏的精神，但在一些经济学常识问题、甚至是基本数学常识问题上表现出了种种无知或混乱。同时，萨缪尔森以实物量关系体系表示马克思劳动价值论的价值方程和价格方程，犯代数学上的错误。

萨缪尔森 1957 年直接以再生产平衡关系公式为前提。萨缪尔森认为，所有的变量在"简单再生产"模型中会随着时间的推移反复重复。萨缪尔森写出了如下"简单再生产"条件的里昂惕夫模型：

---

① ［美］萨缪尔森：《理解马克思的剥削概念：马克思的价值与竞争价格间所谓转化问题的概述》，载《经济学文献杂志》（英文版）1971 年 6 月号，第 400 页。

表 4—1

部门	I	II	最终产品	总产品
I	$p_1 K_1$	$p_1 K_2$	0	Σ
II	0	0	$p_2 Y^*$	Σ*
价值增值 ｛ 工资	wL_1	wL_2		Σ Σ*
利息	$r(wL_1 + p_1 K_1)$	$r(wL_2 + p_1 K_2)$		Σ
总成本	Σ	Σ*	Σ*	Σ Σ

　　因为萨缪尔森没有从马克思著作中找到转形理论的扩大再生产模式，所以，萨缪尔森就轻率地认为，马克思没有时间完善他的扩大再生产模式，萨缪尔森试图完善马克思的这一分析。他在保留固定比例的假设条件和自然情况，分析了经济系统不再保持在静止状态，而是稳定增长的情况。得出了如下的扩大再生产的稳定增长的里昂惕夫模式：

表 4—2

部门	I	II	最终产品	总产品
I	$p_1 K_1$	$p_1 K_2$	$P_1 \Delta k$	Σ
II	0	0	$p_2 Y$	Σ
价值增值 ｛ 工资	wL_1	wL_2		Σ Σ*
利息	$r(wL_1 + p_1 K_1)$	$r(wL_2 + p_1 K_2)$		Σ
总成本	Σ	Σ	Σ*	Σ Σ

　　就萨缪尔森的这些分析来看，1957 年的萨缪尔森还是坚信马克思的转形理论中包含着"简单再生产"和"扩大再生产"平衡条件的。

　　在 1970 年的文章中，萨缪尔森继续使用再生产平衡关系公式。其主要标志就是方程组（4—1—1）中的 $\pi m = W$，以及方程组（4—1—2）中的 $Pm = W$。

　　1971 年，萨缪尔森已经明确认识到了，马克思的转化程序和再生产条件无关。萨缪尔森说："几乎所有的作家，虽然他们都是以马克思本人所开始使用的五个部门开始的，他们都似乎是毫无必要地倾向于把上列表中的程序应用到马克思简单再生产的模式中去——这是一个合理的程序，但是就我所能回忆的，马克思对这一程序是过于谨慎，以致不想使用它了。"[1] 甚至萨缪尔森还曾提道："如果鲍特基维兹已经对简单再生产地转化模式采取了直截了当的抨击，那么可能已经避免了对转化过程重要性文献的错误理解。"在这样清醒认识的情况下，萨缪尔森还是坚持1970年的模型，分别用 $\pi m = W$ 和 $P\pi = W$ 将再生产平衡关系引入价值体系和生产价格体系。

对转形问题中是否包含再生产平衡关系的认识上，萨缪尔森就在这种矛盾中左右徘徊。一会儿，他批判鲍特凯维兹，为什么"在（C_j/c_j）c_j 和（V_j/v_j）v_j 的迂回形式中选择 C_j 和 V_j？如果'价值'抵消了价格的计算，萨缪尔森［25，1970］表示了为什么开始就对他们进行介绍？或者至少为什么没有马上准确地把他们删除"？一会儿，他又说鲍特凯维兹的"分析过程是有道理的"。在文献分析中仍强调"与其他作家通常使用的实践方法一样，我主要对简单再生产问题进行研究"。紧接着萨缪尔森卖弄起他的数学方法来。他运用矩阵方程又将鲍特凯维兹运用线性方程组求解的转形数例重新表述一番，展示了数学家的学术风采。可是，同一个萨缪尔森能不能以子之矛刺子之盾？

萨缪尔森之所以会陷入这样的尴尬状态，是因为他的分析始终存在着难以克服的理论矛盾。就以他1970年的文章为例，既然萨缪尔森假设"价值"的行向量 π、活劳动投入的行向量 a_0、里昂惕夫矩阵 a 和剩余价值率或劳动剥削率 s，那么萨缪尔森就应该毫无困难地写出价值方程：

$$\pi = \pi a_0 + \pi a + s\pi a_0 \qquad\qquad (4—2—12)$$

根据这个价值方程（4—2—12），就可以推出

$$I = a_0 + a + sa_0 \qquad\qquad (4—2—13)$$

同样的，在前述假定的活劳动投入的行向量 a_0、里昂惕夫矩阵 a 和剩余价值率 s 之外，再假定价格的行向量 P 和市场利息率 r，萨缪尔森理所当然地就会写出价格方程式：

$$p = pa_0 + pa + rpa_0 + rpa \qquad\qquad (4—2—14)$$

同样可推出

$$I = a_0 + a + ra_0 + ra \qquad\qquad (4—2—15)$$

---

[1]　萨缪尔森：《理解马克思的剥削概念：马克思的价值与竞争价格间所谓转化问题的概述》，载《经济学文献杂志》（英文版）1971年6月号，第415—416页。

如果假定 a_0 和 a 在价格体系和价值体系中都一样，那么，萨缪尔森，不仅萨缪尔森而且任何一个学过一点矩阵代数学的人，对比（4—2—13）和（4—2—15）式都能很容易的指出两个体系的区别。显然，当 $a_0 > 0$，$a > 0$ 时，明显地会有 $s \neq r$，而且一定 $r < s$。这样，即使没有假定 m 向量，也同样得出了 $s \neq r$，而且一定 $r < s$ 的结论。因此，即便是为了达到萨缪尔森所要实现的目的，即证明价值体系和生产价格体系不相同，也不需要假定实物工资向量 m，也不需要另外的工资率 W。

因为将物质消耗系数定义为 a，将直接的活劳动消耗系数写作 $a_0 + sa_0$，自然 πa 就相当于马克思的不变资本价值，而 πa_0 就相当于马克思的可变资本价值，同样的 $s\pi a_0$ 就相当于马克思的剩余价值。这就是说，当萨缪尔森在设定 a_0、a 和 s 时，就已经设定了工资向量是 πa_0。可见，$W = \pi m$ 是一个画蛇添足的多余条件。萨缪尔森明明知道马克思的转形分析中没有再生产平衡条件公式，却又不得已地以实物工资向量 m 将其变相引入，不仅如此他甚至还卖弄一番现代数学技巧，重新表述鲍特凯维兹的包含再生产平衡条件数字范例。[①]

$W = \pi m$ 不仅是一个画蛇添足的多余条件，而且也是一个有害的条件。本来，价值方程在马克思的转形理论中是已知的，不存在自己内部求解的问题。生产价格体系是由价值体系转化来的。因此，利润率 r 也不是在价格体系内部求解出来的。但是，由于萨缪尔森将 $W = \pi m$ 引入价值方程，就使得在价值方程之外又加进来一个劳动力再生产的再生产平衡条件。

再说价格方程式，由于萨缪尔森将 $W = Pm$ 引入，就使得在价格方程之外，又加进来一个劳动力再生产的再生产平衡条件。由于有了这一步，萨缪尔森就一下子将分析的注意力转移到了价值方程和价格方程的独立求解问题。事实上，这在转形问题的分析史上也不是什么新鲜事物了。在近代转形分析史上，再生产平衡条件公式最早由杜冈·巴拉诺夫斯基把它给引入到转形分析领域中的。鲍特凯维兹在《马克思体系中的价值计算和价格计算》第二篇论文中，以修正马克思《资本论》第三卷价值转化为生产价格图表的方式，系统地论证了将再生产平衡公式引入转形分析的理

---

① 萨缪尔森：《理解马克思的剥削概念：马克思的价值与竞争价格间所谓转化问题的概述》，载《经济学文献杂志》（英文版）1971 年 6 月号，第 427—428 页。

论依据。鲍特凯维兹以马克思的图式不符合简单再生产条件为理由否定了马克思的利润率计算，肇始了长达百余年的转形研究争论。

因为将再生产平衡关系加进来以后，就出现了利润率 r 是模型内生的，还是外生的问题。鲍特凯维兹强烈反对外生利润率①。斯蒂德曼经过所谓的证明最后说："除了偶然的巧合，利润率不等于 $\frac{s}{c+v}$。"② 事实上，马克思价值转形理论的核心是一般利润率（也就是平均利润率）的形成。众所周知，马克思在《资本论》第三卷第九章集中阐述他的转形思想。然而恰恰就是这一章，马克思在标题上赫然写着"一般利润率的形成和商品价值转化为生产价格"。这就足以证明价值转化为生产价格和一般利润率的形成，这两者是不可分离的。一般利润率只能是以一种趋势的形式来贯彻，同样生产价格也是以一种趋势形式来贯彻的。《资本论》第三卷中马克思以五部门的数字图表所演示出的平均利润率和生产价格的绝对数字，只是一种在市场上变量的波动背后的平均数。一般说来，一般利润率形成了，生产价格也就自然形成了，反之，生产价格形成了，一般利润率也自然就形成了。也就是说，价值转化为生产价格是伴随着一般利润率形成而实现的，同样，一般利润率也只能在价值转化为生产价格的过程中而实现。一般利润率形成了而生产价格还没有形成，或者反过来，生产价格形成了而平均利润率还没有形成，这两种情况都是不可想象的。就是说，作为经济规律的平均利润率和生产价格的形成过程是完全一致的同一个过程。鲍特凯维兹把价值到生产价格的转化过程和一般利润率的形成过程，割裂开来、对立起来。他先入为主，首先认定含有再生产平衡条件、也含有 r 的公式为价格体系。其次，当他发现马克思平均利润率公式与含有再生产平衡条件的价格体系里内生的 r 相不一致或矛盾时，他毫不犹豫地坚持了前者，转而无情地批判后者。其实，不是马克思的平均利润公式与马克思的生产价格公式中的平均利润率发生了矛盾，而是被鲍特凯维兹硬拉进来的再生产平衡公式影响下的利润率与马克思的

---

① 当时鲍特凯维兹将该公式写成 $p = \frac{s}{c+v}$，详见拉地斯·冯·鲍特凯维兹《论〈资本论〉第三卷中马克思的基本理论结构的改正问题》，载本·法因《重读〈资本论〉》，山东人民出版社1993年版，第177—185页。

② 扬·斯蒂德曼：《按照斯拉法思想研究马克思》，商务印书馆1991年版，第49页。

平均利润率公式发生了矛盾。进一步说就是，满足再生产平衡条件所要求的利润率，与资本竞争平等地占有剩余价值这种资本关系的平均利润率发生了矛盾。如果我们能够把握住马克思价值转形理论的精神实质，那么，我们就很容易把握马克思的价值到生产价格转化和平均利润率形成之间的内在一致性。鲍特凯维兹用经过再生产平衡公式改造的已经偏离了马克思科学的生产价格理论的模型公式中的内生变量 r，取代科学的和马克思生产价格模型公式相一致的平均利润率 r，这是十分错误的。萨缪尔森在明显地意识到马克思转形分析不含有再生产平衡关系的情况下，仍然没有能够避免陷入这个误区，这是和他的思想方法上的形而上学有关系的。

2. 萨缪尔森对马克思劳动价值论分析的数理上的错误

（1）萨缪尔森对马克思劳动价值论价值方程和价格方程的错误表述

如上所述，萨缪尔森在 1971 年的文章中，将全部劳动系数矩阵写成公式（4—2—7）即 $A_0 = a_0 [I - a]^{-1}$。在此基础上将生产价格矩阵写作（4—2—8）即 $A_0(r) = a_0(1 + r)[I - a(1 + r)]^{-1}$。同样以全部劳动系数矩阵为基础，将价值矩阵写成（4—2—9）即 $A_0(0)(1 + s) = a_0(1 + s)[I - a]^{-1}$。

用（4—2—9）和（4—2—8）两个数学表达式，概括作为马克思价值转形理论的基本范畴的价值和生产价格方程，是不科学的。首先我们来分析价值范畴，按照马克思的劳动价值论的基本原理，如果认定公式（4—2—7）表示全部劳动量，那么，待转形的价值量在总量上就应该是与（4—2—7）式中 A_0 值相等。萨缪尔森没有劳动力商品学说，他无法说明剩余价值的产生与价值规律的矛盾。因此，就用了在量值上不等的两个方程式（4—2—7）和（4—2—9）来表示价值范畴。实际上，（4—2—7）式中的 A_0 既然是全部劳动系数矩阵，当然就已经包含了必要劳动和剩余劳动在内。因此，作为价值转形出发点的待转形的价值范畴，只应该是（4—2—7）式中 A_0 值按照资本有机构成差别的重新表述，而不应该是在数量上与全部劳动系数矩阵 A_0 值有区别的（4—2—9）式中的 $A_0(0)(1 + s)$。萨缪尔森用"增值税"和"流转税"来解释价值增殖过程，把剩余价值看作是在劳动所创造的价值以上的一种"附加"。他用未掺水的劳动价值论解释 A_0 值，而把（4—2—9）式中的 $A_0(0)(1 + s)$ 值，看作是线性的"掺水"，把（4—2—8）中的 $A_0(r)$ 值看作是 n 阶非线性的"掺水"，这表明萨缪尔森对马克思劳动价值论一窍不通。

就生产价格范畴来看，按照马克思主义观点，应该首先明确所费资本和平均利润。在萨缪尔森的（4—2—7）、（4—2—8）、（4—2—9）三个式子中，显然把所有的项目都看成是资本耗费了。马克思曾经明确指出："商品使资本家耗费的东西和商品的生产本身所耗费的东西，无疑是两个完全不同的量。"[①] 马克思的生产价格范畴就是由以下两部分构成的：一、资本耗费为一部分；二、按照所用资本量相适应的比例所瓜分到的剩余价值部分。后一部分也就是按照全部预付资本对"商品的生产本身所耗费的东西"而非"商品使资本家耗费的东西"进行平均分配所应得的部分。萨缪尔森混淆商品使资本家耗费的东西和商品的生产本身所耗费的东西，自然不会理解生产价格范畴。事实上，马克思的转形理论揭示，是在劳动价值论价值决定所确定的价值量的限度之内，说明平均利润和生产价格是如何形成的。因此，生产价格范畴决不是由商品生产所耗费的劳动量所规定的价值量的掺水。

最后，从纯粹数量关系来看，既然 $A_0 = a_0 [I - a]^{-1}$ 表示全部劳动系数，那么，$A_0(0)(1 + s) = a_0(1 + s) [I - a]^{-1}$ 就等于 $A_0 = a_0 [I - a]^{-1}$ 增加了 s 倍。当然，$A_0(0)(1 + s)$ 不等于 A_0。而 $A_0(r) = a_0(1 + r) [I - a(1 + r)]^{-1}$ 或者 $A_0(s) = a_0(1 + s) [I - a(1 + s)]^{-1}$ 就是 $A_0 = a_0 [I - a]^{-1}$ 增加 s 倍以后，再使物质投入 a 也增加 s 倍以后的代数式的值。因此，$A_0(r)$ 也不等于 $A_0(0)(1 + s)$。萨缪尔森将这样随意写出的数量关系式，野蛮地强行贴上标签："马克思的《资本论》第一卷的价值分析"，"马克思《资本论》第三卷的价格分析"等等。我们认为，他的这些"里昂惕夫和斯拉法时代的"数学公式，既没有科学地表示马克思的价值范畴，也没有科学地表示马克思的生产价格范畴。因此，萨缪尔森对马克思劳动价值论特别是对转形问题的议论与马克思毫不相干。

如果看不到萨缪尔森所写出的这些数学公式与马克思价值范畴和生产价格范畴的差别，那么，就一定会得出十分错误的也许是十分荒唐的结

---

① 马克思：《资本论》第 3 卷，人民出版社 2004 年版，第 30 页。

论。例如，张忠任认为，"马克思的生产价格是由价值转化而来的，而在萨缪尔逊那里，生产价格是实物体系'生成'的。也就是说，在萨缪尔逊那里，价值和生产价格呈现为同根并蒂莲，'根'是同一个事物体系，而所'生成'的两朵'花'则分别是价值和生产价格。也就是说，萨缪尔逊的研究揭示了从同一个实物体系可以形成价值和生产价格这两个不同体系，并且能够满足'总计2命题'"。进一步，张忠任认为，"在这一点上，可以说萨缪尔逊与马克思殊途同归"。①尽管张忠任已经将"萨缪尔逊与马克思殊途同归"加上了一个严格的限定条件——"在这一点上"，然而，张忠任的提法还是不能不令人震惊。因为在经济学界人人都知道萨缪尔森是马克思主义的最凶恶的敌人。无论是从世界观、方法论，还是从具体的经济理论，尤其是从劳动价值论等方面与马克思的对立和斗争是一贯的，也是旗帜鲜明的。张忠任先生如此宣布，能通过转形将萨缪尔森转化成马克思、将马克思转化为萨缪尔森，这显然是很不严肃的。错误的根源在于张忠任始终相信萨缪尔森正确地表达了马克思的价值范畴和生产价格范畴。事实上，萨缪尔森既没有能够正确地表述马克思的价值范畴，也没有能够正确地表述马克思的生产价格范畴，他对转形问题的议论与马克思无关。

（2）萨缪尔森实物量关系分析的代数学上的错误

用实物生产方程的求解来表示价值体系和生产价格体系，是萨缪尔森自20世纪50年代以来各个时期分析劳动价值论文章的共同特点。其实，萨缪尔森用数学方程式表示价值体系和生产价格体系，不过是一种实物量的关系。在1971年论文中，萨缪尔森举了一个实物量关系数字例证，用以代替马克思《资本论》第三卷的价值转形分析。假设社会劳动单位是100，其中生产谷物的第Ⅰ部门投入80个单位，生产煤炭的第Ⅱ部门投入20个单位。在第Ⅰ部门中，80个单位劳动和10个单位谷物，10个单位煤炭生产了100个单位谷物。在第Ⅱ部门中，20个劳动单位和40个单位谷物，40个单位煤炭生产了100个单位煤炭。设最低生活工资需要为每个劳动单位消费品的搭配为1/4最终单位谷物和1/4最终单位煤炭，这样，每100单位的总产量中的25个单位就到了工人的手里。由于每100

---

① 张忠任：《转形问题：萨缪尔逊与马克思殊途同归》，载2006世界政治经济学学会首届论坛文集《经济全球化与现代马克思主义经济学》，第160页。

单位中的另外 50 个单位消耗于中间产品的生产，这样，每 100 个单位总产量中就留下 25 个单位为非工人的最后消费，或者说成了储蓄—投资。萨缪尔森认为这一数字例证能既同时符合《资本论》第一卷中的价值叙述，又能符合《资本论》第三卷中的瓦尔拉斯均衡价格叙述。萨缪尔森将其概括为如下表 4—3①：

表 4—3　　　　　　　　　　简单再生产相等内部有机构成的情况

资　　本	剩余价值	价　　值	利　　润	价　　格	差　　额
（1） Ⅰ（20+20）C+80V Ⅱ（80+80）C+20V	（2） 80V 20V	（3）= （1）+（2） 200 200	（4）=（1/3）·（1） 40 60	（5）= （1）+（4） 160 240	（6）= （5）-（3） -40 +40
$r = \sum Sj/\sum (Cj+Vj) = 100/300 = 1/3$				

　　萨缪尔森认为他所列的表 4—3 的实物量关系式，既可以用《资本论》第一卷的价值分析范式加以说明，又可以用《资本论》第三卷的生产价格分析范式加以说明。其中表 4—3 中的由（1）、（2）、（3）组成的一组数字显示的是第一卷的价值关系，而由（1）、（4）、（5）组成的另一组数字显示的是第三卷的生产价格关系。事实上，萨缪尔森的这个分析与马克思《资本论》第一卷的价值分析毫无共同之处，也与马克思《资本论》第三卷的生产价格分析毫无关系。

　　从《资本论》第一卷的价值分析范式来看，萨缪尔森的所谓实物量关系分析在代数学上是存在严重错误的。在第Ⅰ部门中，萨缪尔森企图说明，200 个单位谷物的价值，是由（20 个单位谷物的价值+20 个单位煤炭的价值）C+80 个单位劳动的价值 V+80 个单位剩余劳动的价值 M 构成的。这是马克思的价值分析中的价值生产方程吗？

　　第一，马克思价值生产方程的最重要的特点就是，形成新产品价值的各个组成要素，都必须放弃自己的使用价值形式而以价值形式加入新产品价值。就是说，在 200 个单位谷物的价值的生产中，20 个单位谷

---

① 萨缪尔森：《理解马克思的剥削概念：马克思的价值与竞争价格间所谓转化问题的概述》，载《经济学文献杂志》（英文版）1971 年 6 月号，第 420 页。

物和 20 个单位煤炭都必须是已经放弃了自己的使用价值的自然形式来加入的。事实上，在新产品价值中作为旧价值转移的不变资本 C 中，固定资本价值转移部分同流动资本价值转移部分相比，一般来说，量值相对来说不是很大的。因此，在一般的要求精确度不是太高的价值分析中，固定资本价值转移部分往往都是可以忽略不计的。即使固定资本转移的价值部分不可忽视，那么，固定资本也不是以使用价值的形式加盟到新产品价值的形成过程的。固定资本只是以其磨损的部分，以其价值的形式参加新产品的价值形成。而不是以其原来的或磨损后剩余的使用价值形式和使用价值量参加新产品价值形成。现在我们回过头来说萨缪尔森的例子。在新产品价值 200 单位的谷物的价值生产过程中，作为谷物价值形成要素的 20 单位谷物和 20 单位煤炭，都必须要首先放弃自己的自然形式，而以价值形式加入。因此，在价值计算时就不存在将等式两边的单位谷物和单位煤炭的价值量看作是一种互相相等的量而用解方程的方法来求解的问题。

第二，作为新产品价值形成要素的不变资本的各个量，必须放弃自己的单位形式，而以劳动的单位形式加入新产品价值，这是经济学的要求也是代数学的要求。就经济学来看，作为不变资本要素加入新产品的价值形成，不变资本各个要素必须要放弃其使用价值形式。就代数学来说，不变资本各个要素不仅要放弃其使用价值形式，而且还必须放弃其使用价值的单位而以统一的价值单位来进行计算。萨缪尔森不顾代数学的基本要求，不问煤炭是以千克还是以吨作为重量单位，还是以炭氧作为质量单位，也不追问谷物是以重量单位、质量单位，还是空间单位作为计算单位进行计算。萨缪尔森根本就不知道劳动和劳动力的区别，更谈不上如何将劳动的单位和劳动力的单位区别开来，萨缪尔森糊里糊涂地使这些没有统一当量的量相加、相减、相乘或相除。换言之，方程式组

80 劳动 + 10 谷物 + 10 煤炭 = 100 谷物

20 劳动 + 40 谷物 + 40 煤炭 = 100 煤炭

是根本没有成立的代数学基础，是根本不能成立的。由此推出的两个价格计算方程式也没有成立的代数学基础，因此也是不能成立的。换言之，方程组：

$$(w\,a_1 + p_1 b_1)\,(1+r) = p_1$$

$$(w\,a_2 + p_1 b_2)\ (1 + r)\ = p_2$$

也是不能成立的。

从《资本论》第三卷的生产价格分析范式来看，萨缪尔森所列的表4—3也根本没有解决转形问题。

第一，萨缪尔森宣称：表4—3的"（4）栏和（5）栏在（2）栏和（3）栏中的任何项目的计算之前，是可以明明白白地计算出来的"，这是毫无根据的。（4）栏和（5）栏各项数字的来源都依赖于 $r = \sum Sj / \sum (Cj + Vj) = 100/300 = 1/3$，而 r 值的确定显然离不开（2）栏剩余价值，以及剩余价值作为部分构成整体的（3）栏价值。这是最浅显的道理，无须多言。

第二，萨缪尔森所列的表4—3，根本没有弄清转形问题的问题之所在。萨缪尔森在对表3—1进行分析时有一个说明，这个说明写道："每100单位的谷物和煤炭的价格和价值分别为（P_1，P_2）＝（1.6，2.4）和（P_1，P_2）＝（2.0，2.0）。这项评价适用于用作中间产品的谷物和煤炭的实物量；工资＝1。当价格应用于（1）栏时，我们以（16＋24）C＋80V 和（64＋96）C＋20V 以取代那里所表示的数字，但总额不变。"[1] 在这个地方萨缪尔森似乎说明了要素投入发生价格和价值的偏离时，对价值转形的总量关系没有影响。不过，萨缪尔森在这里根本就没有触及马克思价值转性问题的本质。实际上，关于要素投入按价值计算的转形问题马克思已经给出了无可挑剔的解答。关于要素投入按生产价格计算的转形问题马克思已经给出了重要的提示，我在《转形问题研究》[2] 一文中给予了解答，并把它概括为扩大的马克思价值转化模型。在扩大的马克思价值转化模型中，不变资本投入总量的生产价格和价值彼此互相抵消的情形，只是一种极其特殊的情况，一般情况则是二者未必相等。因此，萨缪尔森在此提及此情况，并认为自己已经按照《资本论》第三卷的方法解决了要素投入按生产价格计算的转形问题，这只不过说明了萨缪尔森没有真正理解转形问题的问题所在而已。

萨缪尔森的实物量关系分析，不过是斯拉法实物量关系分析用实物关

---

① 萨缪尔森：《理解马克思的剥削概念：马克思的价值与竞争价格间所谓转化问题的概述》，载《经济学文献杂志》（英文版）1971年6月号，第419页。

② 丁堡骏：《转形问题研究》，《中国社会科学》1999年第5期。

系来代替劳动价值分析的理论翻版。萨缪尔森的所谓实物量关系分析，不过是一个狂想到不要还原方程就想使马克思的劳动价值分析与斯拉法的实物量关系分析相连接空想理论。萨缪尔森不过是一个极端的斯拉法主义者。

3. 一个值得认真回答的问题：重申扩大的马克思价值转化模型

萨缪尔森首先谨慎地将马克思《资本论》第三卷第九章不考虑固定资本折旧问题的转形表整理为如下表4—4①。紧接着萨缪尔森议论道："批评者和辩护者一样，毫无例外地都承认马克思在所有这些方面是前后不一致的。因为他错误地把同一个不变资本，c_j，既计算在价格之中，也同样地计算在价值之中。但是，这些'c'是什么呢？它们是在较早阶段已经生产出来的项目，而且使价值变成价格的同一逻辑要求他们的价值也必须转化成价格。这样，据论证，马克思只走了这条路的一段，并在通向他的价格时错误地保留了价值计算的某些因素。"萨缪尔森表示，"我必须同意这一点"。在这方面萨缪尔森表示与前人不同的是，他要努力指出这一事实："在一个唯一的例子中，马克思的算术式碰巧是十分精确的。"萨缪尔森将这种特殊性概括为"（不变）资本相等内部构成"。"（不变）资本相等内部构成"，表现在不变资本上就是"这些部门中的每一个部门碰巧都使用的是社会生产出来的同一比例的各种原料和机器设备"。换句话说，"如果部门Ⅰ中c项80恰好是（5）栏中的价格加权组成的，其平均数相同于（3）栏中的价值，只有是这种情况，我们才可以肯定，80仍然是价格计算与价值计算两者的正确的量值"②；"（不变）资本相等内部构成"，表现在可变资本上就是："我们也必须假设最低生活预算是一种市场的商品篮子，当商品被用作生产中的投入物时，这种篮子是按同样的相对的比例组成的。"③

————————

① 萨缪尔森：《理解马克思的剥削概念：马克思的价值与竞争价格间所谓转化问题的概述》，载《经济学文献杂志》（英文）1971年6月号，第413页。

② 萨缪尔森：《理解马克思的剥削概念：马克思的价值与竞争价格间所谓转化问题的概述》，载《经济学文献杂志》（英文版），1971年6月号，第416页。

③ 萨缪尔森：《理解马克思的剥削概念：马克思的价值与竞争价格间所谓转化问题的概述》，载《经济学文献杂志》（英文版），1971年6月号，第415页。

表 4—4　　　　　　　　　　　　　**马克思自己的转化程序**

资本或成本支出（1）	剩余价值（2）	价　值（3）=（1）+（2）	利润率（4）=（2）/（1）	价格（5）=（1）×（1+0·22）	价格与价值之差（6）=（5）-（3）
I $80c_1 + 20v_1$	$20s_1$	120	20%	122	+ 2
II $70c_2 + 30v_2$	$30s_2$	130	30%	122	- 8
III $60c_3 + 40v_3$	$40s_3$	140	40%	122	- 18
IV $85c_4 + 15v_4$	$15s_4$	115	15%	122	+ 7
V $95c_5 + 5v_5$	$5s_5$	105	5%	122	+ 17
平均100	22	122	22%	122	0

　　萨缪尔森所概括的情形，我们可以用表 4—4 展示的马克思的价值转化程序来予以说明。这个转化程序马克思所采用的是横断面分析方法，或者用现在通行的说法是采用静态分析方法。在表 4—4 的静态分析转化程序中，在部门 I 中 c 项 80 马克思假定是按价值计算的不变资本。但如果将马克思的静态转化程序动态化，就有一个如萨缪尔森所说的问题：80是否恰好是（5）栏中的价格加权组成的，其平均数是否恰好是（3）栏中的价值？不仅如此，就可变资本来说也有类似的情况。在部门 I 中 V项 20 也存在着这样的问题：劳动力的价值和劳动力的生产价格是否恰好一致？萨缪尔森提出这样的问题可以说他已经真正地触及到了马克思以后的转形问题的根本之所在。诚然，萨缪尔森对马克思的这个批判，也不过就是重复了庞巴维克、鲍特凯维兹等经济学家的老论点而已。然而，毕竟一方面萨缪尔森批判的更加符合学术规范，另一方面，马克思主义经济学家对这种批判所作出的回答，也过于简单化，以至于有武断的嫌疑。有许多不深入研究问题的马克思主义经济学家以这个批判是老掉牙的论点为借口对这个问题予以回避。有的学者甚至由此断言转形问题是伪问题。我们认为，对于这一批判，马克思主义经济学家还是应该认真回答一下的。

　　按理说，萨缪尔森既然已经发现了马克思的转化程序只是在特殊条件（即不变资本相等内部构成）下成立，那么，他就应该进一步探讨：如果放松这个约束条件，马克思的转化程序会发生怎样的变化？如果萨缪尔森能够按照这种科学发展的逻辑道路思考，也许萨缪尔森就不会那么轻率地把他所发现的马克思的"相等内部构成"的转化程序也否定掉。也许他还能够发现放松这个约束条件以后的更为普遍的马克思的价值转化程序。然而，萨缪尔森毕竟是萨缪尔森！就在他已经触及了这些马克思以后转形理论的要害问题的时候，萨缪尔森停下了自己的脚步。为什么呢？作为资产阶级经济学家的萨缪尔森，由于其阶级利益决定了他不可能去努力探索揭示生产价格体系与价值体系之间的内在联系。因为，生产价格体系与价值体系之间的内在联系，归根到底就是已经模糊化了的剥削关系——平均利润率，与赤裸裸的、还没有模糊化的剥削关系——剩余价值率，二者之间的转化关系。资产阶级经济学家，特别是代表腐朽没落的当代资产阶级利益的庸俗经济学家，出于其阶级本能必然要千方百计地否定二者之间的内在联系。

转形问题是经济思想史上的一个重要的理论问题。在马克思之前，转形问题的问题主要表现在如何解决等量资本获得等量利润与价值规律的表面矛盾问题。马克思在批判地继承了资产阶级古典经济学科学成就的基础上，创造性地提出并论证了劳动二重性学说、资本有机构成学说和资本周转学说，进而马克思完成了剩余价值率到利润率、利润率到平均利润率的转化，揭示了价值到生产价格转化的基本原理。科学地解决了长期困扰资产阶级经济学的理论难题，即等量资本获得等量利润与价值规律的表面矛盾问题。当然，马克思的分析也是有条件的，马克思以要素投入按价值计算为其分析价值转形问题的条件。萨缪尔森认为，他所谓的"同等内部构成"的例子，"马克思已被保护起来，不致跌进任何陷阱之中"。事实是，一方面，马克思的要素投入按价值计算的转形理论并不需要保护起来；另一方面，马克思本人也并没有回避要素投入生产价格化的问题。

先说前者，要素投入按价值计算的转形不仅在逻辑上，而且在历史上都是资本主义经济的一个重要方面。马克思的这一分析，解决了所费资本到生产成本、剩余价值到利润、剩余价值率到利润率、利润率到平均利润率、利润到平均利润，进而价值到生产价格转化的诸多基本理论问题。在要素投入按价值计算的约束条件下，马克思的这一分析是无可挑剔的。丁堡骏曾经用线性方程组重新表述了马克思的这一理论，并且证明了：平均利润总额等于剩余价值总额，生产价格总额等于价值总额[①]。

---

① 丁堡骏：《是马克思只走了半程吗——关于转形问题答西方学者》，载《北京社会科学》1995 年第 1 期。

再来看第二个方面，从萨缪尔森以及以往的资产阶级经济学家的批判中，也可以从我们对马克思关于转形问题解决的理解中，我们看到马克思的分析不是无条件的，也并没有终极真理。事实上，马克思以后同样还存在着转形问题。马克思以后的转形问题就是，在马克思要素投入按价值计算转形分析已有的科学成就的基础上，进一步考察要素投入生产价格化对转形结论的影响问题。关于要素投入生产价格化的转形问题，笔者已经在《转形问题研究》一文中给予了系统的阐述。在那里他分别将不变要素投入生产价格化、可变要素生产价格化、不变要素和可变要素同时生产价格化，创立了扩大的马克思价值转化模型。在扩大的马克思价值转化模型中，对马克思的静态转化模型进行了动态化补充。分析的结论是马克思转形分析的基本结论仍然正确，即平均利润总额等于剩余价值总额，生产价格总额等于价值总额①。

通过以上分析我们可以看出：并不是像萨缪尔森所认为的那样，承认成本价格 C 项和 V 项中存在生产价格和价值存在着误差，就一定要得出否定马克思转化程序的结论。当然，在这里我们在回答萨缪尔森对马克思转形程序没有转形投入的时候，同时也回答了那些恐惧转形投入的马克思主义经济学家，包括那些惧怕用数学方法研究转形问题的经济学家。

本节第一部分通过对萨缪尔森 1957 年、1970 年和 1971 年发表的三篇论文总体逻辑过程的梳理，证明了萨缪尔森作为一位资产阶级经济学家，他仍然无法克服的资产阶级的局限性。这种局限性体现在萨缪尔森身上，就是他重复了马克思在 100 多年前就已经指出的资产阶级庸俗经济学家的一贯做法：一方面系统化和公式化地接受生产价格这个商品价值的表面化的、似乎是没有概念的形式；另一方面却又强烈地反对价值由劳动时间决定的价值规律。本节第二部分着重分析批判了转形问题分析的一个重要理论误区：用再生产平衡条件作为转形分析的约束条件来干扰转形分析。用再生产平衡条件作为转形分析的约束条件来干扰转形分析，不仅在萨缪尔森论文中起支撑作用，而且今天仍然在全世界范围内影响人们分析转形问题。本节第三部分具体指出了萨缪尔森的价值公式和生产价格公式不能够表示马克思劳动价值理论的相应范畴，进而指出萨缪尔森没有真正理解马克思转形分析的本质是剩余价值的分配问题。本节第四部分指出了

---

① 丁堡骏：《转形问题研究》，《中国社会科学》1999 年第 5 期。

萨缪尔森在劳动价值论分析中所犯各种错误的总的根源在于他不懂得劳动二重性学说。指出了萨缪尔森由于不懂劳动二重性学说，因而他就不能够在各种方程式中统一计算的当量。这个缺陷也是萨缪尔森和英国剑桥派著名经济学家斯拉法所犯的共同错误。当然，萨缪尔森作为一代杰出的经济学家的代表，他对马克思的劳动价值论的批判也不是没有积极借鉴意义。本节第五部分客观地分析了他对马克思的"相等内部构成"的转化程序的批判，指出了萨缪尔森的这种批判，在客观上为马克思主义经济学家按照要素投入按生产价格计算的思路来完善马克思的转形理论提出了问题。

第 五 章

非主流经济学家对马克思劳动
价值论同情理解的辨析

上一章我们提到，在发生于 20 世纪 60 年代以后的所谓广义转形问题的讨论中，新古典综合派的首领萨缪尔森发表了一系列的文章，系统地批判了马克思的劳动价值论和转形分析。一批马克思主义经济学者撰文参加对萨缪尔森的论战。森岛通夫（Michio Morishima）以"同情"马克思主义经济学的姿态，运用现代数学方法研究和证明了马克思劳动价值论的许多命题，特别是他运用弗洛本涅斯（Frobenius）定理和马尔科夫过程理论，对西方学者长期争论的转形问题给出了一个肯定的解法。为此，森岛通夫赢得了马克思主义经济理论界的许多赞誉，成为世界范围内颇具影响的转形问题研究专家。按照森岛通夫自己的说法，他已经证明了：在不包括所有非基础性生产部门在内的所有生产部门，两个相等关系能够同时存在。森岛通夫不仅对自己的研究成果深信不疑，而且，还以胜利者的姿态对马克思关于转形问题的研究成果妄加评论。森岛通夫写道："因为马克思在写《资本论》时，关于非负矩阵的弗洛本涅斯定理和马尔科夫链理论还不存在，而对求解转形问题来说这两个理论是必需的工具。为此他十分困惑和烦恼，部分原因是因为解答这个问题的难度较大，还有部分原因是因为他缺乏较好的数学训练。"[1] 尽管很多马克思主义经济学者对马克思是不是缺乏较好的数学训练，马克思是不是由于没有掌握所谓的弗洛本涅斯定理和马尔可夫理论而不能够很好地解决转形问题，这样一些似是而非的说法还存有疑惑，但是为了维护马克思的劳动价值论这一总体目标，

---

[1] M. Morishima and G. Catephores. *Value*, *Exploitation and Growth*, New York：McGraw—Hill, 1978，p. 173.

他们还是可以勉强地接受森岛通夫的这一傲慢的说法。

然而，接下来的问题却是，森岛通夫奉劝马克思主义经济学家放弃劳动价值论。他认为，"一旦出现联合生产和技术的选择，一个明确和有意义的价值计算便必然是不可能的了。唯一的出路，便是'抛弃价值理论'，而用更好的冯·纽曼的增长模型来代替。……这个结论的作用比萨缪尔森的擦去和代替更为有力，是对马克思的一个沉重打击"。[1] 20 世纪 70 年代一直到今天，在西方经济学界价值问题研究始终没能走出低谷。形成这一局面的原因是多方面的。首先从社会历史原因来看，国际共产主义运动处于低谷状态直接使马克思主义经济学研究工作受到冷落。从学术研究方面来看，萨缪尔森这样的马克思主义敌人的疯狂的攻击和挑战固然存在，其影响也是不可低估的。但是，像森岛通夫这样的用现代数学方法把自己营造成谙熟马克思主义经济学理论的局外人，从马克思主义经济学内部进行否定，其作用和效果更是巨大的。森岛通夫和萨缪尔森是关于马克思劳动价值论和转形问题论战的敌对双方，尽管他们在马克思主义经济学、劳动价值论及转形问题的理论和方法和概念理解上有颇多分歧意见，然而在放弃劳动价值论这一基本结论上却取得了一致。森岛通夫能够超越于任何现代经济学家（包括像萨缪尔森这样的名流），运用现代数学手段成功地证明了劳动价值论的著名理论难题，在这样的理论背景下，他为什么还要放弃劳动价值论呢？劳动价值论究竟出了什么问题？人们不能不作这样的判断：要么劳动价值论是错误的、陈旧不堪的落后理论，要么森岛通夫对劳动价值论及转形问题的论证是错误的。

因此，严肃的马克思主义经济学者不得不回头来，重新评价森岛通夫对马克思主义经济学的贡献问题。本文以下的分析将会证明：森岛通夫不仅对马克思劳动价值论认识有严重的错误，而且，他根本没有真正解决转形问题。

第一节　森岛通夫的马尔科夫过程解法梗概

一　森岛通夫对作为转形基础的价值范畴的认识

森岛通夫为阐释和解答马克思的价值转形问题，首先对作为转形基础

---

[1] Michio Morishima（1974）. *The Fundamental Marxian Theorem*：*A Reply to Samuelson*，Journal of Economic Literature，Vol. 12（1），p. 73.

的价值范畴的界定作进一步的"明确和深化"认识。

马克思在《资本论》第一卷中对价值范畴作了系统的阐述。他首先从质的规定性揭示出"这些物现在只是表示，在它们的生产上耗费了人类劳动力，积累了人类劳动。这些物作为它们共有的这个社会实体的结晶，就是价值——商品价值"，紧接着马克思又从量的规定性揭示出"可见，只是社会必要劳动量，或生产使用价值的社会必要劳动时间，决定该使用价值的价值量"①。森岛通夫在《马克思经济学：二重的价值和增长理论》（剑桥大学出版社，1973）一书中援引了马克思的这两段论述后，就把这两重规定概括为两种价值：前者为人类劳动实体结晶的价值，后者为作为人类劳动计量单位的社会必要劳动时间的价值。进而分别写成两个不同的方程式：$\Lambda = \Lambda A + L$ 和 $Q = LX$（这里，X 由方程 $X = AX + I$ 决定，Λ、Q 分别为两种界定下单位产品的价值行向量，A 为实物资本投入系数矩阵，L 为劳动投入行向量，I 为单位矩阵）。森岛通夫这两个不同的价值规定在满足以下基本条件才是等同的：①每个部门只采取一种生产程序，并只生产一种产品；②劳动是唯一的初级生产要素，而且是同质的；③所有的实物资本和劳动在每一个生产过程中进行一次性周转。

二　对转形问题命题本身的认识

森岛通夫以上文中两种不同规定等同条件下的价值作为转形分析的起点。在狭义转形问题的讨论中，以鲍特凯维兹为代表的一批经济学家断言，马克思转形理论仅仅进行了产出品从价值到价格的转形，而投入品仍然保持不变。因此，这批经济学家试图从"转形投入"的角度，完善和发展马克思的转形理论。森岛通夫从同情劳动价值论的角度，认为马克思并不是疏忽了"投入的转形"，马克思本人也已意识到投入和产出都必须从按价值定义的形式，转变成为按价格定义的形式，只不过没有将它们同时进行转形，而是根据迭代公式对投入和产出进行逐次转形。

森岛通夫认为马克思在《资本论》第三卷中已经根据投入系数增广矩阵和价格及价值向量的概念，用公式 $p = (1 + \bar{\pi})\Lambda M$（这里 $M = A + DL$，Λ 为价值行向量，p 为生产价格行向量，$\bar{\pi}$ 为均衡利润率，D 为每人每小时的消费系数矩阵）将价值向量转化为价格向量。森岛通夫认为马克思

① 马克思：《资本论》第 I 卷，人民出版社 2004 年版，第 51—52 页。

的上述生产价格公式是不精确的，精确的生产价格必须是满足价格方程
$p = (1 + \bar{\pi}) p (A + DL)$ 的价格。森岛通夫认为这个精确生产价格的求
取，必须通过多次调整，即通过多次迭代 $p_{t+1} = (1 + \bar{\pi}) p_t M$ ［其中 p_i （$i =$
0, 1, 2, …, n, …）为迭代各期的价格行向量，下标 i 代表第 i 期］来
实现。精确生产价格就是这个迭代的均衡结果，而马克思仅作了调整的第
一步，即 $p_1 = (1 + \bar{\pi}) p_0 M$（其中 $p_0 = \Lambda$）。进一步的任务，例如有关均衡
价格和均衡利润率是否存在、它们分别具有什么样的特性以及如何具体求
解的问题等等，所有这些问题按照森岛通夫的说法都有待于像他这样受过
良好数学训练的经济学家去完成。

三　适当的生产规模的调整与生产价格的求解

在森岛通夫价格的迭代方程中，均衡利润率是作为已知条件给定的。
要确定这个均衡利润率，森岛通夫认为首先必须建立适当的生产规模。他
认为，在马克思体系中，每个生产部门的生产规模也已经调整到合适状
态——尽管马克思在《资本论》三卷中从未进行过清楚的阐述。但他认
为这是马克思在幕后策划的工作，而现在他必须重新将它搬到前台来。

适当的生产规模在森岛通夫的模型中是通过不断调整来实现的。对平
均剩余价值率（$\Lambda y_0 - \Lambda M y_0$）/$\Lambda M y_0$ 而言，由于在社会总资本中，有些部
门生产剩余产品高于平均比例，而有些部门则低于平均比例，为了消除这
种比例上的不协调，森岛通夫用以下公式进行调整：

$$y_{t+1} = \frac{\Lambda y_t}{\Lambda M y_t} M y_t, \quad t = 0, 1, 2, \cdots \qquad (5-1-1)$$

这里 y_i（i = 0, 1, 2…, n, …）为迭代各期的产出列向量。这种调
整可使得剩余价值率水平高于（或低于）平均率的部门新的产出水平小
于（或大于）它们的旧产出。经过不断调整，森岛通夫证明了，如果 M
是本原矩阵，则从任意的非负、非零的向量 y_0 开始的无穷序列 $\{y_t\}$，将
收敛到 M 的绝对值最大的特征根（记为 $\bar{\rho}$）所对应的特征向量 $\bar{y}$，即
$\lim\limits_{t \to \infty} y_t = \bar{y}$，其中 $\bar{y}$ 满足：

$$\bar{\rho} \bar{y} = M \bar{y} \qquad (5-1-2)$$

而对应的特征根 $\bar{\rho}$ 满足：

$$\lim_{t \to \infty} \frac{\Lambda y_t}{\Lambda M y_t} = \frac{1}{\bar{\rho}} \qquad\qquad (5-1-3)$$

均衡的利润率即为 $\bar{\pi} = \dfrac{1}{\bar{\rho}} - 1$ 。此时，对于均衡的产出结构 $\bar{y}$ 而言，各个部门都按相同的利润率 $\bar{\pi}$ 进行生产。森岛通夫就将这个作为产出迭代结果的均衡利润率代入以下价格迭代方程来求解生产价格。

$$p_{t+1} = (1 + \bar{\pi}) p_t M \qquad\qquad (5-1-4)$$

森岛通夫在求解生产价格之前，将各部门计量按照斯拉法的方法进行了标准化。他先区分了基础部门和非基础部门。按照森岛通夫的说法奢侈品部门属于非基础部门，其余所有的非奢侈品部门都为基础部门。这样 $\bar{y}$ 具有正的分向量的部门则为基础部门，具有 0 分向量的部门为非基础部门。在此基础上构造出如下对角线矩阵：$\hat{Y} = diag(\hat{y}_1, \hat{y}_2, \cdots \hat{y}_n)$ ，其中 $\hat{y}_i$ 是 $\bar{y}$ 第 i 个分量，$\hat{y}_i$ 满足：若 $\bar{y}_i > 0$ ，则 $\hat{y}_i = \bar{y}_i$ ；若 $\bar{y}_i = 0$ 则 $\hat{y}_i = 1$ 。

这样在新单位下表示的投入系数矩阵为：

$$\hat{Y}^{-1} M \hat{Y} = \hat{Y}^{-1} (A + DL) \hat{Y}$$

新单位下商品的价值则为：

$$\Lambda \hat{Y} = (\lambda_1 \hat{y}_1, \lambda_2 \hat{y}_2, \cdots, \lambda_n \hat{y}_n)$$

为简单起见，森岛通夫对新的价值向量和新的投入矩阵继续分别使用符号 Λ 和 M 来表示。那么与方程（5—1—2）相对应的新体系为：

$$\bar{\rho} u = M u \qquad\qquad (5-1-5)$$

从旧体系转为新体系特征根不变，相应的特征向量则从 $\bar{y}$ 变为 u，其分向量对基础部门来说是 1，而对非基础部门来说则为 0。相应地，利润率 $(1/\bar{\rho}) - 1$ 则是所有基础部门的剩余价值与它们总资本的比值。

对于变换后的新投入矩阵再作价格迭代 $p_{t+1} = (1 + \bar{\pi}) p_t M$ 。森岛通夫认为，由于 $(1 + \bar{\pi}) M$ 马尔科夫矩阵，如果它还是本原的，那么这个价格迭代方程一定存在各态历经解 $\bar{p}$ ，满足 $\bar{p} = (1 + \bar{\pi}) \bar{p} M$ ，这里 $\bar{p} = \lim_{t \to \infty} p_t$。这个解向量就是森岛通夫所要寻找的生产价格向量。

森岛通夫认为，如果所取的初始点 p_0 非常接近 $\bar{p}$ ，这种求解生产价格

向量 p 的迭代方法将是最有效的。森岛通夫确认，马克思的价格向量序列是从价格向量等于价值向量开始的，即从假定 $p_0 = \Lambda$ 开始的。因为马克思知道，在"简单商品生产"社会，价值代表的就是长期的均衡价格（正如古典劳动价值论所表述的那样），而且在资本主义社会，价值也不会与相应的均衡价格偏离太远，尽管除经济中所有各部门的有机构成都相等外均衡价格对价值的某种程度的偏离总是难免的。

森岛通夫的结论是，对马克思来说，（5 - 1 - 4）式的迭代过程就是把初始值 Λ 转变成极限值 p 的过程。这样，"在马克思转形模型的一端是虚构的、没有阶级的'简单商品生产'经济的长期均衡价格，另一端是资本主义经济的长期均衡价格"。[①]

四　两个相等关系的证明

方程（5 - 1 - 4）两边同时右乘向量 u 得：

$$p_{t+1}u = (1 + \bar{\pi})p_t Mu \qquad (5 - 1 - 6)$$

由于 $1/\bar{\rho} = 1 + \bar{\pi}$，根据方程（5—1—5）从而有 $u = (1 + \bar{\pi})Mu$；因此，方程（5 - 1 - 6）蕴含着 $p_{t+1}u = p_t u$。由于这个表达式对所有的 t 都成立，且由于 $\Lambda = p_0$，$\lim\limits_{t \to \infty} p_t = \bar{p}$，因此有：

$$\Lambda u = p_1 u = p_2 u = \cdots = \bar{p}u \qquad (5 - 1 - 7)$$

森岛通夫认为，由于 Λu 和 $\bar{p}u$ 分别是所有基础部门的总价值和总价格，方程（5 - 1 - 7）则表明，如果把所有的非基础部门排除在外，马克思的第一相等关系，即"总价值 = 总价格"是有效的。

另外，根据方程（5 - 1 - 6）和（5 - 1 - 7）可以得出，对所有的 t 有：

$$\Lambda Mu = p_t Mu \qquad (5 - 1 - 8)$$

方程（5 - 1 - 7）各项分别减去方程（5 - 1 - 8），可以得到：

$$Su = \Pi_1 u = \Pi_2 u = \cdots = \bar{\Pi}u \qquad (5 - 1 - 9)$$

这里 $S = \Lambda - \Lambda M$ 和 $\Pi_t = p_t - p_t M$。Su 代表总剩余价值，$\bar{\Pi}u$ 代表总利

---

①　Morishima. M. and G. Catephores, *Value, Exploitation and Growth*, New York: McGraw—Hill, 1978, p. 165.

润。倘若把非基础部门排除在外，方程（5－1－9）证明了第一相等关系，即"总剩余价值＝总利润"。

森岛通夫认为自己比鲍特凯维兹、塞顿等人更有效地证明了马克思的两个相等关系。森岛通夫强调：除了排斥非基础部门，及对基础部门要求用特殊方法在计量上进行标准化以外，无须增加其他任何限制条件和标准化过程，能同时保证马克思的两个相等关系成立。

第二节　森岛通夫马尔科夫过程解法批判

正像前文所述，面对萨缪尔森运用现代数学的矩阵方程对马克思劳动价值论所进行的疯狂攻击，森岛通夫运用弗洛本涅斯定理和马尔可夫过程对转形问题给出了一个肯定的证明，这对马克思经济学者来说无论如何都是一种鼓舞。在国内，北京大学胡代光教授、南开大学魏埙教授、辽宁大学杨玉生教授等都先后在他们的著作中从不同的认识角度对森岛通夫的解法给予了肯定。[①] 当然也有许多马克思主义经济学家不接受森岛通夫的理论。例如霍华德等人明确指出，"森岛通夫的价值分析自身仍旧可能被看作是一个'复杂的迂回'"。[②] 程恩富教授对此也是持保留意见的[③]。那么，森岛通夫以同情马克思劳动价值论的态度，运用 Frobenius 定理和马尔科夫链理论等现代数学知识，来论证马克思的转形命题，究竟是不是完善和发展了马克思劳动价值论及其转形分析呢？

　　[①]　胡代光认为："森岛通夫运用马尔可夫过程依次实现投入产出由价值到生产价格的转化，从而最终使两个恒等式条件同时得到满足。他的这个解法对如何进一步确定转形问题的数量关系表现是有助益的。"见胡代光、魏埙、宋承先、刘诗白主编：《评当代西方学者对马克思〈资本论〉的研究》，中国经济出版社 1990 年版，第 186 页；魏埙认为："森岛通夫……用高等数学的迭代原理和马尔可夫过程，对商品价值到生产价格的转化进行了深入分析。……这对马克思的分析是一个补充和发展。"见魏埙《马克思主义经济学在西方经济学界》，《南开学报》2001 年第 1 期；杨玉生认为："在转化问题上，森岛通夫和凯特弗里斯的论证方法，在西方经济学界，可以说是独树一帜的。"见杨玉生、杨戈《价值·资本·增长——兼评西方国家劳动价值论研究》，中国经济出版社 2005 年版，第 166 页。

　　[②]　[英] M. C. 霍华德，J. E. 金合著：《马克思主义经济学史 1929—1990》，中央编译出版社 2003 年版，第 271 页。

　　[③]　程恩富认为："塞顿模型和森岛通夫模型都没能科学地解决转形问题。"见程恩富等《劳动创造价值的规范研究与实证研究》，上海财经大学出版社 2005 年版，第 409 页。

一　转形分析的一个基本参照系

丁堡骏（1995，1999）将马克思的转形理论概括成为简单的马克思价值转化模型和扩大的马克思价值转化模型，"在准确完整地把握马克思原意的基础上，对马克思的转形问题做了科学的发展，给出了正确的解答"。[①] 现用矩阵形式对丁堡骏模型的基本思想作一简要总结[②]，以便作为评价森岛通夫模型的基本参考系。

1. 简单的马克思模型为

$$\left[\Lambda A + \frac{1}{1+e}L + \frac{e}{1+e}L\right]\tau = p，即\left[\Lambda A + L\right]\tau = p \qquad (5-2-1)$$

$$\bar{\pi} = \frac{\dfrac{e}{1+e}Ly_0}{\left[\Lambda A + \dfrac{1}{1+e}L\right]y_0} \qquad (5-2-2)$$

2. 扩大的马克思价值转化模型为

$$\left[\Lambda A + \frac{1}{1+e}L\beta + \frac{e}{1+e}L\beta\right]\tau = p，即\left[\Lambda A + L\beta\right]\tau = p \qquad (5-2-3)$$

$$\bar{\pi} = \frac{\dfrac{e}{1+e}L\beta y_0}{\left[\Lambda A + \dfrac{1}{1+e}L\beta\right]\tau y_0} \qquad (5-2-4)$$

其中，$\tau = diag(\tau_1, \tau_2, \cdots, \tau_n)$（$\tau_i$（i = 1，2，$\cdots$，n）为 i 部门本期总产品的价格 – 价值比），$\beta = diag(\beta_1, \beta_2, \cdots, \beta_n)$（$\beta_i$（i = 1，2，$\cdots$，n）为 i 部门上一期可变资本的价格 – 价值比），$e = \dfrac{1 - \Lambda D}{\Lambda D}$（即为剩余价值率或剥削率）。方程（5 – 2 – 1）、（5 – 2 – 3）为价值转化方程，（5 – 2 – 2）、（5 – 2 – 4）为平均利润率公式。其他符号与前文所指代的经济含义相同。下文所用到的相同符号，在没有作特别说明的情况下，其经济含义保持不变。

为了便于与森岛通夫等西方学者的转形模型进行比较，我们这里也不

---

① 胡代光：《西方经济学者关于马克思的"价值转形"问题的争论》（打印稿），2005 年。

② 为讨论方便，这里的两个模型是对丁堡骏（1995，1999）价值转化模型中对应两模型的一个简化，在这里假定生产资料的投入技术结构在再生产过程中保持不变，即 A 为常数矩阵。

妨将简单再生产作为假定条件。[①]

在简单再生产情况下，对于简单的马克思模型，则有：

价值方程为

$$\Lambda A + L = \Lambda \tag{5-2-5}$$

转化方程为

$$\Lambda \tau = p \tag{5-2-6}$$

令 $M = A + DL$，再将（5-2-5）式和 $e = \dfrac{1 - \Lambda D}{\Lambda D}$ 代入（5-2-2）式，可得不变性利润率公式为：

$$\bar{\pi} = \frac{[\Lambda - \Lambda M]y_0}{\Lambda M y_0} \tag{5-2-7}$$

由（5-2-7）式可得：

$$[\Lambda - \Lambda M]y_0 = \bar{\pi}\Lambda M y_0 \tag{5-2-8}$$

$$\Lambda y_0 = (1 + \bar{\pi})\Lambda M y_0 \tag{5-2-9}$$

（5-2-8）、（5-2-9）分别代表的就是简单的马克思转形模型下的"总剩余价值等于总利润"，"总生产价格等于总价值"。

对于扩大的马克思转化模型则为：

价值方程为

$$\Lambda A + L\beta = \Lambda \tag{5-2-10}$$

价格方程为

$$(1 + \bar{\pi})p(A + DL\beta) = p \tag{5-2-11}$$

转化方程为

$$\Lambda \tau = p \tag{5-2-12}$$

令 $M = A + DL\beta$，则（5-2-4）的利润率表达式可以转化为：

$$\bar{\pi} = \frac{[1 - \Lambda D]L\beta y_0}{[\Lambda A + \Lambda DL\beta]\tau y_0} = \frac{[L\beta - \Lambda DL\beta]y_0}{\Lambda[A + DL\beta]\tau y_0} = \frac{[\Lambda - \Lambda A - \Lambda DL\beta]y_0}{\Lambda M \tau y_0} = \frac{[\Lambda - \Lambda M]y_0}{\Lambda M \tau y_0}$$

---

① 这里需要特别提请读者注意的是，马克思的转形分析不以简单再生产作为前提条件。就是说马克思的转形理论，无论是在简单再生产，扩大再生产，还是规模萎缩的再生产等条件下都是成立的。在这里为了与森岛通夫模型进行对照，我们可以从马克思理论的特殊情况出发，即假定再生产规模是简单再生产。

如果进一步假定 M 满足 $M\tau = \tau M$ [①]，则：

$$\bar{\pi} = \frac{[\Lambda - \Lambda M]y_0}{\Lambda \tau M y_0} = \frac{[\Lambda - \Lambda M]y_0}{pMy_0} \qquad (5-2-13)$$

再根据价格方程（5 - 2 - 11），我们可以得出：$(1 + \bar{\pi})pMy_0 = py_0$，从而有：

$$\bar{\pi}pMy_0 = [p - pM]y_0 \qquad (5-2-14)$$

根据方程（5 - 2 - 13）、（5 - 2 - 14），可以得出：

$$[\Lambda - \Lambda M]y_0 = [p - pM]y_0 \qquad (5-2-15)$$

即剩余价值总额等于利润总额。

另一方面，根据不变性假定（5 - 2 - 13）式，有 $\Lambda y_0 - \Lambda M y_0 = \bar{\pi}pMy_0$，即 $\Lambda y_0 = \Lambda M y_0 + \bar{\pi}pMy_0$。由生产价格方程可得：$\Lambda y_0 = \Lambda M y_0 + (py_0 - pMy_0)$，从而有：

$$\Lambda y_0 = py_0 + (\Lambda M - pM)y_0 \qquad (5-2-16)$$

因此，只要预付资本的总价值与总生产价格存在差额，社会产品的总价值与总生产价格也必然存在差额。

更进一步地说，（5 - 2 - 16）式可以转化为：

$$\Lambda y_0 = py_0 + (\Lambda M - pM)y_0 = py_0 + [(\Lambda - p)Ay_0 + (\Lambda - p)DL\beta y_0]$$

$$(5-2-17)$$

该式意味着价值对生产价格的偏离，来自上一期转移到本期的不变资本价值对价格的偏离，即 $[\Lambda - p]Ay_0$ 和可变资本价值对价格的偏离 $[\Lambda - p]DL\beta y_0$。整个这一部分的偏离反映的是上一期其中一部分社会产品价值对价格的偏离，如果将其记作为 ε，那么另一部分的社会产品价值对生产价格的偏离则为 $-\varepsilon$。将两期结合起来看，则本期从上期一部分社会产品转移过来的偏离与上期另一部分的社会产品价值与生产价格偏离的和正好为零，即 $\varepsilon + (-\varepsilon) = 0$。

森岛通夫虽然承认剩余价值总额等于利润总额，但他不理解社会产品总价值与总生产价格难免存在差额。事实上，这一部分差额恰恰就是转移到本期的上一期作为本期生产要素的那一部分产品的价值与生产价格的差额，而上期另一部分没有加入到本期生产过程的产品的价值和生产价格之

---

① 这里为了能与森岛通夫的模型进行对照，故作这样的假定，如果不作这样的假定也能阐述丁氏模型（1995，1999）的基本思想，只是在结构上会存在一些差异。

间，则存在一个绝对值相等符号相反的差额。如果结合前后两期来看，总价值则仍等于总的生产价格。但森岛通夫不理解这个差额的来源，试图通过他的迭代过程和偷换概念的手法来消除预付资本的总价值与总生产价格的差额，从而实现总价值和总价格两者间的相等关系。

二　森岛通夫对作为转形基础的价值范畴理解上的错误

1. 二重的价值概念

森岛通夫不理解马克思价值分析的方法论，从马克思对价值范畴质和量的两个方面分析，衍生出商品"包含的劳动量"和"社会必要劳动时间决定的劳动量"这样两重的价值概念，而且得出两个不同的价值决定方程式：$\Lambda = \Lambda A + L$ 和 $Q = LX$ 。这是违背科学常识的，价值的质和价值的量这两个方面不可分割地构成马克思主义经济学完整的价值概念。价值的质是对价值范畴的一个最基本的规定，这种基本规定要以一个既定的量为前提，但就揭示价值的规定性而言，这个基本规定所要求的量只要存在就可以了。在分析的这个层次上，没有可能也没有必要对这种作为基本规定的量的前提写出其数学表达式。这一原则不仅对经济学价值范畴的考察是如此，而且对任何自然科学和社会科学来说都是如此。因此，单纯就价值是人类劳动的结晶这种质的规定性是不必要写其量的方程的。而价值的量则是在明确了价值的价值质的基础上对价值的进一步的衡量。在这个阶段才可以写出其量的方程。因此，在马克思那里根本就不存在两个不同的价值定义，也不存在两个不同的价值表达式。森岛通夫根据价值的质的规定性和价值量的规定性得出的两个截然不同的价值表达式，显然是严重地歪曲了马克思的价值概念。按照马克思主义经济学的分析，在明确了价值的质是一般人类劳动之后，紧接着马克思又揭示了价值量就是这种一般人类劳动量，其计量单位就是小时（社会必要劳动时间的衡量单位）。按照这一分析，商品价值量就是由生产过程中所消耗的生产资料价值转移和活劳动所新创造的价值构成。在森岛通夫所举的例子中，第一定义式 $\Lambda = \Lambda A + L$ 应该说反映了这一关系，因此是对的。值得强调的是，这个式子，既反映了资本品价值是生产这些资本品所耗费的人类劳动的结晶这种质的关系，也反映了资本品价值是由生产这些资本品所需要的社会必要劳动时间这个量的规定性。第二定义式按道理是应该和第一定义式相对应的，因为计量的是单位资本品的价值，其计量单位都是标准劳动单位即小时。但森岛通夫却随心所欲地写出了一个与第一定义式并不完全对应的第二定义式 $Q = LX$。如果真的从科学的价值概念出发研究问题，这两个定义不论在什么样的情况下都应该是等价的，而森岛通夫的这两个价值定义仅当矩阵 $(I - A)$ 为可逆矩阵的情况下才能等价[1]，这说明森岛通夫在价值概念的理解上和论证过程上存在着严重的思维上的混乱。既然森岛通夫的两个价值定义式是混乱的，和马克思科学的价值理论是无关的，那么，森岛通夫从这两个表达式出发，所论证得出的使二者相等的所谓马克思劳动价值论的暗含假定条件，也自然是和马克思的劳动价值论毫不相干的。

2. 在价值计量上的斯蒂德曼错误

我们注意到，森岛通夫曾经就实物量关系条件下的价值计量问题同斯蒂德曼进行商榷。但是，森岛通夫对斯蒂德曼的商榷，仅仅停留在，能不能应用价值决定方程来解决价值和剩余价值决定的问题。斯蒂德曼认为，在联合生产中，正数值剩余价值的存在对于正数值的价格利润的存在并不是必要的和充分的条件。因此，斯蒂德曼认为劳动价值论不仅是"冗余的"，而且是混乱的，应当用实物量关系体系取而代之。森岛通夫和凯特弗尔斯（Catephores）对斯蒂德曼的商榷，不是批判和否定实物量关系体系，进而论证和坚持劳动价值论。他们仅仅是为了寻找避开负数值的价值和负数值的剩余价值的方法。他们把负数值的价值和剩余价值同正数值的利润同时并存归因于价值决定方程。因此，他们主张放弃价值决定方程，而采用冯·纽曼（von Neumann）的不等式方法。可见，就推崇实物量关系体系，放弃劳动价值论这一大的原则来讲，森岛通夫和斯蒂德曼以及萨缪尔森是一脉相承的。森岛通夫用冯·纽曼的不等式代替斯蒂德曼的投入——产出的价值方程，改变的是价值和剩余价值的负的数值，但没有改变用所谓的实物量关系分析所依据的分析范式。这种分析范式的实质就是混淆实物量生产方程和价值生产方程，因而在实物量生产方程各种混乱关系的影响下，求解价值和剩余价值。结果就会出现负数值的价值和剩余价值。这不是马克思劳动价值论本身的问题。这是斯拉法、斯蒂德曼所开创

---

① 当矩阵 $(I - A)$ 为可逆矩阵时，根据森岛通夫第一个价值定义直接可解得资本品的价值向量为 $\Lambda = L \ (I - A)^{-1}$；根据森岛通夫第二个价值定义，先从第二个价值定义的系数决定方程中解出 X，然后代入资本品价值向量表达式依然可得 $M = L \ (I - A)^{-1}$。因此，这两个定义在当 $(I - A)$ 为可逆矩阵时是等价的。

的用商品生产商品分析范式的错误。①

三　如何正确认识"转形投入"的经济含义

1. 究竟应该如何评价"转形投入"的研究思路？

通过以上对简单的马克思价值转化模型和扩大的马克思价值转化模型的分析，我们可以说马克思的转形理论无论是从方法论上来看，还是从理论本身的逻辑上来看，抑或是从转形分析的结论来看，都是完全正确的。只是因为马克思在其遗著《资本论》第三卷中没有展开分析"成本价格修改了的意义"对生产价格理论的修正，才在学术界引起了长达百余年的激烈争论和论战。不过，通过我们的上述分析读者可以看到：简单的马克思价值转化模型，确实可以通过要素投入生产价格化的办法从抽象上升为具体，发展成为扩大的马克思价值转化模型。因此，不能笼统地否认要素投入生产价格化的分析思路。从鲍特凯维兹、温特尼茨、米克、塞顿到斯蒂德曼进而到萨缪尔森，虽然他们对劳动价值论的态度有很大的不同，但他们都认为马克思没有考察转形投入问题。他们一致地批评马克思转形理论仅仅进行了产出品从价值到价格的转形，而投入品仍然保持不变。尽管这批经济学家最后几乎都不同程度地得出了怀疑或否定劳动价值论的结论，但是他们毕竟还是抓住了马克思转形分析的理论分析不完善的地方。森岛通夫从同情劳动价值论的感情出发，否认了马克思"疏忽"的批评，这从主观上来看目的是善良的，但从客观上来看却放弃了正确认识转形问题的机会。从一定意义上来说，由于森岛通夫的介入使转形问题研究的道路更加曲折、更增加了许多人为地设置的障碍与荆棘。

2. "转形投入"是迭代逼近，还是一次性的市场购买行为？

森岛通夫首先把马克思转形理论概括为公式（$p_i = (1 + \Pi)(C_i + V_i)$，$i = 1, 2, \cdots, n$），并且认为马克思完成了商品从价值到价格的转形。森岛通夫援引了马克思关于成本价格的修改了的意义的那一段著名的论述②之后解释道："马克思阐述了以下几点：（1）由他公式得到的价格 p_i 不同

①　关于斯拉法和斯蒂德曼的用商品生产商品分析范式的批判，详见丁堡骏《劳动二重性学说与实物量关系体系——关于新李嘉图主义的一个批判性研究》，载《经济学动态》2007 年第 5 期。

②　马克思：《资本论》第 3 卷，人民出版社 1975 年版，第 184—185 页。

于价值 λ_i；（2）因为 Λ 已经转形为 p，根据价值 $\Lambda = (\lambda_1, \cdots, \lambda_n)$ 把原先的产品成本 C + V 计算为 $\Lambda (A + DL)$ 形式，必须重新计算成 $C^P + V^P = P (A + DL)$；（3）对 $C^P + V^P$ 运用相同的运算法则，我们必须对价格 P_i 纠正为 $P_i{}' = (1 + \Pi) (C_i{}^P + V_i{}^P)$；（4）就 $P \neq P'$ 来说，必须进一步根据新的价格对成本价格进行重新计算。这个纠正和重新计算的过程必须进行到我们得到一组精确的价格以致我们不再要纠正为止。马克思的价格只不过是生产价格准确值的一个近似值，而且他也没有进行进一步的检验。"①

在这里，森岛通夫所概括的要点（1）和要点（2），说的就是按价值计算的成本价格和按生产价格计算的成本价格是不同的，随着理论分析逻辑的发展我们必须把过去按商品价值计算的成本价格修正为按生产价格计算的成本价格。这是对马克思成本价格修改了的意义的正确理解，在这方面我们和森岛通夫的认识是一致的。但是在要点（3）中森岛通夫强调"对 $C^P + V^P$ 运用相同的运算法"进行转形，我们是有不同意见的。事实上，$C^P + V^P$ 和 C + V 的差额是 $t - 1$ 期剩余价值分配造成的。而 t 期 p（或 P'）与 Λ 的差额，则是 t 期剩余价值分配的结果。从鲍特凯维兹开始的一批又一批的经济学家，由于没能对这两种差额进行区分，都假定投入和产出有相同的价格—价值系数，结果就产生了像塞顿这样一些著作家的"平均利润原理"违背平均利润规律的现象。②

关于要点（4），森岛通夫说的是，要根据生产价格系列 p_i 不断地去修正成本价格，直到不需要修正为止。我们承认，在马克思的著作中以生产要素投入按价值计算为出发点的生产价格 p_i 与以成本价格的修改了的意义为出发点的生产价格 p_i' 是有差额的。但是这个差额不是别的，正是作为生产要素的各种产品的生产价格和价值的差额，即 $pM - \Lambda M) y_0$。这个差额归根到底是在 $t - 1$ 时期的剩余价值分配中已经平衡过了的总量关系。具体说 $(pM - \Lambda M) y_0{}^{(t-1)}$，但它的价值实体已经在 $t - 1$ 时期平均利润总额和剩余价值总额相等即 $[\Lambda - \Lambda M] y_0{}^{(t-1)} = [p - pM] y_0{}^{(t-1)}$ 中的一个差额 $-\varepsilon$ 解释清楚了的。因此，我们认为，成本价格的修正，作为理论研

---

① Morishima，M. and G. Catephores，*Value*，*Exploitation and Growth*，NewYork：McGraw—Hill，1978，p. 161.

② 丁堡骏：《评塞顿的价值转化模型》，《经济学动态》2005 年第 8 期，第 96—97 页。

究我们必须要提醒大家注意不要忘记。但对于作为经济行为主体的资本家我们根本无须叮嘱，他自然就会在预付资本的支出即购买中完成了这一修正过程。而且，若不是考察再生产过程，这种一次性修正永远也没有再进行反复的必要。但森岛通夫（在森岛通夫之前还有置盐信雄）提出对马克思按价值计算的成本价格不断地用价格—价值系数去乘，以便纠正成本价格。甚至还提出这种纠正要到不需要纠正为止。这里，森岛通夫实际上并没有把成本价格修改了的含义进行修改以后的价值所转化来的生产价格 p_i' 看作是精确的生产价格，而是把序列 $\{p_i'\}$ 的极限值看作是精确的生产价格，因而总想试图通过方程的迭代来消除按生产价格计算的成本价格和按价值计算的成本价格之间的差额。从对扩大的马克思价值转化模型的分析我们可以看到，这个差额通常是不等于零的。不仅这个差额不等于零，而且这个差额的变动趋势也是无法确定。正像价值转化为生产价格以后，不同于中位资本有机构成的资本产品生产价格不等于价值没有办法消除一样，生产成本的这个差额也是不能人为地消除的。森岛通夫、置盐信雄等由于没有把握住转形分析的本质——剩余价值在资本之间通过竞争实现再分配——而千方百计要消除这种差额，确实是误解和歪曲了马克思的转形分析。

四　如何正确理解转形分析的理论基础

1. "转形投入"后，作为转形出发点的是生产价格，还是商品价值？

马克思在讲到生产价格概念的逻辑发展时曾经指出："生产价格以一般利润率的存在为前提；而这个一般利润率，又以每个特殊生产部门的利润率已经分别化为同样大的平均率为前提。这些特殊的利润率在每个生产部门都 $= \dfrac{M}{C}$，并且像本卷第一篇所做的那样，他们要从商品的价值引申出来。没有这种引伸，一般利润率（从而商品的生产价格），就是一个没有意义、没有内容的概念。"[①] 因此，我们认为马克思转形分析基本着眼点就是研究从商品按价值出售怎样转化为商品按生产价格出售的。因此作为转形问题研究出发点的永远是商品的价值，而不是商品的生产价格。森岛通夫以及许多不理解马克思转形分析实质的人来说，他们沉溺于公式

---

① 马克思：《资本论》第 3 卷，人民出版社 1975 年版，第 176 页。

$p_{t+1} = (1 + \bar{\pi})p_t M$ 所表示的生产价格数量和投入的关系上。它的主要注意力都放在了序列 $\{p_n\}$ 的极限值的求解上了。事实上，公式 $p_{t+1} = (1 + \bar{\pi})p_t M$ 除了表示生产价格数值计算以外，还有更深刻的内容隐含在其中。马克思强调，他的转形理论着重研究的是"一般利润率（平均利润率）"的形成。马克思在 1868 年 4 月 30 日致恩格斯的一封信中针对恩格斯当时不理解用 m 来计算利润率的意义，马克思曾写道："这里保留 m，是为了通过公式本身，从质的意义上指出利润是由那里产生的。"[①] 实际上，在利润率公式中作为分母的 c + v，马克思始终都坚持运用预付资本量来计算。在预付资本的概念中，生产要素按价值计算，还是按生产价格计算，生产要素已耗费的价值部分和未耗费而残留在劳动资料中的价值部分，究竟哪些计算在 c + v 中，那些不计算在 c + v 中，诸如此类的问题都会迎刃而解的。而分子 m 则是不能忽视的，恰恰是这个 m 表明了转形的出发点是商品的价值和剩余价值。我们的方程组（5—2—1）式和（5—2—3）式表示的就是商品的价值（包含剩余价值）和商品的生产价格之间的对应关系。资产阶级经济学庸俗经济学研究方法的特点之一就是停留于对经济过程的表面现象的描述。受这种研究方法的影响，森岛通夫始终没能从公式 $p_{t+1} = (1 + \bar{\pi})p_t M$，去追究 $\bar{\pi}$ 的经济含义究竟是什么。在森岛通夫模型中，不是每一个时期 t 都有一个特殊的、以 $\Lambda_t M$（或者 $p_t M$）为生产成本所形成的新产品的价值，由于这个价值中所包含的剩余价值在竞争中在部门资本间再分配的原因，形成了一个平均利润率 $\bar{\pi}_t$，使得生产价格 p_t 能够从这个价值中，通过 $\bar{\pi}_t$ 而引申出来。在森岛通夫的迭代公式 $p_{t+1} = (1 + \bar{\pi})p_t M$ 中，只有当 t = 0 时，转型的出发点 $p_0 = \Lambda$ 是价值。以后作为转形出发点的 Λ，都是没有着落的虚置的范畴。

2. 价值转形是虚拟的过程，还是历史与逻辑的统一？

森岛通夫试图用初始价值向量 $p_0 = \Lambda$，与极限向量 $\bar{p} = \lim\limits_{t \to \infty} p_t$ 相对应，因此森岛通夫得出结论："在马克思转形模型的一端是虚构的、没有阶级的'简单商品生产'经济的长期均衡价格，另一端是资本主义经济的长期均衡价格。"[②] 这是对马克思转形分析的极大误解。对转形问题研究中

① 《马克思恩格斯〈资本论〉书信集》，人民出版社 1976 年版，第 264—265 页。

② Morishima. M. and G. Catephores, *Value*, *Exploitation and Growth*, New York：McGraw—Hill, 1978, p. 165.

价值范畴的地位，马克思明确地指出："撇开价格和价格变动受价值规律支配不说，把商品价值看作不仅在理论上，而且在历史上先于生产价格，是完全恰当的。"① 马克思这段话再明白不过地说明了价值范畴在整个转形分析中的基础地位。我们承认，在动态分析中存在"转形投入"，但我们所理解的"转形投入"和鲍特凯维兹、塞顿、置盐信雄及森岛通夫等人所理解的截然不同。在扩大的马克思价值转化模型中，我们特别关注作为转形出发点的商品价值。我们分析了转形投入以后的生产过程，分析并揭示了作为这个生产过程结果的商品价值构成，这样我们才找到了马克思价值转形的真正起点。而鲍特凯维兹、塞顿等人则盲目地将未经转形的按价值计算的成本 $c+v$ 和剩余价值 s 加起来作为转形的出发点的价值。森岛通夫从生产价格迭代去求生产价格，不仅未对转形出发点的商品价值的具体构成加以分析，而且还完全忽视了转形出发点的价值的作用。从这个意义来说，森岛通夫和鲍特凯维兹研究传统来说也是一种退步。同情马克思主义的森岛通夫和反对马克思主义的萨缪尔森都试图证明马克思的生产价格范畴和资产阶级经济学的长期均衡概念相贯通。这样证明的结果都是主张放弃马克思主义经济学的劳动价值论。对这一经济学研究趋势，马克思早就有所说明。马克思说："因为从长期来看生产价格是供给的条件，是每个特殊生产部门商品在生产的条件。我们也理解了，为什么那些反对商品价值由劳动时间，由商品中包含的劳动量来决定的经济学家，总是把生产价格说成是市场价格围绕着发生波动的中心。他们所以会这样做，因为生产价格是商品价值的一个已经完全表面化的、而且乍看起来是没有概念的形式，使竞争中表现的形式，因而是存在于庸俗资本家的意识中，也就是存在于庸俗经济学家的意识中的形式。"②

马克思认为价值到生产价格的转化，既是逻辑过程又是历史过程，是逻辑过程和历史过程的统一。作为逻辑过程，马克思关于价值到生产价格转化问题的分析，可以理解为现实资本主义经济每时每刻都在发生的商品按价值生产出来以后，由于竞争规律的作用，商品不能按价值出售而按生产价格出售的过程。作为历史过程，马克思关于价值到生产价格转化问题的分析，可以理解为在历史上曾经发生的简单商品生产时期或资本主义发

---

① 马克思：《资本论》第3卷，人民出版社1975年版，第198页。

② 马克思：《资本论》第3卷，人民出版社1975年版，第196页。

展初期，商品由按价值出售向按生产价格出售的转化。森岛通夫将价值和生产价格对立起来，极力否定马克思和恩格斯简单商品经济时期和资本主义商品经济初期商品按价值出售的理论，直至主张放弃马克思的劳动价值论。森岛通夫的这种作法和资产阶级经济学家承认生产价格这个现象形态而否定价值这个本质形态是没有什么区别的。

3. "转形投入"是怎样影响生产价格形成的？

许多西方学者由马克思关于成本价格修改了的含义的论述，而得出结论：马克思有从生产价格为出发点研究转形问题的思想，这严格地说并没有错，因为马克思承认，当价值转化为生产价格以后，各种生产要素都必须在市场上按生产价格购买。但是他们所建立起来的各式各样的转化模型，却有一个共同错误就是忽略了这样一个简单的事实：在马克思的转形理论中价值到生产价格的转化的出发点是商品的价值，是社会总产品的价值。转形的结果是社会总产品的生产价格。事实上，"转形投入价格"中所说的投入，和经济学中的一般用法是有明显区别的。投入和产出在经济学中一般是就生产过程而言的。就马克思价值转形最初含义来讲，转形理论所研究的，是产品的价值到产品的生产价格的转化。如果我们从要素投入按生产价格计算出发来考虑转形问题，那么，从要素投入的价格到产品的价值，中间还应有一个生产过程。资本只有在这个生产过程中生产出了剩余价值，才能吸引各部门的资本为争夺利润而展开竞争，才有新产品的价值转化为新产品的生产价格。因此，在研究成本价格生产价格化后的转形问题时，成功的分析必须要将价值形成过程和价值的转形过程结合起来进行分析。在进行这样的分析后我们会发现，作为转形出发点的价值，在成本价格按价值计算和成本价格按生产价格计算时是有区别的。按照劳动价值论的劳动二重性学说，成本价格修正后，作为 t 期生产过程结果的商品价值构成的 Λ_t 的构成形式是与简单的马克思价值转化模型的商品价值构成 Λ_0 有区别的。①

因此，"转形投入"的正确含义就马克思所说的成本价格的修改了的意义。它对于转形分析的影响，主要在于它对新产品价值生产的作用。通过这种作用"转形投入"才间接地影响到新产品的价值转形过程。从鲍

---

① 这里 Λ_i（$i = 1, 2, \cdots, t, \cdots$）代表第 i 期单位产品的价值行向量。$\Lambda_t, y_t$ 的元素的构成形式相当于丁堡骏模型（1995，1999）中第 t 期的 $c + \beta v + s$，而 Λ_0 的元素的构成形式则为 $c + v + s$。

特凯维兹，经塞顿等一系列的经济学家，直到森岛通夫，都毫无例外地将"转形投入"和新产品的价值转形不加分析地联系起来。结果，从形式上来看这种分析似乎在逻辑上是更严谨了，但是，从经济过程的本质方面来看，这种漂亮的形式逻辑和数理逻辑背后却掩盖了经济过程的本质，即掩盖了不同时期剩余价值再分配的总量关系。事实上，转形投入品价值的"转形"和产出品价值的"转形"在考察期内已经具有不同的性质。前者是 $t-1$ 期剩余价值分配的分配结果，而后者则是考察期（t 期）正在进行的剩余价值分配过程。上述研究转形问题的经济学家们由于没有对经济过程的这一本质关系作出科学的说明，而茫然不知所措地游历于数学科学的各个成果领域而一无所获。

五　如何正确认识平均利润率的形成过程与马克思的两个相等关系

1. 是平均利润率的形成过程，还是已知平均利润率求生产价格的过程？

这里我们还需要请读者注意的是，森岛通夫所谓的剩余价值平均生产率，就是马克思的平均利润率。森岛通夫的思路是：首先以剩余价值平均生产率为前提，然后探讨适度的生产规模，进而求解生产价格。在森岛通夫的产出调整模型 $y_{t+1} = \dfrac{\Lambda y_t}{\Lambda M y_t} M y_t$ 中，利润率 $\pi_t = \dfrac{\Lambda y_t}{\Lambda M y_t} - 1$，其均衡值，即平均利润率为 $\bar{\pi} = \dfrac{1}{\rho} - 1$。在价格迭代方程 $p_{t+1} = (1 + \bar{\pi}) p_t M$ 中，每一次迭代都以这个不变平均利润率为前提。换言之，森岛通夫是在假定平均利润率的前提下，大动干戈地用尽现代数学方法求解生产价格向量。在马克思主义经济学中，平均利润率已经形成了，而生产价格还未形成，这真是咄咄怪事！在这里，问题的关键在于森岛通夫不知道生产价格的形成过程和平均利润率的形成过程究竟是怎样的关系。在《资本论》中，马克思从来没有将平均利润形成的时间和生产价格的形成时间人为地划分出谁先谁后，相反，马克思恰恰是把这两者看成是统一的不可分割的过程。《资本论》第三卷第九章可以说是马克思集中阐述他的平均利润和生产价格理论的地方，恰恰就是在这一章的标题上马克思明确写上了"一般利润率（平均利润率）的形成和商品价值转化为生产价格"。可见，脱离平均利润率形成的生产价格形成和脱离生产价格形成的平均利润率的形成，都是荒谬的和不可思议的。

森岛通夫由 $\bar{\pi}$ 固定不变，通过极限去求生产价格向量，这是对马克思平均利润和生产价格理论的巨大误解。为什么部门之间会展开竞争？按照马克思主义经济学基本原理，在一定的生产周期中，由于资本有机构成或资本周转速度的差异，而导致等量资本雇用不等量的劳动，进而生产不等量的价值和剩余价值。在这种情况下，商品如果按价值出售，那么等量资本就得不到等量利润。而资本的本性就是追求利润，而且等量资本要求要追求等量的利润。因此，马克思转形分析的逻辑是，在既定的生产规模和既定的产量条件下，在既定的各部门资本有机构成差异和资本周转速度的差异的前提下，各部门之间资本之间是怎样进行利润平均化的。而森岛通夫的逻辑却是，如何调整各部门的生产量，使其能够收敛于一个均衡产量。而在这个调整过程中，森岛通夫始终以平均利润率存在并发挥作用为前提。这正是马克思早已批判过的肤浅观点。剩余价值率到利润率的转化以及利润率到平均利润率转化对转形问题研究来说是处于核心地位的。马克思说："应当从剩余价值率到利润率的转化引出剩余价值到利润的转化，而不是相反。"[1] 马克思说："在这里，真正的问题是，利润到一般利润率的这种平均化是怎样进行的，因为这种平均化显然是结果，而不可能是起点。"[2] 因此，如果对马克思的转形理论进行模型概括，那么，这个模型最核心的部分就应该是马克思的平均利润率的计算公式。

2. 平均利润率和生产价格在竞争中形成

马克思不仅研究了平均利润率和相应的生产价格的数量关系，而且马克思还揭示了达到这种数量关系的经济机制方面的保证。马克思说："如果没有别的方法可以达到数学上的极限，那末，用这样的方法就会达到。竞争会把社会资本这样地分配在不同的生产部门中，以致每个部门的生产价格，都按照这些中等构成部门的生产价格来形成。"[3] 就是说，马克思认为，平均利润率 $\bar{\pi} = \dfrac{[\Lambda - \Lambda M] y_0}{\Lambda M y_0}$（或者 $\bar{\pi} = \dfrac{[\Lambda - \Lambda M] y_0}{\Lambda \tau M y_0}$）是通过资本的竞争来形成的。森岛通夫对生产价格向量的求解完全误解了马克思的

①　马克思：《资本论》第 3 卷，人民出版社 1975 年版，第 51 页。
②　马克思：《资本论》第 3 卷，人民出版社 1975 年版，第 195 页。
③　马克思：《资本论》第 3 卷，人民出版社 1975 年版，第 193 页。

转形问题命题。问题不在于，$p_{t+1} = (1 + \bar{\pi})p_t M$ 是否收敛，也不在于其极限值为多少。问题关键在于，森岛通夫根本不了解转形问题的问题所在。实际上，转形问题的关键就在于横断面分析公式 $p_{t+1} = (1 + \bar{\pi})p_t M$（当然也包括公式 $p = (1 + \bar{\pi})\Lambda M$，因为后者是前者的基础）。正像前文所已经说明的，马克思转形问题中心要解决的是剩余价值分配问题。剩余价值在部门之间的竞争充分展开以后，要在竞争的各个部门资本之间重新分配，这种分配是通过市场机制（含竞争、价格、利润等要素）来实现的。但是剩余价值分配一旦通过市场机制而实现了，那么，剩余价值的剥削者就不会在以其所剥削到的剩余价值数量为依据来分配剩余价值了。换言之，公式 $p_{t+1} = (1 + \bar{\pi})p_t M$（或公式 $p = (1 + \bar{\pi})\Lambda M$）本身所说明的就是在某一时期 $t + 1$ 内，各部门资本按平均利润率 $\bar{\pi}$ 在全社会之间进行剩余价值在分配所依据的价格。因此，一旦全社会各个部门资本所生产的产品都按此价格进行了交换，那么，各个部门的资本就只能唯一地以其所投资本的数量从全社会所生产的剩余价值中索取相应的量，而别无他求了。因此，一旦 $\bar{\pi}$ 形成以后，p 就确定了，商品按此标准进行交易，根本就不存在再一次进行纠正的问题了。实际上，马克思的平均利润和生产价格理论是一个时期的概念，马克思所关心的是考察其 t 内平均利润率和生产价格是如何构成的。因此，在马克思那里，不管产量序列 $\{y_t\}$ 收敛与否，也不管生产价格序列 $\{p_t\}$ 收敛与否，只管解释即期的 p_t 的来源和性质。受资产阶级经济学的影响，森岛通夫总想把马克思的生产价格和资产阶级经济学的长期均衡价格联系起来，这种分析方法与科学的马克思生产价格理论是不相容的。另外，平均利润率和生产价格一旦确定，马克思两个相等关系的成立则就是一个自然的历史和逻辑的结果。而森岛通夫对这两个相等关系的论证纯粹是个多余的数学游戏，确切地说是个循环论证。

3. 虚构的产出迭代与平均利润率在两个相等关系论证中的误用

森岛通夫均衡利润率的形成是通过生产规模的不断调整和产出迭代来实现的，但这种生产规模的调整没有经济事实为基础，仅是个毫无道理的数学游戏。问题是森岛通夫的所谓产量调整是没有经济过程为其提供依据的。经济的实际过程恰恰是沿着相反的方向进行的。事实上，剩余产品生产率高于平均水平的部门，往往是在此（剩余产品生产率）诱惑下，会有更多的资本涌入，其产量会远远高于原有旧的产出水平。反之则反。没有谁发现有这样的事情：某一生产部门利润率明显地远远高于其他生产部门，在这种情况下，不仅没有大量的资本涌入，使产量增加，相反却会出现减少产量。森岛通夫的所谓调整只能是纸上谈兵。他将弗洛本涅斯定理所运用的对象，即产出向量序列 $\{y_t\}$，并不是像森岛通夫所想象的那样，收敛于满足 $\bar{y_0} = (1 + \bar{\pi}) M \bar{y_0}$ 的非负非零向量 $\bar{y_0}$。实际上，森岛通夫无非是通过偷换概念和变相规定迭代方程的收敛特性，以循环论证的形式来达到求证的目的。就生产价格的求解而言。生产价格的求解在森岛通夫的论文中跟产出迭代方程和价格迭代方程的收敛特性是分不开的。产出迭代和价格迭代方程要具有这个特性的充分必要条件是投入系数矩阵必须是本原矩阵。然而，森岛通夫在《价值、剥削和经济增长》一书中一般模型是从塞顿模型推广而来。而在塞顿模型中由于包含了森岛通夫所认为的非基础性部门，森岛通夫还对非基础性部门还作了特别的讨论，因此不论是塞顿模型还是森岛通夫模型都必定包含着非基础性部门在内，从而也必定存在零行。[①] 而对于存在零行的矩阵来说，它必定是可约矩阵，因而作为可约矩阵的投入系数矩阵则不可能是本原矩阵。[②] 从而产出迭代方程和价格迭代方程的收敛也就一定不能成立的。更进一步说，森到通夫得不出收敛解，而只能得出循环解。

在两个相等关系的证明方面，森岛通夫用弗洛本涅斯定理得出的绝对值最大的特征根的倒数与 1 的差作为产出迭代方程和价格迭代方程中的均衡利润率也是不可取的。因为这个特征根所对应的产出均衡方程的特征向量，其奢侈品部门所对应的分量必然为零，这样必然造成在"总价值等于总价格"、"总剩余价值等于总利润"的两个恒等关系的证明中不得不要舍去奢侈品部门。事实上，对于生产价格方程来说，非负的系数矩阵小于 1 的正的特征根并不唯一，也并不必然等于弗洛本涅斯根。另外，森岛通夫对两个恒等关系证明同塞顿一样也不过是一个循环论证。因为，如果假定投入系数矩阵为本原矩阵，实际上就是在假定价格迭代方程 $p_{t+1} =$

---

① 森岛通夫模型中的塞顿模型推广形式为 $A + DL = \begin{bmatrix} A_{\mathrm{I}} & A_{\mathrm{II}} & A_{\mathrm{III}} \\ D_{\mathrm{II}} L_{\mathrm{I}} & D_{\mathrm{I}} L_{\mathrm{II}} & D_{\mathrm{II}} L_{\mathrm{III}} \\ 0 & 0 & 0 \end{bmatrix}$，很显然该模型有若干零行。

② 本原矩阵首先必须满足不可约，即，对矩阵 M 来说，不存在置换矩阵 P 使得：$p^T M P = \begin{bmatrix} A & C \\ 0 & B \end{bmatrix}$。

$(1 + \bar{\pi})p_t M$ 存在各态历经解。将这个解代入价格方程就是塞顿模型。而在森岛通夫的模型中同样存在将价值体系中按价值核算的利润率与价格体系中按价格核算的利润率混同使用现象。[①] 因此，森岛通夫的模型与塞顿模型一样对马克思两个基本恒等关系的论证都不过是一个循环论证。[②] 此外，如果我们作进一步的分析，我们就会发现森岛通夫这里所论证两个相等关系，已经不是原来意义上的相等关系了，他所论证的实际上是"加权"意义上的两个相等关系。有关这方面的分析由于本文篇幅所限不能在此展开，我们将另外行文处理。

第三节　森岛通夫解法的几点启示

（1）发展马克思主义经济学，必须坚持马克思主义的唯物辩证法。森岛通夫不加分析地盲目运用西方经济学的投入产出分析和一般均衡方法，重新表述马克思经济学，结果严重地损坏了马克思经济学。这方面的教训，对于我们今天所处的特定的社会历史时期来说，尤其具有现实意义。随着中国改革开放事业的不断推进，西方经济学各种思潮不断地涌入中国经济学教学和研究领域。在这种背景下，如何面对西方经济学的纷繁复杂的各种学说，对其进行辩证的分析，取其精华，去其糟粕，用以丰富和发展马克思主义经济学，这是时代的课题。这项工作成败的关键就在于能否坚持马克思主义的立场和方法。

（2）马克思主义经济学不能排斥数学方法，马克思主义经济学有必要而且有可能成功地运用数学方法，但马克思主义经济学不能泛数学化。正像我们在简单的马克思价值转化模型和扩大的马克思价值转化模型分析中所证明的那样，数学方法对经济学分析来说仍不失为一种有用的分析工具。但是我们必须强调，马克思主义经济学不能为"数学化"而"数学化"。一个理论命题的证明，能用数学方法进行证明的地方，可以运用数

---

① 　森岛通夫在产出调整模型 $y_{t+1} = \dfrac{\Lambda y_t}{\Lambda M y_t} M y_t$ 中的利润率 $\pi_t = \dfrac{\Lambda y_t}{\Lambda M y_t}$ 是按价值核算的利润率，而在价格迭代方程 $p_{t+1} = (1 + \bar{\pi}) p_t M$ 中利润率是按价格核算的利润率。而森岛通夫在进行转形分析时直接将前者的均衡结果代入价格方程，将两者相混淆。

② 　对塞顿循环论证的分析详见黎贵才：《简评吕昌会博士的"价值转形问题的新解法"》，《当代经济研究》2006 年第 8 期。

学方法进行证明。能用简单初等数学方法进行证明的地方，就不必用复杂的高等数学方法去进行证明。这几乎是包括数学领域的非方法论研究在内，一切运用数学方法的各种学科研究的一项基本规则。这一基本规则在其他学科领域里会被研究者所自觉地遵守，也没有进一步强调的必要。然而，在经济学领域特别是在西方经济学界乱用数学的倾向比比皆是。因此，我们在分析借鉴西方经济学的时候，要特别注意对其所运用的数学模型的理论前提和经济含义的辩证分析。我们坚信，马克思主义经济学在唯物辩证方法的指导下，在许多经济学理论和经济学命题的证明中，数学方法还是十分必要的分析工具，因为数量关系唯物辩证法质量互变规律的一个重要方面。在这里我们之所以强调要恰当地运用数学方法，就是要反对乱用数学，以数学方法中的形式逻辑代替或掩盖经济学的辩证逻辑。

（3）判断一个经济学家是否是马克思主义经济学家，最根本的是要看其根本的立场观点和方法，而不是看其对马克思主义有多少"同情心"。从本文的分析可以看出，森岛通夫和萨谬尔森几乎运用完全相同的方法来研究马克思的劳动价值论，由此决定他们的研究结论都是否定马克思的劳动价值论。因为从对马克思主义经济学的感情方面，"森岛通夫比萨谬尔森有更多的同情"，因此，森岛通夫对马克思劳动价值论，不像萨缪尔森那样采取狂轰滥炸的态度，一定程度上森岛通夫的态度似乎更为温和。然而，恰恰是象森岛通夫这样不是露骨地反对劳动价值论的人放弃劳动价值论的主张，对马克思主义经济学更是毁灭性的打击。因此，坚持和发展马克思主义经济学，必须依靠真正的马克思主义经济学家，依靠马克思主义经济学家的联合和不懈的奋斗。

森岛通夫运用马尔科夫过程将投入产出通过逐次迭代实现从价值到生产价格的转化，这种研究方法尽管有一定的新意，但由于森岛通夫求解转形问题时，不是根据经济理论来选择必需的数学工具，而是从数学工具运用的需要出发来诠释经济理论，这种本末倒置的研究方法势必会造成对理论的歪曲。本节的分析表明：森岛通夫将非负矩阵的弗洛本涅斯定理和马尔科夫链理论明显用错了地方，他不仅没有成功地解决转形问题，不仅没有对坚持和发展马克思的劳动价值论作出贡献，而且他使转形问题研究误入了歧途，因而对于马克思劳动价值论的坚持和发展完全是帮了倒忙。

第 六 章

对几种发展马克思主义经济学思路的辨析

正如上一章所述，马克思主义经济学是在批判地继承资产阶级古典经济学的科学因素、深入分析资本主义经济结构及其内在运动规律和矛盾的基础上产生，是不断发展的经济学，是阶级性和科学性的高度统一。正因为马克思主义经济学代表无产阶级利益的鲜明的阶级立场，马克思主义经济学必然为资产阶级所不容，也必然为代表资产阶级利益的资产阶级庸俗经济学所不容。

马克思主义经济学经过一个半世纪的发展，其影响在不断扩大。这一个半世纪以来，资本主义世界也发生了深刻变化，出现了许多新情况、新特点、新问题，如何运用马克思主义经济学原理解释这些新变化，是当代马克思主义者所面临的新课题。马克思主义经济学也必须在总结人类经济活动新经验、探索经济关系变化新情况、吸收和借鉴当代文明的新成就中创新和发展。但马克思主义经济学的创新和发展，必须坚持马克思辩证唯物主义哲学观，必须坚持马克思主义基本立场、观点和方法的不动摇。

然而学术界有学者打着发展马克思主义旗号，借口马克思主义是19世纪40年代的产物，与生产力、社会结构等方面都发生了巨大变化的时代不相适应，声称马克思理论部分已经"过时"，必须根据时代需要做相应的调整，革除那些与时代"不协调"的内容，实现"破旧立新"。还有学者试图用西方庸俗经济学理论来"改造"马克思，以达到用他们"创新和发展了的马克思主义"来取代"传统的马克思主义"的目的。对于这些打着"发展和创新"马克思主义旗号，来攻击和否定马克思主义的"马克思主义者"，我们必须予以坚决批判。本章将对在学术界较有影响的将马克思主义经济学庸俗化的几种"综合"观进行系统批判，以正本清源、澄清是非，挽回这些"非马克思主义"倾向给马克思主义经济学发展所造成的不良影响。

第一节　马克思主义新综合范式批判

马克思主义经济学与西方资产阶级庸俗经济学的对立，学术界有学者将其归结为两种"范式"的对立，即"马克思主义经济学分析范式"与"西方经济学分析范式"的对立。"范式"概念最早由美国哲学家库恩所提出，意指科学共同体的共有信念，以及共同进行科学活动的基础和工具，简单地说就是一种研究的方法论。自 20 世纪 80 年代以来，西方经济学开始对中国的政治、经济、文化产生重要影响。西方经济学与马克思主义经济学在研究的对象、观点和方法都存在较大差异，这些差异引起学界的广泛关注。

樊纲教授 1995 年发表的《"苏联范式"批判》一文，一度掀起了学术界经济学范式讨论热潮。樊纲教授在该文中将政治经济学的研究对象问题、所有制问题、价值—价格理论问题、生产目的和经济的基本规律问题等几个问题，概括为"苏联范式"的"几个基本理论问题"，并进行了批判，最后认为必须抛弃苏联范式。从作者的行文可以看出，文章批判的锋芒所向正是马克思主义经济学的基本原理本身，批判的实际目的是试图用西方经济学来取代马克思主义经济学。文章的发表，当时引起学术界的极大反响，给马克思主义经济学的发展造成了极大的负面影响，至今这种影响仍未消除。因此在当前马克思主义经济学存在被边缘化趋向情形下，对这种观点的批判仍具有重要的现实意义。本节余下部分内容将对樊纲教授的《"苏联范式"批判》进行反批判。

由于樊纲先生的全部分析都是从对库恩的范式论的借鉴和运用开始的，所以，我也不得不跟着樊纲教授进入科学哲学领域对库恩的范式论作些观察。

一　库恩的范式论

1. 库恩范式的科学发展模式

托马斯·萨缪尔·库恩（Thomas Samual Kuhn，1922）是美国当代著名的科学史家和科学哲学家，历史主义的最主要代表。库恩以他的范式论闻名于世界自然科学和社会科学界。他的代表作是《科学革命的结构》

（1962）和《必要的张力》（自选文集，1977）等等。"范式"（也译作"规范"、"范例"等），原文是"Paradigm"，来自希腊文，含有"共同显示"的意思，由此引出模式、模型、范例等义。库恩认为，在一门科学发展的某个历史时期，往往形成了"科学共同体"（Community of science）。科学共同体是由一些学有专长的实际工作者所组成的。这些人受到了相同的教育，吸收了相同的技术文献，获得了相同的学科训练，"范式"就是科学共同体成员所共同具有的东西。在《科学革命的结构》一书中，范式包含三方面的内容：①共同的基本理论、基本观点和基本方法，这些为科学家们提供了共同的理论模型和解决问题的框架；②从心理上说是科学共同体成员所共有的信念；③指导和联系理论体系和心理认识的自然观。库恩强调，正是这样一种三位一体的范式作为科学活动的实体，成为在一定时期内进一步开展活动的基础。因而，科学的发展不仅是理论体系的运动，而且是这种包括自然观、理论体系和心理认识在内的范式的运动。库恩进一步将科学发展的模式概括为：前科学→常规科学→危机→科学革命→新常规科学……

前科学时期。库恩认为，科学是从前科学演化而来的，科学与前科学的区别就在于是否具有范式。在前科学时期，一门科学尚未形成范式，研究者对他们所从事的学科的基本理论的看法完全不同，各种学说争论不休。经过各种学说之间的激烈论争，终于以某一权威学说统一了整个学科。它就是被学术界所公认的范式。范式的建立标志着一门学科的发展臻于成熟。此后，科学发展便进入了"常规科学"时期。

常规科学时期。在这个时期，范式指导整个学科的研究活动。科学共同体成员们对共同的范式坚信不疑，他们的任务就是根据范式来解决科学研究中的难题，同时又通过解决这些难题来补充、完善范式。这是科学的"一个累进发展的时期"。当然，这期间的科学研究活动也会遇到一些反常现象。反常现象的特征是"顽固地拒绝被现有的规范所接受"。但是，在这个时期，范式的生命力还很强大，可以顶住或溶化反常，推动常规科学的发展。

科学革命时期。科学革命就是旧范式向新范式的过渡。所以，这个阶段包括危机、革命和新范式的诞生。在常规科学后期，由于反常现象的不断地出现，人们开始对现有的范式丧失信心，竭力寻找这个范式的弱点，怀疑在这个传统内部的研究是否有意义，并试图提出新的范式来代替现有的范式。库恩认为，新范式同它所取代的旧范式是水火不相容的，而且实际上也往往是不可通约的。他认为科学发展是范式的转换，这种转换是抛弃旧范式建立新范式，而不是旧范式转化为新范式的延续过程。他否认把科学的发展看成是进步的、接近客观真理的过程。他说："科学家并没有发现自然界的真理，他们也没有愈来愈接近于真理。"①

在库恩看来，范式并不是纯粹认识意义上的知识体系，而是知识的社会形式，即一定科学共同体的信念和行为准则。因此，从旧范式向新范式的转变，不是认识的深化，而只是科学家信念的转变。新范式的创立者和拥护者往往是科学共同体中的年轻一代，他们受旧范式熏陶不深，对旧范式信仰不坚定，容易对旧范式产生怀疑，是科学革命的进步力量。老一辈科学家思想保守，拒绝接受新范式，就像虔诚的宗教徒难以放弃旧教义、接受新教义一样，他们常常是科学革命中的保守力量。普朗克说："一个新的科学心理的确立，并不是通过反对者自己声明搞通了，而是因为反对者逐渐全部死光了，而新的一代从一开始就熟悉这个真理。"

据此，库恩指出："范式的转变是一代人的转变。"②

新常规科学时期。科学革命的结果是产生了新的范式，从而科学发展又进入一个新的时期—新常规科学时期。在新常规科学时期，科学研究在新范式指导下继续累进式地前进。科学遵循"危机—革命"这一模式周期地发展下去。

2. 学术界对库恩范式的认识

库恩的上述范式理论于 1962 年一问世，立刻引起了西方科学哲学界的激烈的论争。反对者分别从范式概念、常规科学、范式不可比等方面对范式论展开批判。同时，即便是在历史学派内部也提出了一些理论用以取代库恩的范式论：诸如拉里·劳丹（Larry Laudan）和达德利·夏佩尔（Dudley Shapere）分别以"研究传统"和"信息域"理论取代库恩的范式论，等等。我认为，库恩的范式论之所以出现了危机，是因为范式论本身存在着致命的缺陷。库恩将科学发展模式概括为"危机—革命"，这就把科学发展的量变与质变统一起来了。库恩不仅承认革命或否定的决定性作用，而且还承认保守或肯定的作用，认为常规科学时期对整个科学发展

---

① ［美］T. S. 库恩：《必要的张力》，福建人民出版社 1981 年版，第 284 页。
② ［美］T. S. 库恩：《科学革命的结构》，上海科学技术出版社 1980 年版，第 15 页。

来说是十分必要的。这些都比较符合科学发展的历史事实，具有较多的辩证思想，因而吸引了较多的科学家和哲学家的兴趣。但是，必须指出，库恩的范式论中的辩证思想是头足倒立着的，因而是很不彻底的。库恩和许多现代西方哲学家一样，对哲学基本问题采取回避和否定的态度。事实上，他对这个问题给出的是唯心主义的答案。他认为，科学家持有某种范式就等于戴上了一副有色眼镜。持有不同范式的科学家戴着不同颜色的眼镜看世界，因此他们所看到的世界是不同的。库恩用格式塔心理学的鸭兔实验来证明这个论点。面对一张用线条显示出来的似鸭非鸭、似兔非兔的图案，两个具有不同心理条件的观察者就会得出完全不同的结论。被预示为鸭的观察者认定此图案是鸭；相反，被预示为兔的观察者则认定该图案是兔。库恩从这个实验得出结论说：具有不同心理的人观察同一对象就会得出不同的结果，因此，每个人心目中的世界都是不一样的。那么，世界究竟是怎样的呢？库恩的回答是：世界是不可知的。如上所说，他认为，"科学家并没有发现自然界的真理，他们也没有愈来愈接近于真理"。他嘲笑那种追求真理与客观事实相符合的观点是"在追逐一种从常规科学同非常规科学的混合中冒出来的鬼火"。① 因此，库恩既否定了客观真理的存在，又否定了实践作为检验真理的标准。这样，在库恩那里，范式仅仅是科学共同体在不同的心理条件下所产生的信念，是一套被科学家用来消除疑点、应付环境的工具。作为信念，范式没有什么真假之分，因此，库恩可以心安理得地讲托勒密体系一点也没有犯错误。② 作为工具，范式有好用与不好用之分，迷信、神话如果在应付环境中有用，那么它们也和科学理论一样好。因此库恩大声疾呼：不能把占星术"排斥于科学之外"。③ 因此，库恩把范式的更替，不是说成是科学家认识的深化，而是他们内心信念或宗教信仰的转变过程。这就从根本上否定了科学发展的联系与规律性。库恩夸大新旧范式之间的"不相容性"，一味地强调对旧范式要"彻底抛弃"。这样库恩就看不到科学发展中的新旧学说之间的批判继承关系，用形而上学的否定观去解释新旧范式之间的更替过程。

总之，对库恩的范式论，我们既不能全盘肯定，也不能全盘否定，要

① ［美］T. S. 库恩：《必要的张力》，福建人民出版社 1981 年版，第 277 页。
② ［美］T. S. 库恩：《必要的张力》，福建人民出版社 1981 年版，第 276 页。
③ ［美］T. S. 库恩：《必要的张力》，福建人民出版社 1981 年版，第 272 页。

有两点论：既要看到库恩的范式论中有一定的辩证法思想，可供借鉴和利用，又要看到它的唯心主义的认识论基础和形而上学的否定观。另外，库恩也意识到了范式论的应用在自然科学领域和社会科学领域还是有一定差别的。库恩说："迄今的讨论的每一事件，虽是对自然科学和科学家而言，但同样也适用于其他许多领域。不过我的方法论要义只是为那些自然科学学科的，为其中展示出进化特征的领域的。"现在让我们来看一看樊纲教授是怎样对待库恩的范式论、是怎样把它应用于经济学领域的。

二　樊纲教授对库恩范式论的应用及其失败

1. 樊纲对"苏联范式"的概括和批判

樊纲教授认为，1979 年以来中国的经济体制和经济实践已经发生了巨大的变化。实践改变必然要求理论的改变。我们的经济理论在很大程度上还在受着"传统范式"的束缚。时至今日，我们已经有必要对我们旧的理论范式进行一番反思、清理与批判。樊纲教授要批判的"传统范式"或"旧的理论范式"就是"苏联范式"。

那么，什么是"苏联范式"呢？从《"苏联范式"批判》一文的行文中，我们看到"苏联范式"有两种含义：樊纲教授说，"中国经济学在 1979 年以前'社会主义政治经济学'的主流范式，应该说就是 50 年代初在斯大林主持下写成的苏联版《政治经济学教科书（社会主义部分)》的那个范式。……这本'教科书'所提供的体系，在当时可以说是唯一被普遍接受的、被大家所使用、所讨论的可以称作理论范式的东西，我们称之为'苏联社会主义政治经济学范式'，并简称为'苏联范式'"。[1]

在这里我们听到："苏联范式"就是"苏联社会主义政治经济学范式"，并不包括政治经济学资本主义部分的内容。这是"苏联范式"的第一种含义。同时，通读《"苏联范式"批判》全文，我们感到樊纲教授所讨论的"苏联范式"并不仅仅局限于上述含义。樊纲教授将政治经济学的"研究对象"、所有制问题、价值—价格理论、生产的"目的"和经济的"基本经济规律"并列作为"苏联范式"的基础理论。从这里我们认识到，樊纲教授所谓的"苏联范式"不仅包括上述的"苏联社会主义政治经济学范式"，而且还包括马克思的以资本主义生产方式为研究对象的

---

[1]　樊纲：《"苏联范式"批判》，《经济研究》1995 年第 10 期，第 71 页。

《资本论》的范式。这是第二种含义的"苏联范式"。从内容上来看，《"苏联范式"批判》一文所要批判和抛弃的确实是由马克思的《资本论》和斯大林主持下完成的苏联版《政治经济学教科书（社会主义部分）》所形成的范式。

樊纲教授用中国经济学界从 1979 年以来对"苏联范式"的基础理论的争论说明"苏联范式"出现了"危机"，或者说"中国经济学界正处在一种'科学革命'的过渡时期"。那么，科学革命所要建立的新范式是什么呢？《"苏联范式"批判》一文开头曾声称不打算在该文中讨论这个问题。但是，在该文中我们还是能读到樊纲教授所谓的新的范式。在说明学术界如何对待旧的范式时，樊纲教授说："在一小部分较早学习和接受了所谓'西方经济学'的青年学者中间，产生了另一种倾向，即，第三，认为原有的理论范式基本上是'过时的'，已无法面对经济现实，因此应采用新的范式，也就是运用一套新的概念、术语和分析方法，运用 100 多年来人类发展起来的现代经济学的各种理论和方法，来分析我们遇到的现实经济问题。"[1] 这是《"苏联范式"批判》一文中唯一的一处明确论述新范式的地方。

这里所谓的新的范式无非是指相对于马克思的《资本论》和苏联社会主义政治经济学范式而言的现代西方经济学范式。另外，樊纲教授在《现代三大经济理论体系的比较与综合》中曾特别指出："面对我们中国经济现实所提出的问题，我们首先要做的就是吸收、引进、学习、掌握各种经济学理论的科学成果，搞清楚它们的精神实质、理论特点，说明它们之间的相互关系，形成一种新的理论综合，然后在此基础上，加上我们自己的新的创造，最终建立起能够真正说明我国经济现实的运行过程和各种经济现象，能够指导我们的经济实践的新的基础理论体系。"

樊纲教授认为，马克思主义经济学与西方正统经济学的一个最基本的差别，就是对同一社会经济活动进行研究的角度上的差别。马克思主义经济学着重从社会关系方面考察了经济活动，即着重研究了经济活动中人们相互间历史地发生的社会关系及其发展演变的原因和规律。相反，西方正统经济学则是将经济活动的社会方面，即经济关系、经济制度等视为给定的背景条件，甚至完全抽象掉，着重从人与物的关系、人类物质生产与物

---

① 樊纲：《"苏联范式"批判》，《经济研究》1995 年第 10 期，第 72 页。

质需要的角度，考察社会经济活动，着重研究的是如何配置物质资源、选择生产技术，以满足人们的各种物质需要的问题。从"不同角度论"出发，樊纲教授提出了在马克思主义体系基础上建立"马克思主义新综合"。这可谓是樊纲教授的新的理论范式的又一种含义。这个新的理论范式的基础理论包括价值—价格理论、分配理论、生产理论、增长与循环理论。[①]

2. 樊纲对库恩范式的运用没有贯彻唯物主义

樊纲教授试图改造和运用库恩的范式论来分析中国经济学界的范式更替问题，这种探索精神是值得称道的。但是，我不能不遗憾地说，樊纲教授的这种探索基本上是失败的。樊纲教授在《"苏联范式"批判》一文中，以经济体制和经济实践的变化引出经济理论范式的更替，这不能不说是对库恩范式论的唯物主义的改革。然而，樊纲教授没能把这种思想贯彻始终。

首先，樊纲教授没有把唯物主义贯彻到社会历史领域。在《"苏联范式"批判》一文中，樊纲教授将马克思的以资本主义生产关系为研究对象的《资本论》与以社会主义生产关系为研究对象的苏联版《政治经济学教科书（社会主义部分）》放在同一个"苏联范式"之中予以批判，就足以说明樊纲教授缺乏历史观点、不懂得政治经济学本质上是一门历史科学。

诚然，恩格斯曾向我们提出要创立广义政治经济学——研究人类各种社会进行生产和交换并相应地进行产品分配的条件和形式的科学——的任务。但是，广义政治经济学必须建立在对人类社会发展各个历史时期的特定生产关系进行研究的狭义政治经济学的基础之上。事实上，我们只有将以资本主义生产关系为研究对象的政治经济学与以社会主义生产关系为研究对象的政治经济学区别开，并在马克思研究资本主义生产关系以及资本主义以前各社会形态生产关系研究的成就基础上系统地、科学地研究了社会主义生产关系，才能创立起真正科学的广义政治经济学。关于樊纲教授在政治经济学研究对象上的唯心主义错误，我将在本文的最后部分详细讨论。

其次，樊纲教授没有从根本上克服库恩范式论中的相对主义的错误。樊纲教授虽不否认客观真理的存在，但却未能划清真理与谬误的界限。前

---

① 樊纲：《现代三大经济理论体系的比较与综合》，上海三联书店 1994 年版。

文提到，库恩曾大声疾呼：不能把占星术排斥在科学之外。樊纲教授则倡导要建立一个"运用100多年来人类发展起来的现代经济学的各种理论和方法，来分析我们遇到的现实经济问题"的新的理论范式。樊纲教授将西方正统经济学看作是一个自圆其说或逻辑上能"说得通的"科学范式，这就混淆了真理与谬误的界限。西方经济学，特别是西方正统派经济学，作为一个理论体系是庸俗的、不科学的。在这方面学术界有很多说服力较强的论述，由于篇幅所限，本文不便在此重复。

此外，樊纲教授认为，"苏联"已不复存在了，"我们的确到了批判和抛弃'苏联范式'的时候了"。足见樊纲教授对"苏联范式"的憎恶和抛弃"苏联范式"之后的喜悦，也足见樊纲教授的否定观与唯物辩证法的否定观的差距之远。

再次，必须承认，樊纲教授对苏联版《政治经济学教科书（社会主义部分）》以及中国经济学界的某些混乱倾向的批判，是切中要害的。例如，樊纲教授所鄙视的"不要基础理论、只要分析现实问题、进行对策研究"的倾向，至今仍在我们经济学界广泛流行。再如，樊纲教授所不屑一顾的通过论证劳动者个人所有制（股份制）本质上等同于马克思的公有制的办法，来论证公有制可以与市场经济相兼容以及通过对第二种含义的社会必要劳动的研究将需求因素引入价值决定等，这些论证方法确实有些庸俗，以至于污染了我们经济学研究的环境。又如，樊纲教授对某些社会主义经济规律主观杜撰性的批评，也是比较符合实际的。我认为，樊纲教授的这些批评对我们加强和改善经济学研究工作，是有积极意义的。

但是同时我们必须指出，社会主义经济理论范式尚待创造。苏联版《政治经济学教科书（社会主义部分）》确实存在许多缺点和错误，这些缺点和错误也急待我们去总结和克服，但它毕竟是对新生的社会主义经济制度下经济关系的一次伟大的探索。在社会主义经济制度尚处幼年时期，指望能拿出一个成熟的经济学范式，这是脱离实际的主观幻想。

我认为，如果我们彻底抛弃库恩范式论中的唯心主义认识论基础，那么，范式论不是不能被我们运用的。如果以范式概念来表示一门科学研究中的认识论、研究方法、逻辑以及相应的基础理论，那么，我们不能不承认，在中外经济思想史上各家各派的经济学说中，唯有马克思以资本主义生产方式为研究对象的政治经济学才能称得上是一个科学范式。我把它称为马克思范式。以社会主义生产方式为对象的社会主义政治经济学范式尚待我们根据社会主义经济实践进行总结、概括和创造。

今天许多马克思主义经济学家，从研究以资本主义生产方式为对象的马克思经济学转而研究社会主义经济理论，这就是科学革命即从马克思范式向社会主义经济理论范式的转化。因为社会主义经济制度还处于幼年期，许多经济规律还未通过经济过程和经济现象暴露出来，这就给社会主义经济规律的发现带来了实践方面的困难。因此，我们不能指望在一朝一夕就能有奇迹发生。

然而，我更相信，社会主义政治经济学范式与马克思范式有更多的继承关系。爱因斯坦在总结自己的科学生涯时曾说："牛顿啊，请原谅我；你所发现的道路，在你那个时代，是一位具有最高思维能力和创造力的人所能发现的唯一的道路。你所创造的概念，甚至今天仍然指导着我们的物理学思想，虽然我们现在知道，如果要更加深入地理解各种联系，那就必须用另外一些离直接经验领域较远的概念来代替这些概念。"[1] 我认为，创立社会主义政治经济学范式的中国经济学家应该用爱因斯坦对待牛顿的态度来对待马克思范式。我不赞成库恩的"只有承认牛顿的理论是错误的，爱因斯坦的理论才能被接受"的"范式不可通约"的观点[2]，也不赞成樊纲教授对"苏联范式"（实际上包括马克思范式在内）的全盘否定的观点。

总之，樊纲教授对库恩范式论的应用，除继承了库恩范式论的形式上的辩证外观以外，并没有抛弃其唯心主义、相对主义的错误，甚至在个别地方还有退步。

3. 樊纲选择的"马克思主义新综合"范式的破产

抛弃"苏联范式"以后，中国经济学界应该采取什么样的新的范式呢？如上所述，对这个新的范式樊纲教授给出了两种答案：其一是"运用一套新的概念、术语和分析方法，运用100多年来人类发展起来的现代经济学的各种理论和方法，来分析我们遇到的现实经济问题"。其二就是由樊纲教授提出的"马克思主义新综合"范式。

---

① 《爱因斯坦文集》，商务印书馆 1976 年版，第 14—15 页。

② 库恩的范式不可通约的观点，在《科学革命的结构》（1962）出版以后，受到了各方面的批评，后来在《对批评的答复》（1965）一文中，库恩改用"部分交流"来取代范式不可通约概念。虽然后者仍不能完满地表达新旧范式之间的既继承又变革的辩证关系，但这毕竟说明库恩有克服范式论的相对主义错误的企图。樊纲先生对此却毫无觉察。

对于前者，我认为，第一，根据库恩的常规科学的定义①，运用西方经济学的理论与方法解决中国现实经济问题，是常规科学而不是科学革命；第二，因为西方经济学、特别是西方正统经济学从总体上来看是庸俗的、不科学的，所以，这种西方经济学范式也构不成真正科学意义上的理论范式。以下我将以政治经济学的研究对象和价值理论为例来剖析一下所谓"马克思主义新综合"范式。

（1）就研究对象而言。关于政治经济学的研究对象，樊纲教授提出了"不同角度论"。如上所述，樊纲教授认为，社会主义经济关系，一方面是人与物的关系，另一方面是人与人的关系。马克思主义经济学着重研究人与人之间的关系，而西方正统经济学着重研究人与物之间的关系。两者是对同一对象的不同角度的研究，都有一定的科学性，又都有一定的片面性。因此，可以实现两者的综合。

然而，樊纲教授在援引了萨缪尔逊和恩格斯关于经济学研究对象的定义之后惊异的发现：恩格斯的定义"从形式上看与萨缪尔逊的定义区别不大"。樊纲教授还承认，"某些凯恩斯主义者，特别是后凯恩斯主义者们，分析了各种不同的收入（工资和利润）以及它们在经济活动中的不同作用，因此他们的理论与马克思主义是存在相同之处的……它们在一定程度上都分析了资本主义的特殊经济关系"。② 事实上，在社会生产中，反映人与物之间的关系的生产力是生产的物质内容，反映人与人之间关系的生产关系是生产的社会形式。西方正统经济学作为与自然科学、技术科学相区别的社会科学显然不能以生产的物质内容，而只能以生产的社会形式——社会生产关系为研究对象。

但是，西方资产阶级经济学家由于其阶级局限性使他们不敢公开承认这一事实。尤其是资产阶级和无产阶级的阶级矛盾上升为资本主义社会的主要矛盾以后，西方资产阶级经济学家更是极力歪曲和掩盖这一事实。他们标榜他们的经济学是研究人与物之间关系的、中性的、超阶级的科学。同时，他们又极力地歪曲马克思主义经济学的阶级性与科学性，声称马克

---

① "常规科学"是指严格根据一种或多种已有科学成就所进行的研究，某一科学共同体承认的这些成就为它在一定时期内进一步研究提供了基础。（库恩：《科学革命的结构》（1962），第 10 页。）

② 樊纲：《现代三大经济理论体系的比较与综合》，上海三联书店 1994 年版。

思主义经济学是批判（或革命）的经济学。

现在樊纲教授也跟着说，"马克思当年研究经济学的特殊社会目的是批判资本主义经济制度，而不是如何在资本主义制度下改善资源配置、提高生产效率"。并杜撰出了社会经济关系研究的"不同角度论"①，按照资产阶级经济学家的逻辑，资本主义经济制度就是这样一个怪物：当无产阶级及其经济学走过去要革它的命、去埋葬它的时候，它就适应这个阶级的要求，变成一个走向死亡的制度。当资产阶级及其经济学走过去要它长生不老，它就适应这部分人的要求而万寿无疆。

现在樊纲教授在逻辑上更前进了一步，让这两部分人及其经济学同时走过去，一方要它死去，一方要它活着，这时资本主义经济制度就以一个又死又活、又鸭又兔②的怪物而现了原形。我认为，马克思主义经济学与资产阶级经济学的区别，不在于二者的研究对象和研究材料（包括樊纲教授所说的研究角度）方面，而在于它们根本的立场、观点和方法的分歧。马克思说："辩证法，在其合理形态上，引起资产阶级及其夸夸其谈的代言人的恼怒和恐怖，因为辩证法在对现存事物的肯定的理解中同时包含对现存事物的否定的理解，即对现存事物的必然灭亡的理解。"③

马克思在批判地继承了资产阶级古典经济学科学成就的基础上创立了无产阶级政治经济学，对资本主义生产方式的产生、发展和必然灭亡的规律进行了全面的阐述：首先，它从批判封建的生产形式和交换形式的残余开始，证明封建主义必然要被资本主义所代替；然后它把资本主义生产方式和相应的交换形式二者的规律从正面，即从促进一般的社会目的的方面来加以阐述；最后对资本主义的生产方式进行社会主义的批判，也就是从反面来叙述它的规律，证明资本主义生产方式由于它本身的发展，已经达到使它自己不可能再存在下去的地步。可见，马克思主义政治经济学并不像西方资产阶级经济学家和我们的樊纲教授所说的那样，只是革命的、批判的，不是建设的、资源配置的。

西方正统经济学也不像西方学者自己所标榜的那样，只研究人与物之

---

① 樊纲：《"苏联范式"批判》，《经济研究》1995 年第 10 期，第 74 页。

② 面对格式塔心理学的鸭兔实验，樊纲先生与库恩的区别只在于：库恩认为是鸭是兔不可知，而樊纲先生认为是又鸭又兔的怪物。

③ 《马克思恩格斯全集》第 23 卷，第 24 页。

间的关系。西方经济学发展的历史表明：在资本主义刚刚从封建生产方式中脱胎出来的时候，资产阶级经济学可以从批判封建生产形式和交换形式的残余开始，证明资本主义生产方式取代封建生产方式的必然性；在资本主义生产方式处于上升时期，资产阶级经济学在一定程度上还可以从促进社会生产力发展的角度，从正面把资本主义生产形式和交换形式的规律加以阐述。

一旦资本主义的生产形式和交换形式日益成为生产发展本身所无法忍受的桎梏；一旦资本主义的生产形式和交换形式所必然产生的分配方式造成日益尖锐的阶级对立，即造成了人数越来越少但是越来越富的资本家阶级和人数愈来愈多而总的来说处境愈来愈恶劣的一无所有的工人阶级之间的尖锐对立；一旦资本主义生产方式内部所造成的、它自己不能再驾驭的、大量的生产力，正等待着为有计划地合作而组织起来的社会去占有；一旦资本主义生产方式发展到科学必须从反面来叙述它的规律的时候，资产阶级经济学由于它的阶级性就再也不能从科学出发进行研究，转而为维护资产阶级利益而辩护。

因此，马克思主义经济学与现代西方正统派经济学的对立是科学与伪科学、真理与谬误的对立；根本不是某些西方学者所认为的是公说公有理、婆说婆有理；更不是樊纲教授所认为的公说婆说都有理。因此，政治经济学研究对象的"不同角度论"纯属樊纲教授的理论虚构，没有任何客观事实为依据。

（2）就价值理论而言。诚如樊纲教授所说的，价值理论是任何经济学理论中最基础的理论内容之一。科学的劳动价值论是科学的剩余价值理论的基础，也是整个马克思主义政治经济学的理论基础。自马克思的科学巨著《资本论》问世以来，西方资产阶级经济学家纷纷从不同方面向马克思的劳动价值论提出挑战，但均未获得成功。在马克思的劳动价值论的挑战者队伍中，奥地利经济学家庞巴维克也算是荣耀一时的人物。他在宣扬边际效用价值论的同时疯狂地攻击马克思劳动价值论。他于1896年发表《马克思体系的终结》一文，认为马克思的《资本论》第三卷否定了第一卷，因此马克思体系已经崩溃。由于庞巴维克对劳动价值论的攻击手法过于低劣和露骨，西方资产阶级经济学界对劳动价值论的挑战很快不再采用庞巴维克式的攻击。庞巴维克一定不会知道在他向马克思劳动价值论挑战失败差不多100年以后的今天，有一位中国学者樊纲教授将他的边际效用价值论和马克思的劳动价值理论综合在一个体系里。因此，无论是对古人还是对今人负责，我们都必须认真对待樊纲教授的"马克思主义新综合"范式中的价值理论。

樊纲教授认为，马克思对经济学发展所作出的一项贡献是他从古典经济学的价值概念中明确区分了价值与使用价值，然后明确地用劳动来解释价值，而将有用物对于人所提供的有用性，定义为使用价值。同时他又把交换价值理解为"价值与使用价值的矛盾统一"。后来的一些马克思主义经济学家都只注意到了马克思的劳动价值论，却忽视了他的"交换价值理论"①，使劳动价值论因为不能成功地引进需求，不能吸收 100 年来现代经济学成就而陷入了绝境。

现在，我们就来看一下樊纲教授是怎样使劳动价值论走出绝境的。樊纲教授引证了马克思《资本论》第一卷第一章分析简单价值形式时的两段话作为马克思的重要命题，这个重要命题的内容是："潜藏在商品中的使用价值和价值的内部对立，就通过外部对立，即通过两个商品的关系表现出来了"，"所以，一个商品的简单的价值形式，就是该商品中所包含的使用价值和价值的对立的简单表现形式"。由此命题出发，樊纲教授作出了三个推论②：

推论一：交换价值形态中"一种使用价值与另一种使用价值相交换的关系或比例"，只是一种"表现形式"，在它背后，较深一层的关系实际上是价值与使用价值之间的关系。

推论二：交换价值本身既是价值的表现形式，也是使用价值的表现形式。

推论三：交换价值（价格）的量的规定，同时包含着价值量的关系和使用价值量的关系。

推论三是樊纲教授综合马克思的劳动价值论和边际主义的边际效用价值论的基本理论框架，樊纲教授进一步将价值关系概括为 $P_a = L_a / L_b$（其中，P_a 表示商品 A 的价格；L_a 表示为生产一单位商品 A 所需的社会必要劳动；L_b 表示为生产一单位商品 B 所需的社会必要劳动）。关于使用价值关系，樊纲教授引进了边际效用价值论的效用最大化条件：U'_a（x）／

---

① 樊纲：《"苏联范式"批判》，《经济研究》1995 年第 10 期，第 76—71 页。

② 樊纲：《现代三大经济理论体系的比较与综合》，上海三联书店 1994 年版。

$P_a = U'_b (y) / P_b$ ［其中 $U'_a (x)$ 表示消费者消费 X 量商品 A 时所得到的边际效用；$U'_b (y)$ 表示消费者消费 Y 量商品 B 时所得到的边际效用，P_a 和 P_b 分别代表商品 A 和商品 B 的价格］令商品 B 的价格 $L_b = 1$，得到：$P_a = U'_a (x) / U'_b (y)$。将价值关系和使用价值关系综合起来，则有：

$$P_a = U'_a (x) / U'_b (y) = L_a / L_b \qquad (6-1-1)$$

这就是樊纲教授赞不绝口的均衡价格公式。在联等式的右边是价值关系；在左边，是商品之间的使用价值关系。按樊纲教授的说法："价格（交换价值）作为价值形式和使用价值形式的对立统一性质，便以这种确定的方式得到了直观的表现。"还可以化为：

$$U'_a (x) / L_a = U'_b (y) / L_b \qquad (6-1-2)$$

公式（6-1-2）在形式上很接近于新古典学派的消费者均衡的条件。二者的区别仅在于：新古典学派的消费者均衡条件的含义是每一单位货币所购买的任何商品的边际效用都相等。而（6-1-2）式的含义则是每一单位的抽象劳动在任何商品生产中所能提供的边际效用都相等。

在樊纲教授的上述"马克思主义新综合"范式的价值论中，有许多思想混乱。如，在使用价值关系中，将马克思的客观使用价值概念解释成主观价值论的效用概念。再如，在价值关系中，经常混淆价值、交换价值和价格等。由于篇幅所限，不能在此一一展开进行分析。现在我们来谈另外一点。从上面的分析我们看到：樊纲教授将马克思的劳动价值论与边际效用价值论纳入一个体系的基本依据或桥梁，就是"马克思的'交换价值理论'"，或者更具体一点说就是樊纲教授的推论三。那么，人们自然要问：马克思究竟有没有樊纲教授所理解的那种"交换价值理论"？樊纲教授所理解的那种"交换价值理论"与马克思的劳动价值论是一种什么样的关系？

让我们首先来回答前一个问题。回答这个问题很简单，只要把被樊纲教授所引证的马克思"重要的理论命题"放回到马克思的原著中去，这个问题就会真相大白了。马克思在《资本论》第一卷中即将结束对简单的价值形式分析时，说："更仔细地考察一下商品 A 同商品 B 的价值关系中所包含的商品 A 的价值表现，就会知道，在这一关系中商品 A 的自然形式只是充当使用价值的形态，而商品 B 的自然形式只是充当价值形式或价值形态。这样，潜藏在商品中的使用价值和价值的内部对立，就通过外部对立，即通过两个商品的关系表现出来了，在这个关系中，价值要被表现的商品只是直接当作使用价值，而另一个表现价值的商品只是直接当作交换价值。所以，一个商品的简单的价值形式，就是该商品中所包含的使用价值和价值的对立的简单表现形式。"①

联系上下文我们看到：所谓的"潜藏在商品中的使用价值和价值的内部对立，就通过外部对立，即通过两个商品的关系表现出来了"，在这里无非是说：当商品 A 与商品 B 相交换时，商品 A 中所包含的使用价值和价值的内部对立，表现为商品 A 的自然形式只充当使用价值形态，而商品 B 的自然形式只充当价值形态。所谓的"简单表现形式"就是相对于价值形式继续发展而出现的"扩大的价值形式"、"一般的价值形式"和"货币形式"而言的。如果我们概括一下樊纲教授所说的马克思重要的命题的内容，那么它可以表述为：在简单价值形式中，商品内在的使用价值和价值的对立就会通过两个商品，一个商品作为使用价值，另一个商品作为价值，而外在地表现出来。

这个命题的推论是：①在扩大的价值形式中，商品内在的使用价值与价值的对立就会通过一个商品作为使用价值，其他许多商品作为价值，而外在地表现出来……②在货币形式中，商品内在的使用价值与价值的对立就会通过众多的商品作为使用价值，货币商品作为价值，而外在地表现出来。如此简单的道理，确实如樊纲教授所说的："读过《资本论》的人都知道上述命题所包含的理论内容。"然而，我们感到奇怪的是，如此简单的内容，樊纲教授为什么不把它明确地表述出来？带着这个问题我们来分析一下樊纲教授的推论一。推论一的内容是："交换价值形态中'一种使用价值与另一种使用价值相交换的关系或比例'，只是一种'表现形式'，在它背后，较深一层的关系实际上是价值与使用价值之间的关系。"从文字表述来看，推论一本身并不错误。

但从樊纲教授的论证过程来分析，这一推论就存在问题了。樊纲教授论证说："《资本论》第 1 卷第 1 章的分析过程是：首先从作为表现形式的交换价值，即不同物品的交换比例关系入手，直接揭示价值规定，然后再返回分析交换价值形式，并作为这种分析的结论，揭示出交换价值实质上是商品内部矛盾的外化，是价值与使用价值之间矛盾关系的表现。"

到这里樊纲教授还是对的，他首先承认，马克思从交换价值入手揭示

① 《马克思恩格斯全集》第 23 卷，第 76 页。

了交换价值的本质和内容是价值，其次，他也承认，马克思又返回来分析了交换价值形式，分析结论是交换价值是商品内部使用价值和价值的矛盾作用的结果。所以，价值是交换价值的内容和本质，交换价值是价值的表现形式。

可是樊纲教授接着说："这也就是说，交换价值本身也有一个形式和内容的问题：物品间交换的比例，是它的形式；而它的内容则正是价值与使用价值之间的关系。"从这里我们才看清樊纲教授推论一的真实内容，也看到了樊纲教授的逻辑混乱。樊纲教授推论一的真实内容是：交换价值是形式，价值和使用价值的关系是内容和本质。显然，"也就是说"在这里连接的是两个不同的理论。前者是马克思的正确结论，而后者则是樊纲教授自己的理论。樊纲教授在这里混淆了价值形式发展的原因和价值形式所表现的内容，把价值形式发展的原因误解为价值形式所表现的内容。由此，作进一步推论的樊纲教授的推论二和推论三自然也不是马克思命题的推论。

现在，我们来回答上面所提出的第二个问题，即樊纲教授所理解的那种"交换价值理论"与马克思的劳动价值论是一种什么样的关系？了解西方经济学的人都会知道，西方学者关于"转形问题"争论了百余年。为什么西方学者对价值转化为生产价格的两个恒等式——价格或更确切地说生产价格总额与价值总额相等，平均利润总额与剩余价值总额相等——所谓的不能同时存在那么感兴趣？原因在于西方学者一直试图建立没有价值的价格理论。如果樊纲教授所理解的"交换价值理论"能够成立，那么，西方学者就不必再在"转形问题"上继续争论了，甚至这场争论或许就不会发生。因为按照樊纲教授的推论三，交换价值（价格）的量的规定，同时包含着价值量的关系和使用价值量的关系。所以，追求价格总额与价值总额相等是一件毫无意义的事情。这样，萨缪尔森就可以尽情地喊：用劳动价值论的价值价格的方法，"人们可以从燃素'转化'为熵；从托勒密'转化'为哥白尼；从牛顿'转化'为爱因斯坦；从创世纪'转化'为达尔文"。[①]

总之，樊纲教授对劳动价值论和边际效用价值论综合的失败，宣告了

---

①　萨缪尔森：《理解马克思的剥削概念：马克思的价值与竞争价格间所谓转化问题的概述》，《现代国外经济学论文选》第三辑，商务印书馆1982年版，第107页。

所谓的"马克思主义新综合"范式的破产。这里再一次昭示人们：任何对西方经济学体系的不切实际的幻想都必须放弃！

第二节　对用演化论统领马克思主义经济学发展观的批判

演化经济学是流行于 20 世纪七八十年代西方经济学界的一种思潮，它们强烈反对新古典主义的实证主义、方法论个人主义、公理化演绎、理性选择等的研究范式，强调要以历史的、制度的分析框架来替代新古典主义的理性、个人主义的分析框架。这种思潮可追溯到 19 世纪中叶以来自然史和自然科学中的"达尔文革命"。达尔文在其著作《物种起源》中指出，人类是经过进化的过程，从某种低级的生物发展而来。这一思想，对于认为人类是由神创造的宗教给予了极大的打击，被认为是具有十分革命性的。这一思想同时也动摇了认为人类的本质是不变的哲学，以及所有建立在这样哲学基础上的人文社会科学。我们知道，达尔文的"三位一体"的遗传、变异和选择原理是对科学史具有非常重要贡献的。它对人类思想和哲学史的贡献远不止于此。著名生物学思想史家迈尔曾写道，在《物种起源》发表 100 年后，人们才充分理解了达尔文的概念框架实际上是一种新的哲学体系。[①]

进化思想同时也推进了经济学演化思想的萌芽。19 世纪后期，以德国经济学家李斯特为代表的历史学派，在其以统计和历史方法构建经济学的思路中就体现了社会经济现象进化的观点。马歇尔曾在其著作《经济学原理》的序言中指出，"经济学所要达到的圣地以其说是经济动力学，不如说是经济生物学"[②]，认为在未来的经济学领域，将要用进化论来表示经济学。

然而意外的是，这场"达尔文革命"并没有给当时的经济学带来革命性变化。恰在此时，在经济学说史上正经历着牛顿力学模式的"边际革命"。威特曾写到，19 世纪下半叶，在两个不同学科几乎同时发生了库

---

① Hodgson, G. M. (2001), *Darwin, Veblen and the Problem of Causality in Economics*, in Hist, Phil. Life sci., p. 23.

② 马歇尔：《经济学原理》，商务印书馆 1965 年版，第 5 页。

恩式的"科学革命"，一个是自然史中或科学中的著名的"达尔文革命"，另一个是经济学中的"边际革命"。① 尼古拉斯·乔治斯库—罗根对此评论道："正当杰文斯和瓦尔拉开始为现代经济学奠基时，物理学一场惊人的革命扫荡了自然科学和哲学中的机械论教条。奇怪的是，'效用和自私自利的力学'的建筑师，甚至是晚近的模型设计师，看来都没有及时地觉察到这种没落。"② 威特也认为，经济理论主要关心的是经济的均衡力量和最优状态，而无所不在的变化基本上被忽视了，这是现代科学实践的一个谜团。边际革命所确立的是一种倒退的、牛顿主义的和反历史的经济学主流。

20 世纪 80 年代，社会进化理论的发展，给演化经济学复兴带来了生机。纳尔逊、温特等毫不掩饰地表明自己的理论是社会生物学启发的结果。纳尔逊和温特在他们的著作《经济变化的演化理论》中开始提出"演化经济学"一词，此后这一术语在经济学界开始流行起来。对新古典分析范式的批判，是催生经济学演化方法复兴的直接原因。很显然，演化经济学的复兴在很大程度是基于这样一种信念，即经济学应该是演进的，而不是物理学机械意义上的。它们反对新古典的"经济学同物理学相类比则更为恰当"的观点。然而，尽管演化经济学以反新古典的姿态出现，一个值得思考的问题是，新古典和演化经济学是否真的如水与火不相容关系，抑或两者互补？本节试图通过对演化经济学发展历程的回顾，分析演化经济学与新古典经济学和马克思主义经济学之间的关系，并试图阐述演化经济学的复兴对马克思主义经济学发展的意义。

一　演化经济学对新古典经济学的革命

1. 新古典经济学的范式危机与演化经济学的兴起

20 世纪 70 年代以来，西方经济学界的新古典范式开始陷入危机③，一方面是因为新古典经济学越来越注重数学的形式化，而离经济现实越来

---

① 贾根良：《演化经济学译丛总序》，载于库尔特·多普菲编《演化经济学：纲领与范围》，高等教育出版社 2004 年版。

② Georgescu-Roegen, N., The Entropy Law and the Economic Process, Harvard University Press, 1971, pp. 2 – 3.

③ 贾根良：《进化经济学：开创新的研究程序》，《经济社会体制比较》1999 年第 3 期，第 67—72 页。

越远；另一方面，社会科学领域演化思想的发展，以及自然科学的发展，使经济学家们逐渐认识到新古典经济学范式的缺陷。

现代的新古典经济学起源于 19 世纪下半叶的边际革命。新古典经济学通过证明经济均衡的存在和稳定性取得了独立地位。经典力学范式是新古典经济学的思想来源。18 世纪的物理学家发现，在物体或质点相对运动的力学框架中，均衡是一个运用广泛的概念。物体的静止状态，在物理学力学意义上也可以用一个均衡方程来描述。信奉和谐的早期现代哲学基本上都是从这种思想中获得灵感的。新古典经济学也不例外，它根据物理力学原理来考察产品市场和要素市场的均衡，并进一步推演出一般均衡理论。

新古典经济学的主流地位只是在第二次世界大战后才被确立。19 世纪中叶之后的 100 年间，经济学可谓是百花齐放的多元时期。德国的历史学派、美国的老制度学派、奥地利学派等都在该时期发展出自己的分析框架和范式。而新古典经济学能够在这些众多理论中胜出，成为经济学的支配范式，首先是这种分析范式方法论上的个人主义和理性假定，与资产阶级的价值观是十分相符的；其次是在于它形式上的相对精致，尤其是数学方法在新古典分析中的广泛应用。这种形式上的精致对理论工作者来说极具诱惑力。如果按照演化经济学者们的解释，"经济学的路径依赖效应，其原理也可以被用来解释新古典经济学怎样成为主流，解释由此所导致的经济学科的式微。我们可以在经济思想史中发现些微的线索，它解释了为什么 20 世纪 30、40 年代新古典经济学而非与之竞争的制度经济学或其他相关理论成为经济学的支配范式"。①

自物理学的均衡范式引进新古典经济学以来，经济学中的数学化倾向愈趋严重。1950 年以来，以阿罗—得布鲁价值模型为代表的公理化体系，将新古典经济学的数学模型化倾向推向了一个高峰。由于数学方法高度的抽象性、精确性和逻辑的严谨性，使得许多经济学家认为数学理性方法是唯一能够给经济学提供科学性和完整性的方法。然而经济现实是复杂多变的，新古典的数学模型只能给出现实的近似描述，对现实的把握只能是相对的、有条件的。数学化虽然给经济学披上了貌似严谨的公理化外衣，但

---

① 多普菲：《演化经济学：分析框架》，载于库尔特·多普菲编《演化经济学：纲领与范围》，高等教育出版社 2004 年版，第 4 页。

却是一种以牺牲经济内容为代价、追求纯数学形式的唯美主义所片面发展的结果。传统观念中，主流经济学通常被视为一门现场观察性科学。这种方法偏好导致经济学理论难于证伪，更难于证实。由于客观经济环境的高度复杂性、多种因素的交互作用与混合影响，使得许多经济学命题或假定变得似是而非，从而严重影响经济学理论的科学性。

20世纪初到20世纪80年代，自然科学的发展是演化经济学发展的直接推动力。自达尔文以来，生物学取得了巨大进展。新达尔文主义将达尔文理论与孟德尔的"基因"理论结合起来，来说明遗传过程。新达尔文主义认为，基因决定了一个物种个体或物种间的差异，是代际遗传连续性的根源，而表型生活的环境对基因突变进行了选择。其中，表型是指有机体外部特征和形态结构。当然也有学者对此提出了质疑，认为选择可以在不同层次上展开，淘汰过程也可以在整个物种水平上发生。还有学者认为，新物种的形成不仅仅是突变的累积，环境的快速变化也可能是物种形成的主要原因。这就是生物学"间断平衡"进化理论。这一理论认为，在环境发生突变时，进化变得相对较慢，一直到环境对生物群体的进化提出了新的挑战。生物学进化论对经济演化理论的影响，最重要的是"基因类比物"概念的引入，霍奇森介绍了经济学中的许多"基因类比物"，如人类习惯，组织惯例，社会制度甚至整个经济体系。

物理学的发展，尤其是耗散结构理论、量子力学和混沌理论的提出，对演化经济学的兴起也起了重要作用。耗散结构理论是比利时布鲁塞尔学派著名的统计物理学家普里戈金等于20世纪70年代所提出的一种物理学理论，它主要研究远离平衡态的开放系统从无序到有序的演化规律。耗散结构是指处在远离平衡态的复杂系统在外界能量流或物质流的维持下，通过自组织形成的一种新的有序结构。耗散结构理论把复杂系统的自组织问题当作一个新方向来研究。在复杂系统的自组织问题上，人们发现有序程度的增加随着所研究对象的进化过程而变得复杂起来，会产生各种变异。针对进化过程时间方向不可逆问题，借助于热力学和统计物理学用耗散结构理论研究一般复杂系统，提出非平衡是有序的起源。耗散结构理论比较成功地解释了复杂系统在远离平衡态时出现耗散结构这一突变现象，并得到广泛的应用。不难发现，主流经济学隐含着经济过程的可逆性假设，即当经济系统受到外部随机或暂时因素冲击可能偏离均衡，但随着冲击的消失，经济系统将回到均衡。但根据耗散结构理论，这个假设是不能成立的，因为耗散理论的时间具有不可逆性，因而经济系统内部不可能回到原来的均衡。

量子力学的"测不准原理"告诉人们，宇宙的目前状态不可能被完全测量，未来的事件就更不能被完全准确地推论了。混沌理论最通俗的表达是"蝴蝶效应"，意即，在混沌系统中，任何微小的变化都会被指数级放大，导致系统内在地预测困难。如果将量子力学和混沌理论运动到经济系统，新古典的牛顿力学的机械决定就显得过于简单。而且经济系统充满了不确定性，这些不确定性也是不可忽略的。

这些自然科学的发展在很大程度上推动了经济演化思想的复兴。凡勃伦深受德国历史学派和达尔文进化论的影响，将生物演化论运用到经济方面，他在《有闲阶级论》中曾写道："社会结构的演进，却是制度上的自然淘汰过程"，并认为社会进化既没有方向，也没有目的，演进是建立在现代科学基础上的。熊彼特的著作被认为为现代演化经济学的发展提供了起始点。熊彼特的演化思想主要体现在创新理论中，他把创新看作经济变化的主要推动力，强调经济过程中的非均衡特征，突出企业家和技术创新在"创造性毁灭过程"中的核心作用。哈耶克的"自发秩序"理论也被现代演化经济学文献广泛引用。哈耶克认为，组织形式或秩序可以分为认为秩序和自发秩序。"自发秩序"产生于个体为实现自我利益过程，是非目的性的结果，是适应性进化的结果。以上这些学者的演化思想被认为是演化经济学兴起的先驱。

1982年纳尔逊和温特的专著《经济变迁的演化理论》被认为是现代演化经济学的奠基之作。自这本著作出版以来，"演化"一词在西方经济学界变成越来越时髦的术语。在过去的近30年中，演化经济学的各种研究传统得到很大发展。霍奇逊曾指出，现代演化经济学的兴起已成为20世纪末国际学术界主要的事件之一。

2. 对新古典经济学方法论的批判及演化范式的构建

现代演化经济学通常被认为是对以新古典经济学为代表的主流经济学的革命和反叛，因为演化经济学不仅在理论上与新古典经济学截然对立，在研究方法上也迥然不同。

如上所述，新古典经济学是以物理学中的机械力学为隐喻，以经济主体的完全理性假设和市场的完全信息假设为理论前提，以实现利润最大化的边际分析和市场均衡分析作为理论体系的两个基本支柱，将时间和历史作为既定因素，来分析经济过程，强调以市场作为资源配置手段的作用，和经济系统的均衡意义。皮奇（James Peach，2003）①曾认为，新古典的核心特征在于牛顿主义的均衡方法、既定约束条件下的最优化和方法论的个人主义。演化经济学从理论假定前提和方法论等多维度对新古典经济学展开了全面批判。

演化经济学首先不同意新古典经济学经济行为主体的"同质性"假设。演化经济学认为，市场行为主体尽管也追求经济利益，但这些行为主体不能简单抽象为利己主义的、精于计算的完全同质的"经济人"，因为经济行为主体受到本能、心理、制度和社会文化等多种因素的影响，而经济行为主体也同样在影响和改变着制度、文化和社会结构，因此各经济行为主体的差异是不可忽视的。这种差异反映在各经济行为主体的思想、智力和情感上，即反映在心智上。演化经济学认为，正是这种心智上的差异，引发了各行为主体的不同行为方式，即造成了经济主体行为的复杂性，因此演化经济学特别强调了心智的重要性。

演化经济学认为，"心智是经济过程中的一种自主因素，这种自主因素与导致心智过程的知识结构和变化着的世界之间存在着持续的交互作用"②，因此心智重要就意味着学习和知识的重要。"知识的可能状态是导致世界可能发生变化的关键性力量，是产生创造性的源泉。"因此，在演化经济学理论中知识对个人和企业行为及其经济增长都起到重要作用。值得一提的是，部分演化经济学家认为这种知识的可能状态抛弃了知识是完全真实的这种看法，进而承认错误是非偶然的。这种立场被称为"激进可错论"。从演化的观点来看，谬见是新知识唯一可能的来源，它否认世界能建立起一种封闭的和真实陈述的体系。③

演化经济学也不同意新古典经济学经济行为主体的"完全理性"假设。演化经济学家认为，人们的理性程度是有限的，对真实世界的判断不可能是完全准确的，对真实世界的知识也可能是错误的，因而人们不可能

---

① James Peach, Hamiltonian and Teleological Dynamics: a Century after Velblen. Journal of Economic Issues, 2003, Vol. 37 (1).

② 何梦笔:《演化经济学的本体论基础》，载于库尔特·多普菲编:《演化经济学：纲领与范围》，高等教育出版社2004年版，第91页。

③ 何梦笔:《演化经济学的本体论基础》，载于库尔特·多普菲编:《演化经济学：纲领与范围》，高等教育出版社2004年版，第95页。

预先确切地知道决策后果,因而也不能做出最优的选择。因此,人们在经济活动中的选择和决策过程往往是一种试错过程,因而选择的目标并不是所谓的新古典的"目标函数最大化",而是"满意"即可。演化经济学用"抱负水平"来表示"满意的期望值"。就"抱负水平"而言,由于人们的心智状态和历史经验不同,人们的抱负水平也不相同。对于经济行为主体,如果行为后果达到了他的抱负水平,行为者就是满意的,而不是要实现"目标函数"的最大化。"满意"在演化经济学中不是一个静态概念,而是一个动态的历史概念。他们运用"满意"假设来解释经济体创新的动机和能力,认为相对于可变抱负水平,对现状的不满意是人们搜寻新的未知选择的推动力量。人们一般有搜寻"新奇"体验的倾向,它以一种可能较低但持续的基本速度进行。在一种社会或组织层面上,在一个方向或其他方向上的选择性增强引导着创新,并有可能培育或阻碍个体的新奇创造。①

演化经济学对新古典经济学市场的完全信息假设也是持完全否定态度的。演化经济学认为,由于未知的新奇的不断出现,现实世界存在诸多不确定性,人们不可能把握新奇出现的时间和大部分特征。在演化经济学中,不确定性即意味着世界结构的变迁和世界新奇的突现。多普菲认为,"不确定性现象,特别是与基本不确定性现象相关的新奇,必然会将经济行为者置于一种错误和失败必须预期到的经济境遇之中。然而,从一种演化观点来看,不确定性是与想象和新潜能的创造联系在一起"。正是由于不确定性的创造,"经济行为者预期到利润和经济境遇的改善"。②

演化经济学也反对新古典经济学方法论上的个人主义。前文指出,霍奇森将"还原主义"和"方法论的个人主义"视为大致相同的概念。演化经济学将是否"反还原论"作为界定是否为演化经济学的重要标准之一。演化经济学家反对新古典方法论的个人主义,是因为他们认为,"解释个体行为的变化要取决于推测人们如何获得新奇。任何新观念都是在个人特定的经验与解释中突现出来,对它的评价也是以个人特定的经验与解

---

① Witt, U. (1987), "How Transaction Rights are Shaped to Channel Innovation." Journal of Institutional and Theoretical Economics, Vol. 143.

② [瑞士]多普菲:《演化经济学:分析框架》,载于库尔特·多普菲编《演化经济学:纲领与范围》,高等教育出版社 2004 年版,第 13 页。

释为基础主观上做出的，它们在人与人之间是极为不同的"，"人们在识别一种新行动可能性的含义和结果时具有不同的技能，他们的想象能力也可能不同"。由此他们得出结论，"个体行为的创新性变化和种类都难以用个人主义术语来解释"。[①] 当然演化经济学并不否认经济行为规律性的存在，认为这些多样化行为的规律性，能够在个体群层面上观察到，认为"经济演化的某些方面可以解释为与一群不同的个体相关，而不是与某个个体群中的单一个体相关"。[②]

"个体群思维"在演化经济理论中有重要意义，尤其在与自然选择理论相关的演化经济学文献中，"个体群思维"更有着直接的意义。纳尔逊和温特（1982）[③] 曾主张要按照"企业惯例"来分析组织变迁和经济增长，而不能从个人或企业目标的最优化来判断个人或企业的行为。并认为，那些企业惯例依赖于在各种变动环境中取得的相对成功，它们并可能被有选择性的复制，这样，始于各种不同惯例的企业个体群有可能通过改变惯例结构来系统地个体群的面貌。这就是一种较明显的个体群行为。"个体群思维"在演化经济学中可理解为，个体群成员的共时性个体决策表现为行为的相对频率在个体群中产生作用的过程。在任一时点上，这个过程都潜在地与新奇的内生创造交互作用，这种作用倾向增加事象的多样性。[④] 演化经济学认为，"频率—依赖效应"和"选择—占据效应"是两种较为明显的个体群交互作用：前者解释了个体调整的相关性；后者主要表现为，持续地为消除变异和减少个体群中经济行为的多样性而制造压力。[⑤]

演化经济学也反对新古典经济学方法论上静态均衡的分析方法，强调了历史的重要性。当然历史重要并不是着重于历史分析，从历史资料中归纳出某些规律，而是着重于经济发展过程的分析，重视经济过程中的路径

① 威特：《演化经济学：一个阐释性评述》，库尔特·多普菲编：《演化经济学：纲领与范围》，高等教育出版社 2004 年版，第 54 页。

② Metcalfe, J. S. (1989), "Evolution and Economic Change." In Silberston (ed.), Technical Change and Economic Theory. London: Pinter Publishers, pp. 560 – 589.

③ Nelson, R. R. and Winter, S. G. (1982), An Evolutionary Theory of Economic Change. Cambridge, Mass.: Harvard University Press.

④ ［德］威特：《演化经济学：一个阐释性评述》，载于库尔特·多普菲编《演化经济学：纲领与范围》，高等教育出版社 2004 年版，第 55 页。

⑤ ［德］威特：《演化经济学：一个阐释性评述》，载于库尔特·多普菲编《演化经济学：纲领与范围》，高等教育出版社 2004 年版，第 56 页。

依赖性和经济过程的不可逆性。温特和纳尔逊（1982）[1] 曾指出，经济过程是一个马尔科夫过程，某一时期一个行业的状况决定它在下一个时期的状况的概率分布。这种马尔科夫过程所体现的就是路径依赖现象。正如许多批评者所言，新古典经济学由于把研究重点从经济发展转移到既定资源的配置，时间的不可逆问题在其理论框架中自然而然地被舍去。尽管在动态的新古典模型中也有时间因素，但它研究的是事先确定的时间流程中的变化，而不能研究事前未知的不确定性的变化，即"前向的不确定性"，另外它也没有考虑时间的不可逆性问题。

不可逆或路径依赖反映了演化理论的一个重要信念：演化过程中的事件是准唯一，历史至关重要，社会经济系统是一个不可逆的历史演化过程。演化经济学的先驱们对不可逆现象做过一些初步的探讨，自现代自然科学的"时间之箭"发现以来，社会科学领域对时间不可逆性问题的探讨开始增多。阿瑟的规模报酬递增和路径依赖研究就是一个较好的例证，在其理论中，正是时间的不可逆性，微小的历史事件才能通过正反馈导致某种技术的"锁定"。

综上所述，演化经济学的理论体系是在批判新古典经济学方法论的基础上建立起来的，因此它的理论假设前提必然与新古典经济学相对立。关于经济主体方面，演化经济学激烈反对新古典简单化的"经济人"假设，进而将复杂行为人、心智重要和满意假设作为对经济行为主体的理论假设前提，说明演化经济学吸收了大量行为主义的思想，充分考虑了人的本能、社会习俗和制度的影响。就经济环境和世界状态方面，相对于新古典经济学抽象的、简化的、确定性的世界观，演化经济学提出了不确定性、多样性和"历史重要"的理论假设。在演化理论中，不确定性是世界结构变迁的前提；多样性是演化赖以发生的基础；"历史重要"假设则突出了时间在社会经济系统中的意义。时间是达尔文主义的基本要素，引入"时间不可逆性"概念进一步凸显演化分析与静态均衡分析的重要区别。

总而言之，演化经济学是在对新古典经济学的批判中发展起来，因而它的假设前提和相关理论比新古典经济学更具现实性。更具现实性的假设前提一般更容易得到现实的支持。但从假设前提出发来推演出相关理论，

---

① Nelson, R. R. and Winter, S. G. （1982）, An Evolutionary Theory of Economic Change. Cambridge, Mass. : Harvard University Press.

不可避免需要抽象，因而不可避免也会产生非现实性和难以检验性。兼之演化经济学是从现实状态出发去不断抽象、演绎和总结，从而来探寻经济运行规律，因而也容易产生各种分歧，从而难以形成统一完备的理论体系。

二　演化经济学与马克思主义经济学的交汇与分野

1. 现代演化经济学与马克思主义经济学的理论渊源

对新古典方法论上个人主义和牛顿力学的均衡分析方法持否定态度，可以说是西方非主流经济学的共识。马克思主义经济学特别强调经济分析的抽象方法，强调历史与逻辑的统一，这点与演化经济学观点是基本一致的。许多西方学者将马克思经济学与演化经济学同视为演化方式，认为马克思是经济演化论的重要奠基者之一。

但也有不少学者不赞同马克思是演化学者。霍奇逊曾将演化经济学方法论概括为三个特征，即接受新事象、反还原论和采纳生物隐喻，认为只有满足这三个条件，或至少满足这三者的前两者，才能够得上演化经济学标准，而马克思经济学就违背了这个标准。[①]

所谓的新事象，是指经济演化过程中包含着持续的或周期性出现的新事象和创造性，并由此产生和维持制度、规则、商品和技术的多样性。强调新事象在经济过程中的重要性是演化经济学的一个重要特征。威特（Ulrich Witt, 1992）认为，对于社会经济演化的恰当概念而言，把握新事象的关键作用、新事象的突现和扩散是必不可少的。福斯（Nicolai Foss, 1994）力主从是否接纳新事象的本体论上将演化思想和新古典思想区分开来。他认为，由多西、纳尔逊、温特、威特等人所发展的演化经济学，所关注的是现存结构的转变、新事象的突现及其可能的扩散。演化经济学与新古典经济学的区别在于，演化经济理论立足于一个开放的宇宙，从而允许新事象的出现；而新古典经济学是一个封闭的系统，压制了新事象。

还原论一般可理解为这样一个理念，即一个复杂现象的方方面面都必须在一个水平（或一个单位）上得到解释。根据这种观点，除了基本的

---

① 杰弗里·M. 霍奇逊：《演化经济学的诸多含义》，载于《政治经济学评论》2004 年第 2 期。

元素层面，再没有其他自主的分析水平，更没有基于不同分析水平的突现的特征。在霍奇逊看来，所谓的"还原主义"和"方法论的个人主义"的含义大致相同。他认为，在社会科学领域，还原论则表现为方法论的个人主义，即"一切的社会现象（它们的结构和变迁），原则上只能在个人的层面上——他们的个性、目标和信念——得到解释"（Elaster，1982）。与此相关联的，主流经济学家在不懈地为宏观经济学寻找微观基础。与此相反，演化经济学家则认为，复杂的系统在不同的水平上呈现突现的特性，每一个水平都不能被完全地归约，或不能在另一个水平上得到完整的解释。

使用生物学隐喻的动机在于取代支配主流经济学的机械论范式。演化经济论者们认为，经济系统在性质上更接近生物系统而非机械系统，对经济作生物学的隐喻更为恰当。20世纪之初，已经有了像凡勃伦和马歇尔那样使用"生物学"隐喻的理论家。不过，虽然在他们的逻辑结构体系已包含有生物学进化论观点，但是在阐释他们的经济学观点时并没有完全贯彻下去。与此形成对照的是，20世纪末的理论家，既运用了因发现基因而得以发展的生物学进化论，也使用了"种群动态学"、"遗传人工算法"和"人工生命"等等生物学理论上的一些分析工具。

当然，也有一些演化论者并不十分赞同在经济分析中生物学隐喻的使用。例如威特（1992）就对生物学的隐喻持批评态度。甚至实际使用隐喻的人们也拒绝使用生物学隐喻，因为对隐喻的使用常常是不自觉的或隐蔽的。因此有论者指出，经济学中的隐喻所扮演的角色是潜在的，因而许多演化论者对此不做特别强调。霍奇逊就将演化经济学称为 NEAR 经济学，即"接纳新事象、反对还原论"（Novelty embracing anti-reductionism）的经济学。

霍奇逊根据以上三个标准，断言马克思不是演化经济学家，认为马克思理论仅符合三个标准中的一条即反还原主义，而违反了另两条，即不接纳新事象和没有采用生物学隐喻。而这三者围绕新事象如何产生、如何被选择，构成了演化经济学判定标准的一个不可分割的整体。不愿将马克思经济学列入演化阵容的，在西方学界不乏其人。威特在考察近期演化思想多样化来源时，就将马克思拒之演化门外。

当然，西方学界还是有众多的学者认为马克思的经济思想对当代演化分析有着开创性的意义。杜格和谢尔曼（W. H. Dugger and H. J. Sherman）① 认为，19 世纪第一位提出进化理论重要性的社会科学家是卡尔·马克思。纳尔逊和温特在《经济变迁的演化理论》中指出，马克思所阐述的许多观点与现代演化论思想是一致的。它们都强调，资本主义的生产组织界定一种动态的演化体系，企业的规模和利润的分布也必须从演化体系的角度来理解。现在学术界大多数学者将马克思与凡勃伦、哈耶克和熊彼特等一同视为演化经济学的先驱。

西方学术界目前已经发展出了以霍奇逊为代表的继承凡勃伦传统的制度学派，以柯兹纳和拉什曼为代表的奥地利学派，以门施、弗里曼、戴维斯等为代表的新熊彼特学派，和以阿加利塔和利普西为代表的法国调节学派等四大演化经济学理论分支。其中法国调节学派正是马克思经济理论与凯恩斯经济理论结合的产物。

法国调节学派的特点是，在经济变迁的研究中采用了历史的、理论的和比较的方法，致力于发展一种制度与演化的宏观经济理论。调节学派认为，资本主义经历了一系列不同的历史阶段，每一阶段都以一种特定形式的积累过程为特征，从而形成特定的"积累体制"，而每一种积累体制又都具有特定的"调节方式"，这种调节方式支配着积累过程。调节学派对经济理论文献的贡献是，试图把制度纳入宏观经济学的框架中。调节学派对资本主义经济增长过程演化分析的独特之处就在于，它把历史的特定制度条件与总需求发生机制结合起来，内生地解释了经济增长和经济危机的过程。演化经济学的这四大流派之间既有交叉又有分歧，从发展态势看，它们之间有相互融合的倾向。

2. 现代演化经济学与马克思主义经济学演化观的分野

现代演化经济学与马克思主义经济学由于观点和方法论上的相近，经济学界普遍认为它们具有相同的研究传统。罗斯托在晚年时曾对经济学做过这样的总结："尽管要冒极大的过于简单化的风险，但还是可以说经济学家长久以来分为两派，新牛顿学派和生物学派。"② 贾根良教授认为，前者即是以静态的、原子的和机械的宇宙观作为哲学基础的新古典经济学

---

① 杜格，谢尔曼：《回到进化：马克思主义和制度主义关于社会变迁的对话》，中国人民大学出版社 2007 年版。

② 迈克尔·曾伯格：《经济学大师的人生哲学》，商务印书馆 2002 年版，第 313 页。

研究传统；后者即以动态的、系统的和有机的世界观作为其哲学基础的研究传统，包括制度主义学派、马克思主义学派、新熊彼特主义学派、奥地利学派和演化经济学等，并将后者称为达尔文主义学派。①

作为同一研究传统的演化经济学与马克思主义经济学，在观点和方法上自然有许多共同点，如在研究方法上都采用比较的、历史的和制度的分析方法；在哲学上赞同实在论；在理论内核上都赞成"制度—历史—社会"结构联结。② 但现代演化经济学与马克思主义经济学在制度演进观上还是有着根本的区别。

演化经济学家一般用达尔文主义生物演化观来解释经济社会演化现象，贾根良教授曾在《理解演化经济学》一文中将演化经济学的社会经济制度的演化路径概括为"遗传"、"变异"和"选择"等三种机制。③ 所谓的"遗传"是指制度、习惯、惯例等因素通过企业等各种组织结构相互模仿而传递，这里的制度、惯例等就是社会经济结构演化的"基因"，各种组织结构则为承载这些"基因"的载体。

"变异"则是指新奇即新事象的创造过程，它是制度演化的核心。"演化经济学正是研究经济系统中新奇创生、传播和由此导致的结构转变所进行研究的科学。"④ 而新奇来源于个人创造性的心智。"大脑活动持续地对已知的认知要素的重组"，形成了各种新的认知结构，即创造了新奇。这种重组过程越深入，新产生的认知结构就越复杂，因此新奇的创造是不可预测的。

威特认为，新奇的产生在于"相对可变抱负水平而言，对现状的不满意"和"对新认知激励的偏爱"。前者意味着，对新奇的搜寻通常要由挑战或危机来触发；后者意味着，在环境不提供激励的地方，人们可能通过发明或尝试新事物而创造他们的动机。这两种动机是互补的，而且可以相互整合。就人类行为而言，新奇就是新发现的行动可能性，而这种新奇意念可能被传播，也可能通过模仿而扩散。一旦这种新奇被接受而产生行动，这种行动就被称为创新。而创新在各演化经济学分支中都处于中心地

---

① 贾根良：《中国经济学革命论》，《社会科学战线》2006 年第 1 期。

② 贾根良：《经济学改革国际运动研究》，中国人民大学出版社 2009 年版。

③ 贾根良：《理解演化经济学》，《中国社会科学》2004 年第 2 期。

④ N. J. Foss, Realism and Evolutionary Economics. Journal of Social and Evolutionary Systems, vol. 17, no. 1, 1994.

位。从安德森（Andersen，1994）、梅卡特夫（Metcalfe，1988）、纳尔逊（1991）等的观点来看，在演化的社会经济系统中，新奇和创新是多样性的主要来源，而正是这种多样性推动了演化的进程。

"变异"机制说明的是新奇如何产生的问题，而"选择"机制要说明则是，新奇或创新在经济系统中为什么、什么时候和怎样才能被传播的问题。演化经济学认为这种机制只能从"个体群"概念上来进行理解。就新奇的传播而言，演化经济学认为，个体群之间存在着两种交互作用："频率—依赖效应"和"选择—占据效应"。前者揭示个体行为的选择规律，认为"个体某种行动选择依赖于这种行为已经在个体群中出现的频率"。就后者而言，一般认为，"竞争过程在新奇或创新选择中发挥了重要作用，它是在持续地为消除变异和减少个体群中经济行为的多样性而制造压力"，重要的是，"它会以某种方式强制进行"。[①] 这就是所谓的"选择效应"。而"占据效应"指的是，单个变异的存续对与之竞争其他变异具有依赖性。

演化经济学正是以这心智的创造为经济制度变迁的动力，以达尔文主义生物演化观，即以"遗传"—"变异"—"选择"机制来解释经济社会演化现象。马克思主义的演化观主要体现在的历史唯物观中。历史唯物主义是马克思主义者的历史演进观的共识，它将社会变迁的动因归结为经济原因，在对社会关系的考察中，特别强调了生产关系，并将其作为决定其余一切关系的基本的原始关系。

马克思通过两对社会基本矛盾，即生产力与生产关系的矛盾和经济基础与上层建筑的矛盾的交互作用，来揭示社会进化过程中的结构变迁，并认为生产力是社会发展的最终决定力量。马克思在《〈政治经济学批判〉序言》中指出，特定的生产关系只是与特定的生产力水平相适应。当生产力发展到为生产关系所不能容纳的程度时，生产关系就要发生根本性的变革，以合生产力的发展要求。"社会的物质生产力发展到一定阶段，便同它们一直在其中运动的现存生产关系或财产关系（这只是生产关系的法律用语）发生矛盾。于是，这些关系便有生产力的发展形式变成生产

---

① 威特：《演化经济学：一个阐释性评述》，载于库尔特·多普菲编：《演化经济学：纲领与范围》，高等教育出版社 2004 年版，第 56 页。

力的桎梏。那时社会革命的时代就到来了。"①

　　而生产力和生产关系的矛盾又决定并制约着经济基础和上层建筑矛盾的产生和发展。反过来，经济基础和上层建筑的矛盾也影响和制约着生产力和生产关系的矛盾。它们之间的交互作用，构成了社会的基本矛盾运动，成为推动人类社会由低级向高级发展的根本动力。人类社会的演进过程表现为生产关系对生产力、上层建筑对经济基础的基本适合到基本不适合，又从基本不适合到基本适合的过程，即矛盾不断产生又不断解决的无限过程。正是在这一过程中实现了社会制度结构的演进和社会形态的依次更替。马克思特别强调了阶级关系和阶级斗争在进化中的重要作用，将阶级冲突视为是历史的发动机，认为阶级关系决定了技术进步的方向。在这整个分析框架中处处体现了马克思辩证唯物主义的哲学观。

　　"生产力—生产关系"与"经济基础—上层建筑"交互作用机制是马克思历史唯物论的核心，也是马克思主义者分析社会制度变迁的出发点。从这两种演化机制中可以观察到这两种演化观的根本区别。尽管马克思主义经济学与现代演化经济学这两者都坚持以历史和演化的观点来看问题，都强调了技术进步在制度变迁的意义。但在坚持历史重要的前提下，前者强调了技术进步的内生性，认为技术进步是生产力与生产关系矛盾运动的结果。后者则认为技术进步来源于创造性的个人"心智"。从这里可以反映出两者哲学观的区别，前者贯彻的是唯物主义，后者渗透的是唯心主义。从制度变迁的方向看，前者认为社会矛盾的交互作用，将推动社会由低级向高级发展，这是历史的必然。而后者则强调演化是无目的、无方向的和多样的。

　　霍奇逊等演化论者也意识到这两者演进观的差异，认为"马克思的历史演化预设了历史演化的方向"，与"演化主义"的无目的、无方向和多样性原则相背离，并从而论定"马克思和恩格斯的历史进程设想是决定论的，马克思的历史观是革命的，而不是演化的"。在马克思唯物史观中生产力是社会发展的最终决定力量，西方学界有论者还由此将马克思的历史唯物论视为是"技术还原论"或"经济还原论"，并进而认定马克思理论就"反还原论"的演化标准也是不满足的。当然，有不少马克思主义研究者为此进行过多方辩解，试图寻找各种证据来说明马克思经济学能

──────────

　　① 《马克思恩格斯文集》第 2 卷，人民出版社 2009 年版，第 597 页。

够符合演化标准。这些证据是否充分姑且不论，事实上，经济学的科学性，在于能否揭示经济发展的客观规律。马克思经济学能否冠以"演化"头衔，丝毫不影响马克思理论的科学性。马克思经济学如没有"演化"头衔，也不会失去它的理论光辉。霍奇逊的这些演化标准恰恰从侧面印证，演化论者决不是马克思主义者。

三 演化思潮复兴对马克思主义经济学发展的意义

自第二次世界大战以来，新古典经济学能够在与各经济学流派斗争中胜出，并逐步取得主流地位，主要是因为新古典经济学理论所贯彻的价值理念与西方占主导地位的资产阶级世界观是一致的。新古典经济学对数学形式主义日益偏离现实的追求和自然科学的不断发展，愈趋明显地暴露出新古典经济学范式的缺陷。2008 年以来爆发的全球性经济危机，始发于长期倡导并践行新自由主义的美国，而其他积极推行新自由主义政策的资本主义国家也成为此次危机的重灾区，这愈加凸显了新古典范式的现实局限性。

在新古典经济学占主流地位的经济学研究世界，演化经济学的崛起无疑为我们展现了一个不同的经济学研究视角。演化经济学是在对新古典经济学方法论进行批判的基础上建立起来的经济学，它的理论假设前提因而比新古典经济学更具合理性，由此衍生的相关理论也比新古典经济学更具现实解释力。经济学的发展和进步是一个不断推陈出新的过程，在这个过程中不断有新的思想提出，也就不断有旧的理论被推翻和替代。演化思想和方法的提出为经济学研究提供了新的方法和工具，对经济学方法论的创新和发展无疑起到了积极的推进作用。

演化经济学在这近 30 年中得到迅速发展，已经成为经济学的一个重要理论分支。新古典经济学在遭受到包括演化经济学在内的各种非主流经济学的攻击下，不得不进行深刻反思，某些理论在基本框架内也做了些许边际上的调整，吸收和融合了非主流经济学的一些有用的内容。

马克思主义经济学作为一门开放性学科，演化经济学对马克思主义经济学的创新和发展也无疑有着积极意义。马克思经济学的科学理论之所以有着经久不衰的生命力，就在于其方法论的开放性和创新性。马克思经济学本身就是在广泛吸收人类优秀文化遗产的基础上产生的，也必将在积极总结人类经济实践活动新经验、探索经济关系变化新情况、吸收和借鉴当代文明的新成就中创新和发展。事实正是如此，马克思主义经济学有关理论的发展都是在与非马克思主义经济学的竞争和融合中得出的，如"调节理论关于需求带动生产率进步的论断很大程度上汲取了后凯恩斯增长理论，积累社会结构理论关于经济剩余创造和榨取的论断借助了斯拉法经济学和效率工资理论，灵活生产理论关于积累体系空间的论断有赖于新熊彼特技术创新理论"。[①] 如此种种显示，吸收和借鉴非马克思主义经济学的积极成分对马克思主义经济学创新发展不仅是可能的，而且是必须的。

马克思经济学与演化经济学在经济学界被认为具有相同的研究传统，它们在观点和方法上自然有许多共同点，如在研究方法上都采用比较的、历史的和制度的分析方法；在哲学上赞同实在论；在理论内核上都赞成"制度—历史—社会"结构联结。[②] 这种一致性意味着演化经济学与马克思经济学存在相互借鉴和融合的可能性。孟捷教授曾指出，演化经济学在经济演化中的协调和资本主义多样性这两个问题上的研究，可以为马克思经济学的创新和发展提供启发和支持。[③] 杨虎涛教授认为："在制度分析上，马克思非常强调制度的功能、起源和结构性变迁，而演化经济学则对制度的构成、分类和知识属性等问题非常重视。在这一点上，演化经济学的研究成果有很多地方值得马克思主义经济学借鉴。"[④]

值得注意的是，在西方经济学界，新古典经济学仍然是当前的主流经济学（Jeames Peach，2003）。[⑤] 新古典经济学在西方经济学界的主流地位不是被削弱了，而是被加强了。[⑥] 各种异端经济学都在不同程度上受到新古典经济学的排斥和打压，马克思经济学自然也不例外。不仅如此，在中国这个有着长期马克思经济学研究传统的国家里，马克思主义经济学也正在"被边缘化"。这里既有西方经济学及其意识形态的"挤压"作用，也有马克思经济学自身阵容的"收缩"和马克思经济学在中国高校教学中呈现的教条化趋向等方面的原因。

---

① 卢荻：《认识现实，指导实践—关于中国经济学创新发展的意见》，《政治经济学评论》，2006 年第 1 辑。

② 贾根良：《经济学改革国际运动研究》，中国人民大学出版社 2009 年版。

③ 孟捷：《演化经济学与马克思主义》，《经济学动态》2006 年第 6 期。

④ 杨虎涛：《交汇与分野——马克思与演化经济学家的对话》，经济科学出版社 2010 年版。

⑤ James Peach, Hamiltonian and Teleological Dynamics: a Century after Velblen. Journal of Economic Issues, 2003, Vol. 37, (1).

⑥ 贾根良：《西方异端经济学传统与中国经济学的激烈转向》，《社会科学战线》2005 年第 3 期。

　　演化经济学在西方学界的兴起和趋热，令许多中国马克思主义研究者为之振奋，近年中国学术界演化经济学研究也蔚然成风。不少学者对演化经济学倍加推崇，认为演化经济学的崛起，将引领中国经济学的自主创新。还有学者认为，演化经济学给马克思经济学带来创造性转化的机遇，认为未来的经济学是马克思主义经济学与演化经济学某种创造性的综合，并试图多方论证马克思也是演化论者。有个别的演化论研究者对马克思主义经济学持怀疑态度，认为马克思主义经济学也不过是落后的牛顿主义，马克思经济学只有与演化经济学结合才能获得新生。

　　马克思主义经济学的创新和发展，自然是离不开向包括演化经济学在内的各种非马克思主义经济学科学新成果的吸收和借鉴。但需要强调的是，马克思主义经济学的创新与发展，首先必须坚持马克思辩证唯物主义的哲学观，必须坚持马克思主义基本立场、观点和方法的不动摇。

　　我们有理由相信，演化经济学仍然是资产阶级的经济学。多普菲认为："目前，演化经济学的智力环境基本上仍是由新古典范式所支配的。因此，演化方法生存的机会也取决于它适应这个环境的能力。"[①] 维诺曼认为，演化经济学不应排除新古典经济学，它的新颖处就在于把正统理论中处于背景状态的演化力量和机制放在了核心地位，演化理论可以被看作是经济变迁的一般理论，而新古典经济学则是其特例。[②] 有资料显示，演化经济学正在积极争取西方新古典主流经济学的接纳和同情，新古典经济学也向演化经济学抛出了友好的橄榄枝。"从目前的文献看，新古典和演化模型之间存在某些理论的趋同。新古典理论的支持者开始涉及制度问题和演化博弈论，而演化经济学的支持者着手处理新古典的主题。"[③]

　　许多演化论者极力排斥马克思主义经济学，并没有将马克思主义经济学视为自己的同盟。霍奇逊以他自己概括的三个演化经济学划分标准为依据，即所谓的新奇性、反还原论和生物学隐喻，将马克思经济学排除在演

---

　　① 多普菲：《演化经济学：分析框架》，载于库尔特·多普菲编：《演化经济学：纲领与范围》，高等教育出版社 2004 年版，第 5 页。

　　② J. J. Vromen, Evolutionary Economics: Precursors, Paradigmatic Propositions, Puzzles and Prospects. In J. Reijinders (ed.), Economics and Evolution, Edward Elgar Publishing Limited, 1997, PP. 54 – 55.

　　③ 多普菲：《演化经济学：分析框架》，载于库尔特·多普菲编：《演化经济学：纲领与范围》，高等教育出版社 2004 年版，第 55 页。

化经济学的阵容之外，认为马克思仅符合三个标准中的一条即反还原主义，不能算作演化论者①。许多西方演化经济学家尽管承认某些演化思想受到马克思经济学的启发，但他们更倾向认为演化思想主要渊源于凡勃伦、哈耶克、熊彼特等经济学家的资产阶级自由主义思想。演化理论中的自发演化观，也正是这些自由主义思想的具体体现。

资产阶级经济学就必然要为资产阶级服务，也必然要与马克思主义经济学相对立。"它的反马克思主义、反社会主义、替资本主义和资产阶级辩护的本质都是客观存在的，而且是永远也不会改变的。"② 演化经济学尽管对新古典经济学的方法论展开了不遗余力的批判，但从不批判资本主义制度，也坚决不肯承认资本主义制度必然灭亡的规律性，因此演化经济学必然存在与马克思主义经济学不相容、不协调的内容。因而马克思主义经济学对演化经济学的吸收和借鉴，就不能是两种理论的简单嫁接和拼凑，必须在批判中扬弃，更不能允许"去马克思主义化"，不能允许用演化理论取代马克思的基本理论。而演化经济学的创新与发展也必须以马克思理论为指导。

第三节　对用效用论综合马克思劳动价值论观点的批判

劳动价值论是马克思主义经济学核心内容，是马克思主义经济学理论大厦的基石，马克思正是通过劳动价值论来揭示剩余价值的来源和资本主义生产的一般规律。因此，劳动价值论是马克思主义经济学与西方庸俗经济学的根本分歧所在，坚持马克思主义经济学的主流地位，首先必须坚持劳动价值论。

西方经济学的效用价值论是与马克思劳动价值论相对立的资产阶级庸俗经济学理论，它并不是 20 世纪才出现的新东西，早在马克思恩格斯所处的年代，这种理论就开始在西方经济学界流行，并受到过马克思的激烈批评。在《资本论》的第一卷中，马克思曾批评道："效用原则并不是边沁的发明。他不过把爱尔维修和 18 世纪其他法国人的才气横溢的言论平

---

① ［英］杰弗里·M. 霍奇逊：《演化经济学的诸多含义》，《政治经济学评论》，2004 年第 2 辑。

② 丁堡骏：《必须加强马克思主义对西方经济学教学工作的指导》，2006 年第 1 期。

庸无味地重复一下而已。假如我们想知道什么东西对狗有用，我们就必须探究狗的本性。这种本性本身是不能从'效用原则'中虚构出来的。如果我们想把这一原则运用到人身上来，想根据效用原则来评价人的一切行为、运动和关系等等，就首先要研究人的一般本性，然后要研究在每个时代历史地发生了变化的人的本性。但是边沁不管这些。他幼稚而乏味地把现代的市侩，特别是英国的市侩说成是标准人。凡是对这种古怪的标准人和他的世界有用的东西，本身就是有用的。他还用这种尺度来评价过去、现在和将来。"①

　　但是近年来，学术界不少学者从效用角度或生产要素创造价值角度，来解释、"发展"和改造劳动价值论，乃至否定劳动价值论。实际上，不论是效用价值论还是生产要素价值论，本质上都是主观价值论，是属于唯心主义范畴，与马克思的唯物主义观是不相容的，是决然对立的。正如美国马克思主义经济学家保罗·斯威齐所言，从马克思主义经济学中，是发展不出主观价值论的。② 而任何将马克思唯物主义的劳动价值论与西方资产阶级庸俗经济学的主观价值论相结合的企图也都是徒劳的。唐思文教授发表的《对马克思价格理论的质疑与马克思主义经济学的暂时冷落》一文，可以说是这种错误综合论代表性作品，本节将对其进行驳斥，以澄清理论上的困惑。

　　唐思文教授在《当代经济研究》2007 年第 12 期上发表了《对马克思价格理论的质疑与马克思主义经济学的暂时冷落》（以下简称唐文）一文。该文认为，马克思主义经济学把使用价值等同于效用，并用使用价值代替了效用，从而否定了商品的效用，及效用在商品价格中的重要地位和作用，结果使马克思主义经济学陷入了坚持商品的价格或成交价格仅是价值的货币表现（卖方价格）的片面观点；效用价值论则把效用等同于使用价值，并用效用代替了使用价值，从而抛弃了商品中的使用价值及其在商品价格中的重要地位和作用，进而使得西方经济学陷入了价格仅是效用的货币表现（买方价格）的片面观点。为了避免上述的片面性，唐文则综合两者，认为价格应是价值的货币表现和效用的货币表现的统一，从而

---

　　①　马克思：《资本论》第 1 卷，人民出版社 2004 年版，第 704 页。

　　②　保罗·斯威齐：《资本主义发展论》，商务印书馆 1997 年版，第 43 页。

是卖方价格和买方价格的统一，进而是成交价格。[①]

　　唐思文教授所做的上述理论判断实际上是说：在马克思主义经济理论中价值价格理论和现代西方经济学中的价格理论，在理论体系上都存在着内在的、不可克服的矛盾，除非作唐文所做的那种理论修正和发展。我们认为，唐文的这个基本判断无论对于马克思主义经济学，还是对于现代西方经济学来说，都是不符合实际的。本文的研究将证明：唐文不过是在没有正确把握马克思的价格理论和西方经济学的价格理论的本质前提下，以一种片面化的思维逻辑，运用了庸俗经济学家早已采用的方法，将劳动价值论和效用价值论者两种不可调和的理论进行的主观臆造，得出的是一个庸俗的价格理论。这反映出唐文既没有深化与发展马克思的劳动价值论，又没有正确地认识西方效用价值论，在对纷繁复杂的经济现象描述中误入了歧途。

一　马克思的价值价格理论不是片面的

　　虽然唐文一再声明"马克思的劳动价值论和剩余价值论都是正确的"，但是马克思的价格理论是片面的和错误的，主要表现在"他认为价格是价值的货币表现的论断上或定义上"。[②] 这就涉及如何正确评价马克思的劳动价值论的问题，这是一个既古老而又不失学术价值的关键性的理论问题。理论研究以及实践的进展，使得我国许多经济学家为了解决分配等问题而将马克思的劳动价值论和西方效用价值论进行综合，试图以此弥补劳动价值论的"缺陷"，从而深化对马克思劳动价值论的认识。学术界对马克思劳动价值论的指责，一般都落在认为马克思的劳动价值论缺少供求关系上，唐文也不例外。如唐文写道："……劳动价值论……在指导现实经济中就产生了片面重视生产忽视需求……"[③] 实际上，马克思的劳动价值论蕴含了丰富的供给与需求内容，与庸俗的供求论相比较，马克思的供给与需求理论更富有完整性和科学性。

---

　　① 唐思文：《对马克思价格理论的质疑与马克思主义经济学的暂时冷落》，《当代经济研究》2007 年第 12 期。

　　② 唐思文：《对马克思价格理论的质疑与马克思主义经济学的暂时冷落》，《当代经济研究》2007 年第 12 期。

　　③ 唐思文：《对马克思价格理论的质疑与马克思主义经济学的暂时冷落》，《当代经济研究》2007 年第 12 期。

　　马克思在分析资本主义社会经济活动时，并没有否定供给与需求的客观存在性，但也没有像庸俗经济学家那样将其作用无限夸大，而是在劳动价值论的基础上，将二者的作用在价值实现层面上进行了科学的分析。

　　马克思的关于资本主义商品经济条件下价值到生产价格转化的理论，即价值转形理论，不仅体现了供给与需求关系，也体现了资本家的利益关系以及资源配置关系。在供求平衡的条件下，商品按市场价值出售，即市场价格和市场价值相一致。否则，市场价格就会偏离市场价值。如果供给量小于或大于对它的需求，市场价格就会偏离市场价值。同时，马克思还论述了供求可以在极不相同的形式上消除由供求不平稳所产生的影响。"例如，如果需求减少，因而市场价格降低，结果，资本就会被抽走，这样，供给就会减少……反之，如果需求增加，因而市场价格高于市场价值，结果，流入这个生产部门的资本就会过多，生产就会增加到如此程度，甚至使市场价格降低到市场价值以下。"① 可见，在这里马克思充分论述了供求变动对资源配置的影响，当然资源配置关系的变化是在资本逻辑的基础上运转的。之所以这样，是因为马克思的供求理论没有抽象掉社会生产关系和经济关系的本质，充分考虑了不同阶级和阶层的需要。即"供求还以不同的阶级和阶层的存在为前提，这些阶级和阶层在自己中间分配社会的总收入，把它当作收入来消费，因此形成那种由收入形成的需求；另一方面，为了理解那种由生产者自身互相形成的供求，就需要弄清资本主义生产过程的全貌"。② 所以，"在供求关系借以发生作用的基础得到说明以前，供求关系绝对不能说明什么问题"③，必须回到生产过程中进行理清，这更证明了马克思的供求理论是基于劳动价值论基础上而展开的。

　　必须说明的是，在马克思的劳动价值论中，供求的变化只能解决价格同价值背离的程度，绝对不能决定价值的本身，也就是它们只能停留在价值实现层面。正如马克思所说的，"供给和需求可以说明为什么一种商品的市场价格会涨到它的价值以上或降到它的价值以下，但绝对不能说明这个价值本身"。④ 唐文以及其他价值综合论者，没有意识到马克思把主要

---

① 马克思：《资本论》第 3 卷，人民出版社 1975 年版，第 213 页。
② 马克思：《资本论》第 3 卷，人民出版社 1975 年版，第 217—218 页。
③ 马克思：《资本论》第 3 卷，人民出版社 1975 年版，第 203 页。
④ 《马克思恩格斯全集》第 16 卷，人民出版社 1964 年版，第 131 页。

注意力集中在作为价格波动基础的价值及其转化形式的分析上，而西方经济学却陷入了这些表面经济现象的泥潭不能自拔。"试图以均衡价格来补充马克思劳动价值论的这些学者，不仅没有真正地掌握马克思的劳动价值论，而且对西方经济学也缺乏最起码的知识。"①

　　唐文对劳动价值论的误解不仅仅停留在认为劳动价值论缺少供求层面上，还认为马克思的价值货币表现的价格，可以是观念上的货币，以此来说明马克思的劳动价值论基础上的价格只是卖方价格。唐文写道："所以把商品中的价值用货币表现出来，或价值的货币表现，也就是用货币把卖方在商品中凝结的劳动表现出来，并用观念上的货币作为商品的标价或卖方的喊价，而成为卖方价格。"② 显然，唐思文教授在混乱的逻辑中，给马克思的劳动价值论和价格理论强加上了缺陷的帽子。实际上，作为价值表现形式所使用的货币必须是现实的货币，在"1 只羊 = 2 把斧子"中，2 把斧子必须有，如果没有的话，羊的所有者是不会让渡羊的，从而价值就没有实现。进一步可以得知，唐思文教授混淆了作为价值实现的价值表现形式与作为货币功能的价值尺度，试图在常识上制造理论混乱。总之，马克思的价格概念不是片面的卖方价格，而是商品所有者和货币持有者都必须接受的现实价格，全然不像唐文所说的那样，是有缺陷的价格理论。

　　一方面，唐文一再声明"马克思的劳动价值论是科学和正确的"；另一方面，唐文又尖锐地指出"马克思价格理论是片面的和错误的"。作为读者，你会体会到：唐文所谓"马克思的劳动价值论是科学和正确的"，不过是其要对马克思的劳动价值论进行否定和批判的策略宣传，是口是心非的。而"马克思价格理论是片面的和错误的"，才是唐文真正要说的发自内心的结论性的命题。遗憾的是，这是唐文误入歧途的关键性的一步。

二　唐文新综合价格理论批判

　　那么，唐文要将劳动价值论与边际效用价格理论进行综合的框架基础是什么呢？唐文写道："我们身边每天都在发生着无数次的商品交易，只有当买卖双方在价格上达成一致时，买卖才能成立。现实生活中这个日益

---

　　① 丁堡骏：《马克思劳动价值理论与当代现实》，经济科学出版社 2005 年版，第 161 页。
　　② 唐思文：《对马克思价格理论的质疑与马克思主义经济学的暂时冷落》，《当代经济研究》2007 年第 12 期。

习以为常的情理，反映了价格或成交价格正是卖方的出价（卖方价格）与买方的还价（买方价格）的对立统一。这是一个至关重要的经济学原理。……首先，卖方没有制定价格或成交价格的权力。……其次，在卖价和买价双方竞争中的主导权或决定权，与卖价和买价必须相等且相交才能形成成交价格是两个不同事物。……可见马克思的价格仅是价值的货币表现的论断是片面的，是不符合现实经济的，或者说是不符合实践的。"[①]

在这里，唐文所谓的"相等且相交"是一种拙劣的数学表述和文字表述的混合。事实上，相等是文字表达，而相交则是以图像表达为基础，用文字对图像表达的解释。在没有图像表达需要解释的时候，就没有必要用相交来解释了。

通过以上这段文字表述，我们非常清楚地看到，在唐文那里，"现实生活中这个日益习以为常的情理"，无非是市场商人的讨价还价行为。这个"习以为常的情理"构成对马克思价格理论片面性批判的基础，也是其理论综合的框架和基础。这种根据日常商人的市场行为所得出的理论结论真的能成立吗？如果唐文的逻辑能够成立的话，那么，我们地球上的放牛娃也能成为敢于向哥白尼挑战的博学的天文学家，他只需能够举证如下事实：他每天赶着牛群离开村庄的时候太阳是从东方升起的，晚上骑在牛背上回家的时候太阳是从西方落下的。这不是已经充分地论证了太阳围绕地球旋转的地心学说吗？

马克思主义经济学关注表现形式，但不停留在现象形态；更富有科学意义的是通过现象形态揭示本质内容，并解释为什么这种现象形态是本质内容的必然表现形式。所以，研究马克思主义经济学必须懂得其方法，不能因现象形态而舍弃本质内容。毕竟，事物的表现形式和事物的本质并不是直接合而为一的。1936 年，爱因斯坦已被公认为他那个时代最伟大的科学家，针对一部分人指责相对论不能直接和日常生活中的现象相统一，他曾经用如下这样一段恶作剧式的隽语来予以回应："整个科学只不过是对日常思维的一种精致化。"[②] 在纪念爱因斯坦相对论发表 100 周年的时候，物理学家安德鲁·罗宾逊再一次忠告物理学界：如果你是爱因斯坦，

① 　唐思文：《对马克思价格理论的质疑与马克思主义经济学的暂时冷落》，《当代经济研究》2007 年第 12 期。

② 　安德鲁·罗宾逊：《爱因斯坦相对论一百年》，湖南科学技术出版社 2006 年版。

这也许是真的，但对我们大多数人来说这种说法不足为信。我们不知道，对中国经济学界是不是也需要这样的提醒和忠告。但从我们的分析可以看出，对唐文来讲这种忠告无论如何也还是十分必要的。

通过以上我们对唐文新综合价值价格理论的分析，我们看到唐文发展马克思劳动价值论的迫切愿望和精神虽然可嘉，但它对马克思主义经济学和劳动价值论的态度却不是事实求是的。从世界观、方法论到劳动价值论的具体理论，唐文都将许多不科学的东西强加给了马克思，而原本马克思劳动价值论中已有的东西却被唐文有意无意地给忽略了。因此，唐文新综合价值价格理论不能不说是庸俗经济学又一次泛滥。关于对待前人研究成果的科学态度，恩格斯曾经指出："一个人如想研究科学问题，首先要在利用著作的时候学会按照作者写的原样去阅读这些著作，首先要在阅读时，不要把著作中原来没有的东西塞进去。"① 是我们在学习和理解马克思主义经济学时应该持有的态度。也是我们对待任何一位以往科学家的著作应有的科学态度。当然，马克思主义经济学并不是故步自封的，相反，它也会在社会不断发展的进程中，不断取得丰富与发展。马克思主义经济学不排斥批判，也希望在批判中能够获得超越。危险的是批判往往是基于误解展开的。

通过以上分析，我们可以得出结论：上述种种对马克思主义经济学的发展路径之所以行不通，主要原因在于这些马克思主义的发展者第一没有真正弄懂什么是马克思主义；第二没有弄懂什么是发展马克思主义。归根到底就是，"坚持"，我们究竟应该坚持什么，怎样坚持？"发展"，我们究竟应该发展什么，怎样发展？下面我们就来对这些问题进行探讨。

---

① 马克思：《资本论》第 3 卷，人民出版社 1975 年版，第 26 页。

第七章

坚持和发展马克思主义经济学，创新中国特色社会主义经济理论体系

　　坚持马克思主义经济学主流地位，必须使马克思主义经济学在认识当代资本主义经济和建设中国特色社会主义建设实践中进行创新和发展。马克思主义政治经济学划分以资本主义生产方式为研究对象和以社会主义生产方式为研究对象的两个部分。对前者的创新和发展，主要是进一步深化马克思关于资本主义生产方式的认识，进一步深化对马克思经济学理论体系的认识；后者的创新和发展主要指的是，在深化对马克思基本理论认识的同时，必须联系变化了的实际，发展马克思的经济学说，科学地回答新的历史阶段国际国内的一系列新问题，回击对马克思主义经济学的各种非难和攻击，探索为建设中国特色社会主义服务的社会主义经济理论。本章将从坚持马克思主义与创新和发展马克思主义的关系，和对如何在新的历史条件下坚持和发展马克思主义经济学，以创新中国特色的社会主义经济理论体系，即对马克思主义经济学的时代化问题展开分析。

第一节　坚持和发展马克思主义经济学的理论框架

　　恩格斯指出："随着自然科学领域中每一个划时代的发现，唯物主义也必然要改变自己的形式。"[①] 当今世界和中国正在发生广泛而深刻的变革。在日新月异的形势变化面前，作为历史唯物主义的科学证明的政治经济学，同样要适时地改变自己，获得与新的历史条件相适应的现代形式的创新与发展。联系变化了的实际，发展马克思的经济学说，科学地回答新

[①] 《马克思恩格斯选集》第 4 卷，人民出版社 1995 年版，第 228 页。

的历史阶段国际国内的一系列新问题，回击对马克思主义经济学的各种非难和攻击，探索为建设中国特色社会主义服务的社会主义经济理论。一句话，创新和发展马克思主义经济学的现代形式，是每一个马克思主义经济工作者义不容辞的责任。

一　创新和发展马克思主义经济学的基本方法论

创新和发展马克思主义经济学的现代形式，归根到底，还是如何在新的历史条件下坚持和发展马克思主义经济学。问题在于，"坚持"，我们究竟应该坚持什么，怎样坚持？"发展"，我们究竟应该发展什么，怎样发展？

1. 坚持马克思主义经济学，就是要坚持马克思主义的基本世界观、基本方法论，坚持马克思主义经济学说的基本理论"硬核"

马克思运用他所发现的唯物史观，通过商品分析揭示了劳动价值理论的基本原理。在此基础上进一步阐述了剩余价值理论、资本积累及其历史趋势理论、资本循环和周转理论、社会资本再生产和流通理论、经济危机理论、剩余价值分配理论等一系列理论。这些理论透彻地剖析了资本主义的生产、分配、交换和消费的全过程，科学地揭示了资本主义生产关系及其发展的规律，建立了科学的政治经济学理论体系，完成了政治经济学史上伟大的科学革命。正是由于马克思在哲学和政治经济学领域的这一系列理论贡献，才使得社会主义从空想变成了科学。因此，坚持马克思主义经济学，就必须坚持唯物史观和上述马克思主义经济学的基本原理或基本理论"硬核"。目前，在全球范围内对马克思主义经济学科学迎合的理解是有分歧的。事实上，20 世纪 70 年代，围绕劳动价值论和转形问题的讨论中，马克思主义经济学家并没有很好地捍卫马克思的劳动价值论。在森岛通夫与萨缪尔森的论战中，从形式上看森岛通夫是站在马克思主义经济学一边，以同情马克思主义的态度维护和发展马克思的劳动价值论。但是由于他没有真正理解马克思的劳动价值论，在对马克思劳动价值论的研究和发展中却严重地歪曲了马克思的劳动价值论。最后，他又以一个对劳动价值论有深入研究的资深学者的身份奉劝马克思主义经济学家放弃劳动价值论。类似的还有斯蒂德曼、霍吉森等，他们用斯拉法思想研究劳动价值论，得出了荒谬的结论：负值的剩余价值与正值的利润同时并存。马克思主义经济学家并没有对这些理论混乱予以澄清，实现正本清源，而是任其泛滥和发展。在一个相当长的时期内，在马克思主义经济学家合肥马克思主义经济学家的观念中，劳动价值论是一个容易产生思想混乱的理论。马克思主义经济学劳动价值论的地位发生严重的动摇。此后，在西方出现了形形色色的斯拉法马克思主义。斯拉法马克思主义的典型特征就是"没有劳动价值论的剩余理论"或"没有劳动价值论的马克思经济学"。这种在马克思的劳动价值论遭到萨缪尔森、斯拉法、斯蒂德曼、森岛通夫批判以后，所形成的变异理论，在西方逐渐形成了这样一种削弱马克思主义理论力量的趋势。最近，阿兰·弗里曼把它概括为"没有马克思经济学的西方马克思主义"。阿兰·弗里曼认为，当前资本主义正面临1929年以来最严重的经济危机，马克思主义的理论影响却没有显著增加，罪魁祸首不是马克思本人，而是我们称为"没有马克思经济学的西方马克思主义"的一股思潮。阿兰·弗里曼指出，"原来奠基于马克思有关的商品形式之分析之上的政治的、社会的、伦理的和文化的理解被从其根基处撕开，这使马克思主义在这场地道的经济危机面前解除了武装"。①

由此看来，劳动价值论以及在此基础上所形成的剩余价值、资本积累及其历史趋势理论、资本循环和周转理论、社会资本再生产和流通理论、经济危机理论、剩余价值分配理论等一系列理论等理论仍然是马克思主义的基本理论"硬核"，我们坚持马克思主义经济学关键就是坚持马克思的唯物主义世界观、方法论和这些基本理论"硬核"。

2. 发展马克思主义经济学，就是要把马克思主义普遍真理同当代社会经济发展实际紧密结合起来，为马克思主义经济思想宝库增添新内容

以马克思《资本论》为基本蓝本的政治经济学，是以资本主义生产方式为研究对象的。马克思所做出的对资本主义经济关系的理论分析，是指导我们认识当代资本主义世界经济关系的重要理论基础。发展马克思主义经济学，当代经济学家必须坚持以马克思的经济理论为指导，对当代资本主义发展中遇到的新情况、新特点、新变化进行马克思主义的解释。比如，自动化条件下剩余价值源泉问题，需要把生产劳动范围的扩大和生产工人概念的扩大引入分析；当代资本主义剥削形式和劳资关系的变化，要用劳动价值论和剩余价值论的有关原理分析；当代资本主义经济危机和再

---

① ［加］阿兰·弗里曼：《没有马克思经济学的西方马克思主义——为什么马克思主义在国际金融危机中没有壮大起来？》，载于《国外理论动态》2010年第11期。

生产周期的新特点，要用经济危机理论分析，等等。

作为对马克思主义的发展，社会主义制度在苏联进行了 70 多年的实践，有正反两个方面的经验和教训，为国际共产主义运动留下了宝贵的精神遗产。中国社会主义经济建设也经历了 60 多年的发展，特别是改革开放进行了 30 多年，取得了举世瞩目的巨大成就。这给马克思主义经济学家对全新的社会主义经济制度进行理论概括，留下了广阔的发展空间，这是任何其他国家的经济学家所不具有的得天独厚的优势条件。中国特色社会主义理论体系是马克思主义的普遍真理同中国的具体实际结合起来的最新成果。我们要继续深入研究社会主义发展战略理论、社会主义初级阶段理论、公有制为主体多种所有制经济形式共同发展的所有制结构理论、按劳分配为主体多种分配方式并存的分配结构理论、社会主义市场经济理论、社会主义宏观调控理论，等等。

3. 发展马克思主义经济学必须坚持正确的发展观，要在坚持马克思主义经济学的基础上予以发展，而不是以"马克思主义过时"为借口进行所谓的"发展"

坚持正确的发展观，就是要坚持唯物辩证法的辩证否定观。改革开放以来，特别是近年来受国外新自由主义思潮的影响，我国经济理论界一部分学者对发展马克思主义经济学问题，表现出越来越严重的形而上学的发展观或否定观。运用马克思主义正确的发展观，分析马克思主义经济学发展问题，首要的是坚持马克思主义的基本立场、基本观点、基本方法和基本理论"硬核"。在此基础上，马克思主义经济学者要寻求开辟研究的新领域、探索时代的新问题、发现经济运动的新规律。而形而上学的发展观却完全相反，在这种发展观看来，发展马克思主义经济学，就不能坚持马克思主义的基本立场、基本观点、基本方法和基本理论"硬核"。这种发展观的信仰者，奉行所谓"不破不立"的原则。于是，在理论界就出现了或明或暗的批判和抵触马克思主义经济理论的思潮，认为马克思主义"过时"了。更有甚者，在中国经济学教育和研究领域，竟然出现了将马克思主义经典作家已经明确批判和否定了的西方资产阶级经济学，作为主流经济学进行教育、研究和传播不正常现象。问题在于，发展马克思主义经济学，是不是一定要以形而上学的否定观来否定马克思主义经济学为前提？科学史上，爱因斯坦对待古典热力学的态度值得我们借鉴。爱因斯坦在总结自己一生学术生涯的《自述》一文中写道："一种理论的前提的简单性越大，它所涉及的事物的种类越多，它的应用范围越广，它给人们的印象也就越深。因此，古典热力学对我造成了深刻的印象。我确信，这是在它的基本概念可应用的范围内绝不会被推翻的唯一具有普遍内容的物理理论（这一点请那些原则上是怀疑论者的人特别注意）。"① 在这里，爱因斯坦坚持了唯物辩证法的条件论。这就是，古典热力学在它的概念范畴仍然使用的范围内，它所揭示的定理和命题是颠扑不破的真理。为了强化这一认识，他还特殊叮嘱那些所谓的怀疑论者要"特别注意"。换言之，在爱因斯坦看来，发展古典热力学理论，不是要在古典热力学概念范畴仍然适用的范围内，对该理论的定理和命题予以简单的形而上学的否定。发展古典热力学理论，只能是在古典热力学概念范畴所适用的理论前提不再成立的时候，开辟新领域、探索新问题、发现新规律。我们希望当代马克思主义经济学者，要像爱因斯坦对待古典热力学那样，按照正确的发展观对马克思主义经济学进行坚持和发展。

当然，发展马克思主义也要防止用教条主义的态度对待马克思主义。恩格斯说过："马克思的整个世界观不是教义，而是方法。它提供的不是现成的教条，而是进一步研究的出发点和供这种研究使用的方法。"② "我们的理论是发展着的理论，而不是必须背得烂熟并机械地加以重复的教条。"③ 马克思主义者，既不能因为面临解决现实问题时，在马克思主义经典作家的著作中找不到现成的答案而怀疑和否定马克思主义，也不能事事都沉迷于到马克思主义经典作家的著作中去找答案，犯教条主义的错误。

二　创新和发展马克思关于资本主义生产方式理论

1. 对创新和发展马克思关于资本主义生产方式理论的基本认识

资产阶级政治经济学，是伴随着资本主义生产方式的建立和发展逐步形成的。从 17 世纪中叶开始，资本主义进入工场手工业时期，标志着资本主义生产方式逐步确立起来。与此相适应，资产阶级政治经济学也就从重商主义转化为古典政治经济学。古典政治经济学在英国从威廉·配第开

---

① 爱因斯坦：《自述》，《爱因斯坦文集》，商务印书馆 2009 年版，第 17 页。
② 《马克思恩格斯选集》第 4 卷，人民出版社 1995 年版，第 742—743 页。
③ 《马克思恩格斯选集》第 4 卷，人民出版社 1995 年版，第 681 页。

始，到李嘉图结束，在法国从布阿吉尔贝尔开始，到西斯蒙第结束。①

马克思和恩格斯在批判地继承了古典政治经济学的科学成就的基础上，完成了政治经济学的科学革命，创立了关于资本主义生产方式的马克思主义政治经济学。这一理论是对当时以英国为典型的资本主义生产方式的理论概括，反映了资本主义经济运动的规律因而是科学的政治经济学。当然，马克思主义经典作家也不是能够超越一切时空而存在的。他们对资本主义生产方式的理论概括，只能说是在大的理论格局方面来说实现了科学革命，而不可能说他在一切方面都是尽善尽美的、没有任何发展空间的。

众所周知，后来出版的《资本论》第二卷和第三卷，就是有恩格斯编辑的马克思所留下的未能详细修改的手稿。相信如果马克思生命能够延长，他的健康状况能够允许，他定会对这个手稿进行更加完美的加工和修订，那么我们今天所读到的《资本论》第二卷和第三卷将会是一个更加完善的著作。当然了，理论发展也不仅仅在这一个方面。比如，马克思在写作《资本论》时，经济学界的分析方法还没有实现数学化，因此有很多的理论阐述也完全可以实现数学化的。另外，更重要的是作为社会科学理论的政治经济学，当社会实践进一步向前发展时，理论也必然要跟着向前发展。例如，虽然马克思创作《资本论》时也已经存在世界市场了，但是，今天的资本主义经济全球化肯定要比马克思所生活的时代更加生动、更加具体、也更加深刻。因此，今天的马克思主义理论工作者对经济全球化的理论概括，肯定会大大超出马克思《资本论》中的有关论述。所有这些都可以说是马克思主义经济学家对马克思关于资本主义生产方式理论的发展。

2. 双重价值转形论：创新和发展马克思价值理论的例证

科学的劳动价值论是科学的剩余价值论的基石，也是全部马克思主义经济学的基石。早在 1868 年，一个匿名的德国资产阶级经济学家就十分明确地指出：驳倒价值理论是反对马克思的人的唯一任务，因为如果同意这个定理，那就必然要承认马克思以铁的逻辑所做出的差不多全部结

---

① 马克思：《政治经济学批判》，《马克思恩格斯全集》第 13 卷，人民出版社 1998 年版，第 41 页。

论。① 此后一百多年的资产阶级经济思想史证明了这一预言。一代又一代的资产阶级经济学家确实是沿着这一方向进行工作的。关于转形问题的争论就是一个生动的例证。本文第三章和第四章分别研究和批判了主流经济学家和非主流经济学家在这一问题上的错误观点。马克思关于资本主义生产方式的政治经济学，最重要的方法论是唯物辩证法，而转形则是这一方法论的具体运用。马克思通过分析剩余价值转化为利润，利润转化为平均利润，同时价值转化为生产价格，阐述了产业资本家、商业资本家、借贷资本家等剥削阶级集团之间如何瓜分雇佣劳动所创造的剩余价值，从而来揭示资本主义的剥削实质。马克思通过"价值向生产价格转化"的分析，成功地解决了李嘉图的"等量资本获得等量利润"的理论难题，使马克思的劳动价值理论真正成为科学。马克思的"价值向生产价格转化"即价值转形分析，是理解马克思劳动价值论的理论中枢，转形分析逻辑正确与否，关乎马克思劳动价值论的存废大事，因而也是资产阶级庸俗经济学家攻击的主要对象。深化对马克思主义经济学的认识，必须深化对马克思转形分析的理解。

　　马克思的关于资本主义商品经济条件下价值到生产价格转化的理论即价值转形理论，有两个重要中间环节：首先是市场价值，部门内部竞争使不同商品生产者生产的商品价值转化为市场价值；其次是生产价格，部门之间的竞争使市场价值转化为生产价格。长期以来，我们经济学界一直把市场价值简单地等同于价值，从而进一步把马克思的价值转形理论误解为价值通过部门之间的竞争直接向生产价格转化。对部门内部竞争及市场价值的形成，很多著作只是不得不带一笔，有的著作甚至干脆就只字不提。近年来，虽有部分学者提出把价值和市场价值区别开来的观点，一旦这些研究几乎都把价值决定和市场价值决定截然对立起来，得出第二含义的社会必要劳动时间决定市场价值的结论。因此，到目前为止，价值——市场价值的转化作为马克思的价值——市场价值——生产价格的完整理论的前一部分，我们学术界的研究是很不够的。另一方面，自马克思的《资本论》问世以来，西方学者由于不理解马克思的研究方法，在对马克思价值转形理论的后一部分的理解上造成了各种混乱，进行了长达百余年无休止的争论。

---

　　① 参见《马克思恩格斯全集》第16卷，人民出版社1985年版，第353页。

（1）价值转化为市场价值

马克思在《资本论》中对价值规律理论的阐述，首先是在简单商品经济条件下进行的。在《资本论》第一卷第一篇中，马克思以简单商品经济为背景，研究了价值规律在简单商品经济条件下的作用形式。

简单商品经济的狭小的生产规模、狭隘的地区范围和手工操作的技术界限，决定了生产商品的劳动耗费及价值形成的特点。具体表现在：商品生产和商品交换的范围和数量很小；同类商品生产者生产的技术装备落后，几乎都是手工操作，因而技术差别甚微；技术进步缓慢，一种物品的生产方法往往几百年都没有什么变化；在这样的社会条件下，价值量由劳动时间来决定表现得尤其突出。人们能够相当准确地知道，要制造他所换来的物品，需要多少劳动时间。这时，商品生产者生产上的差别就主要表现为劳动方面的差别，主要表现在劳动的内涵与外延方面如劳动复杂程度的高低、劳动强度的大小以及劳动时间的长短。因此，在计算商品的价值量时，只需将复杂劳动化作简单劳动。另外，由于同类商品生产技术差别不明显，部门内部竞争不能充分开展，因此，在这种历史条件下，市场价值范畴只是以一种萌芽状态蕴含于价值范畴之中。马克思指出，形成商品价值实体的是抽象人类劳动。商品价值量"是用它所包含的'形成价值的实体'即劳动量来计量。劳动本身的量是用劳动的持续时间来计量"。因此，商品的价值量是由生产该商品所耗费的社会必要劳动时间决定的。"社会必要劳动时间是在现有的社会正常的生产条件下，在社会平均的劳动熟练程度和劳动强度下制造某种使用价值所需要的劳动时间。"[①] 因此，抽象人类劳动形成商品的价值实体，社会必要劳动时向决定商品的价值量，商品交换以价值为基础，这便是价值规律的基本要求。恩格斯补充说："只要经济规律起作用，马克思的价值规律对于整个简单商品生产时期是普遍适用的，也就是说，直到简单商品生产由于资本主义生产形式的出现发生变化之前是普遍适用的。在此之前，价格都以马克思的规律所决定的价值为重心，并围绕着这种价值来变动，以致简单商品生产发展得越是充分，一个不为外部的暴力干扰所中断的较长时期内的平均价格就越是与价值趋于一致，直至量的差额小到可以忽略不计的

[①]　《马克思恩格斯全集》第 23 卷，人民出版社 1972 年版，第 52 页。

程度。"① 因此，价值规律在简单商品经济条件下的作用形式是：价格围绕价值上下波动。

市场价值这一经济范畴，是随着简单商品经济向资本主义商品经济的转化而逐步发展起来的。如前所述，从历史上看，在简单商品经济时期，生产力发展水平低下决定了生产者生产上的差别，主要表现在劳动的内涵与外延方面的差别。到了资本主义时期，随着资本主义生产方式从简单协作、工场手工业到机器大工业的发展，价值转化为市场价值的技术经济条件和社会机制才逐步形成。特别是机器大工业，"使用机器基本原则在于以简单劳动代替复杂劳动"。② 这样，在社会经济过程中，各种不同生产条件下的劳动在形成价值的质的规定性上的同一表现得更加明显。这些质上同一的劳动在同一时间内形成在量上相等的总价值。但由于它们的劳动生产力水平不同而生产出不同数量的商品，因而形成了不同的个别价值。另一方面，部门内部竞争要求同种商品按相同的社会价值出售。因此，价值就转化为市场价值。按照逻辑和历史相一致的原则，马克思在《资本论》第三卷中对市场价值这一范畴作了详细的阐述。马克思指出："市场价值，一方面，应看作是一个部门所生产的商品的平均价值，另一方面，又应看作是在这个部门的平均条件下生产的、构成该部门的产品很大数量的那种商品的个别价值。"③ 在这里，马克思从两个方面限定市场价值范畴：前者从总量出发，求总量的平均价值；后者从个量出发，用特定生产条件下生产商品的个别价值定义市场价值。从总量出发，无论市场上某商品总量是在哪种生产条件下生产的，市场价值都等于商品的个别价值的加

权平均值即 $\sum_{i=1}^{n} X f_i / \sum_{i=1}^{n} f_i$ （其中 X_i—i 种生产条件下生产单位商品的个别价值，f_i—i 种生产条件下生产的商品数量）；从个量出发，在特殊假定条件

下即 $\sum_{i=1}^{n} X f_i / \sum_{i=1}^{n} fi$ "在这个部门的平均条件下生产的" 并且 "构成该部门的产品很大数量" 条件下，市场价值等于中等生产条件下所生产商品的个别价值。之所以如此，只是因为经过这样限定后的中等条件生产的商品

---

① 恩格斯：《〈资本论〉第三卷增补》，《马克思恩格斯全集》第 25 卷，人民出版社 1974 年版，第 1018—1019 页。

② 《马克思恩格斯全集》第 47 卷，人民出版社 1974 年版，第 363 页。

③ 《马克思恩格斯全集》第 25 卷，人民出版社 1974 年版，第 199 页。

的个别价值简单平均值恰好等于商品，总量的加权平均值，即具体说来，市场价值的形成可归结为三种基本模式。

关于市场价值形成的三种模式的分析，我已在一元的价值决定论中予以阐述，现在我们必须强调：上述关于市场价值形成的分析是在高度抽象的条件下进行的。在实际市场上则是通过部门内部竞争来实现的。而且市场价值等于商品总量的个别价值的加权平均值也只能作为占统治地位的趋势来理解。它"始终只是以一种极其错综复杂和近似的方式，作为从不断波动中得出的、但永远不能确定的平均情况来发生作用"。①

价值一旦转化为市场价值，商品即按和价值有差别的市场价值出售。不管市场价值按上述三种模式中哪一种模式来形成，商品按市场价值出售都会有如下的结果：有的商品生产者生产上定量商品耗费劳动量较大，但平均化为市场价值却较小。这主要是指三种模式中劣等生产条件下生产的商品，它们的市场价值低于它们的个别价值或价值；相反，有的商品生产者生产一定量商品耗费劳动较少，但平均化为市场价值却很高。这主要是指三种模式中的优等生产条件下条件的商品，它们的市场价值高于它们的个别价值或价值；就中等生产条件下生产的商品来说，它的市场价值和个别价值也是经常不一致的。只有在优、中、劣三种生产条件下生一产商品产量达到偶然比例的情况下，中等条件下生产商品的个别价值才同它的市场价值相一致。因此，价值转化为市场价值以后在商品交换中市场价值和商品内在价值的偏离决不是偶然的，而是经常发生的必然现象。

那么，商品按市场价值出售是否意味着价值规律遭到破产呢？市场、价值规律不仅不是对价值规律的违反，而且恰恰相反，它是价值规律的发展形式或转化形式。首先，一个部门商品总量的个别价值或价值之和等于它们的市场价值之和。简单商品经济条件下商品的价值和市场价值相一致这一点，"现在在下面这一点上得到了实现或进一步的规定：这个商品总量包含着为生产它所必需的社会劳动，并且这个总量的价值＝它的市场价值"。② 其次，就一个部门内部看，一部分商品的市场价值低于它的一

---

① 马克思：《资本论》，《马克思恩格斯全集》第 25 卷，人民出版社 1974 年版，第 181 页。

② 《马克思恩格斯全集》第 25 卷，第 203 页。

个别价值。另一部分商品的市场价值高于它的个别价值。这些商品按相同的市场价值出售，前者低于个别价值的部分和后者高出个别价值的部分恰好互相抵消。最后，市场价值的变动，最终取决于各种不同生产条件下生产商品所需要的劳动时间的减少或增加。

　　总之，价值到市场价值的转化，既是商品价值形式的转化，也是商品生产历史的转化。从形式转化来看，它可以理解为商品个别价值向市场价值的转化；从历史转化来看，把它理解为简单商品经济条件下商品的价值向资本主义商品经济条件下的市场价值的转化更为恰当。因此，马克思有时把它称作个别价值"平均化为一个社会价值"，有时把它称作"价值转化为市场价值"。

　　（2）价值的进一步平均化：市场价值转化为生产价格

　　商品按市场价值出售必然会造成这样的结果：不同生产部门的等量资本，由于有机构成和周转速度的差别，不能获得等量利润。这和资本追求利润的本性相冲突。这就是导致李嘉图学派破产的李嘉图体系的两大矛盾之一。为解决这一理论难题，马克思进一步分析了商品价值的转形问题。

　　值得特别指出的是：上述马克思的关于转形问题的解法仍是十分抽象的。它只是提供了一种理解转形问题的方法，它并不直接等于资本主义现实，因为马克思的解法只是就资本主义经济过程的一个侧面（即资本有机构成差别对利润率平均化的影响）展开分析的。事实上，影响利润率平均化的因素除了资本有机构成差别以外，还包括资本周转速度的差别，以及社会资本在具有不同资本有机构成和不同资本周转速度差别对利润率平均化的影响，以及社会资本在具有不同有机构成和不同周转速度的各部门之间的分布状况对利润率平均化的影响研究转形问题。在这些方法论问题都解决了以后，利润现代数学成果建立一个和资本主义经济过程尽可能接近的价值转形的数学模型是完全可能的，下面就是这方面想法的一个尝试，见下表7—1。

表 7—1　　　　　　　　　　　价值向生产价格的转化

A	B	C	D	E	F	G	H	I
$C_1 + V_1$	100%	m_1	k_1	$k_1 m_1$	$\dfrac{k_1 m_1}{C_1 + V_1}$	$k_1 (c_1 + v_1 + m_1)$	$\dfrac{\sum km}{\sum (C+V)}$	$k_1 (c_1 + v_1 + 1)$
$C_2 + V_2$	100%	m_2	k_2	$k_2 m_2$	$\dfrac{k_2 m_2}{C_2 + V_2}$	$k_2 (c_2 + v_2 + m_2)$	$\dfrac{\sum km}{\sum (C+V)}$	$k_2 (c_2 + v_2 + 1)$
$\vdots$	$\vdots$	$\vdots$	$\vdots$	$\vdots$	$\vdots$	$\vdots$	$\vdots$	$\vdots$
$C_{n-1} + V_{n-1}$	100%	m_{n-1}	k_{n-1}	$k_{n-1} m_{n-1}$	$\dfrac{k_{n-1} m_{n-1}}{C_{n-1} + V_{n-1}}$	$K_{n-1} (c_{n-1} + v_{n-1} + m_{n-1})$	$\dfrac{\sum km}{\sum (C+V)}$	$K_{n-1} (c_{n-1} + v_{n-1} + 1)$
$C_n + V_n$	100%	m_n	k_n	$k_n m_n$	$\dfrac{k_n m_n}{C_n + V_n}$	$K_n (c_n + v_n + m_n)$	$\dfrac{\sum km}{\sum (C+V)}$	$K_n (c_n + v_n + 1)$

　　注：A = 资本；B = 剩余价值率；C = 剩余价值；D = 周转次数；E = 年剩余价值；F = 年利润率；G = 产品价值；H = 平均利润率；I = 生产价格。

　　在这个数学模型中，年剩余价值总额 $= k_1 m_1 + k_2 m_2 + \cdots + k_{n-1} m_{n-1} + k_n m_n = \sum km$；

　　平均利润总额 $= (c_1 + v_1) \dfrac{\sum km}{\sum (C+v)} + (c_2 + v_2) \dfrac{\sum km}{\sum (C+v)} + \cdots +$

$(c_{n-1} + v_{n-1}) \dfrac{\sum km}{\sum (C+v)} + (c_n + v_n) \dfrac{\sum km}{\sum (C+v)}$

$= \dfrac{\sum km}{\sum (C+v)} \left[(c_1 + v_1) + (c_2 + v_2) + \cdots + (c_{n-1} + v_{n-1}) \right] =$

$\dfrac{\sum km}{\sum (C+v)} \left[\sum (C+V) \right] = \sum km$

　　故年剩余价值总额等于平均利润总额。

　　商品价值总额 $= k_1 (c_1 + v_1 + m_1) + k_2 (c_2 + v_2 + m_2) + \cdots + k_{N-1} (c_{N-1} + v_{N-1} + m_{N-1}) + k_n (c_n + v_n + m_n) = \sum k (c + V + m)$

　　生产价格总额 $= k_1 (c_1 + v_1) + (c_1 + v_1) \dfrac{\sum km}{\sum (C+v)} + k_2 (c_2 + v_2) +$

$(c_2 + v_2) \dfrac{\sum km}{\sum (C+v)} + \cdots + k_{n-1} (c_{n-1} + v_{n-1}) + (c_{n-1} + v_{n-1})$

$$\frac{\sum km}{\sum (C+v)} + k_n (c_n + v_n) + (c_n + v_n) \frac{\sum km}{\sum (C+v)}$$

$$= [k_1 (c_1 + v_1) + k_2 (c_2 + v_2) + \cdots + k_{n-1} (c_{n-1} + v_{n-1}) + k_n (c_n + v_n)] + [(c_1 + v_1) \frac{\sum km}{\sum (C+v)} + (c_2 + v_2) \frac{\sum km}{\sum (C+v)} + \cdots + (c_{n-1} + v_{n-1}) \frac{\sum km}{\sum (C+v)} + (c_n + v_n) \frac{\sum km}{\sum (C+v)}]$$

$$= \sum k (c+v) + \frac{\sum km}{\sum (C+v)} [(c_1 + v_1) + (c_2 + v_2) + \cdots + (c_{n-1} + v_{n-1}) + (c_n + v_n)]$$

$$= \sum k (c+v) + \frac{\sum km}{\sum (C+v)} \sum (c+v) = \sum k (c+v) + \sum km = \sum k (c+v+m)$$

故商品价值总额等于生产价格总额。

这里再一次证明：运用现代数学方法建立价值转形模型，困难不在于计算技术方面，困难在于如何理解转形问题的方法论，这也是马克思的价值转形理论的精髓所。

三　创新和发展马克思关于资本主义生产方式理论的意义

创新马克思关于资本主义生产方式理论，首先必须坚持实事求是的原则。理论是实践的反映，必须随着实践的变化而发展。马克思主义经典作家从不认为他们的理论是一成不变的，而总是根据实践的发展和时代的变化来推动理论创新，坚持在实践中丰富和发展自己的学说。马克思和恩格斯在他们合著的《德意志意识形态》一书中曾指出："一切划时代的体系的真正内容都是由于产生这些体系的那个时期的需要而形成起来的。所有这些体系都是以本国过去的整个发展为基础的，是以阶级关系的历史形式及其政治的、道德的、哲学的以及其他的后果为基础的。"[1] 对《共产党宣言》这样一部划时代的伟大文献，马克思、恩格斯也强调应该根据实践的发展，对其中某些观点进行修改、补充和完善。1872 年在《宣言》发表 24 周年时，他们一方面肯定《宣言》中"所阐述的一般原理整个说来直到现在还是完全正确的"，同时又指出，这些原理的实际运用，"随

---

[1] 《马克思恩格斯全集》第 3 卷，人民出版社 1965 年版，第 544 页。

时随地都要以当时的历史条件为转移"。因此，我们必须本着实事求是的态度来对待马克思关于资本主义生产方式理论，必须以实事求是的态度来创新和发马克思的资本主义生产方式理论。

其次，对马克思主义经济理论不能僵化理解，不能教条化。苏东社会主义事业的失败在事实上教育了我们，马克思主义经济理论必须不断地发展。十月革命取得胜利后，曾出现了教条主义，对马克思主义形成了许多僵化教条思想：一是理论脱离实际，理论不能反映生动的现实经济实践；二是理论也不遵循科学发展的一般规律，结果使马克思主义成为僵化的教条，以至于贻误了社会主义事业，出现了社会主义解体，国际共产主义的低潮。20世纪六七十年代，明明是资本主义出现了一个新的发展时期，在冷战中，马克思主义社会主义出现了潜在的巨大的危机，但以斯大林为代表的社会主义马克思主义经济学家却误判为资本主义经济进入了总危机，而拒绝深入分析资本主义经济出现发展的原因，拒绝分析社会主义国家经济潜在的困难和矛盾，结果是社会主义阵容出现了苏联解体、东欧剧变。因此，不能僵化、教条化地理解马克思主义经济理论，马克思经济理论必须在实践中创新和发展。

最后，实践发展要求理论为实践服务。1937年7月，毛泽东在《实践论》中曾提出："只有人们的社会实践，才是人们对于外界认识的真理性的标准。"强调："马克思主义的哲学辩证唯物论有两个最显著的特点：一个是它的阶级性，公然申明辩证唯物论是为无产阶级服务的；再一个是它的实践性，强调理论对于实践的依赖关系，理论的基础是实践，又转过来为实践服务。"在现实中，我们必须不仅要对社会主义国家，用发展着的马克思主义来认识世界，指导实践；而且对当代资本主义世界体系，也必须要用发展着的马克思主义来认识世界，指导实践。

第二节　创新中国特色社会主义经济理论体系的指导思想和原则

一　创新中国特色社会主义经济理论体系必须反映社会主义经济关系本质

从上面的分析我们可以看出，当代西方资产阶级经济学仍然是庸俗经济学。因此，主张中国特色社会主义经济理论与西方资产阶级经济学全面

"接轨"或"全盘西化"是错误的。恩格斯指出："政治经济学不可能对一切国家和一切历史时代都是一样的。从野蛮人的弓和箭、石刀和仅仅是例外地出现的交换往来，到千匹马力的蒸汽机，到纺织机、铁路和英格兰银行，有一段很大的距离。火地岛的居民没有达到进行大规模生产和世界贸易的程度，也没有达到出现票据投机或交易所破产的程度。谁要想把火地岛的政治经济学和现代英国的政治经济学置于同一规律之下，那末，除了最陈腐的老生常谈以外，他显然不能揭示出任何东西。因此，政治经济学本质上是一门历史的科学。"① 恩格斯强调政治经济学作为一门历史的科学，人类社会发展的不同阶段应该有不同的政治经济学。因为人类社会"火地岛"经济时代与 19 世纪资本主义社会生产方式英国有重大区别，所以，火地岛时代的政治经济学和 19 世纪英国的政治经济学必然是有本质区别的。同样，我们根据恩格斯的这一思想完全可以如下的推理：在人类社会发展历史上，资本主义社会和社会主义社会是两个不同的历史阶段，所以，关于资本主义生产方式的政治经济学与关于社会主义生产方式的政治经济学必然是有本质区别的。也就是说，作为对资本主义社会辩证否定的社会主义社会，应该有与关于资本主义生产方式的政治经济学完全不同的政治经济学。因此，马克思的《资本论》以及后来的马克思主义者关于资本主义生产方式的政治经济学，与马克思主义者关于社会主义生产方式的政治经济学也是有本质区别的。尽管我们目前的社会主义还不是在生产力发展水平上完全超越于资本主义的社会主义，尽管我们在实际的社会主义建设过程中还要利用资本主义所创造的发展生产力的一些办法和手段，但是，从本质上讲，人类社会发展的社会主义阶段还是要有区别与资本主义阶段的经济规律以及反映这些经济规律的政治经济学。从这个意义上来说，主张将政治经济学社会主义部分和政治经济学资本主义部分完全合二而一或"打通"的"打通论"也是错误的。同样，教条地对待《资本论》，用《资本论》关于资本主义生产方式的概念范畴简单地裁决社会主义经济生活现象也是错误的。探索社会主义经济规律是一项全新的工作任务。苏联历史上曾经出现过关于政治经济学消亡的争论。十月社会主义革命胜利后，苏联的一大批经济学家认为政治经济学消亡了。布哈林把政治经济学理解为狭义政治经济学，并且进一步把政治经济学仅仅局限

① 恩格斯《反杜林论》，《马克思恩格斯全集》第 20 卷，第 160—161 页。

在研究无组织的社会经济的科学，因此他提出，只要我们研究有组织的社会经济，那末，政治经济学中的一切基本"问题"如价值、价格、利润等问题就都消失了。因此"资本主义商品社会的末日也就是政治经济学的告终"① 恩格斯将政治经济学定义为"研究人类各种社会进行生产和交换并相应地进行产品分配的条件和形式的科学"。② 按照这个定义，再根据恩格斯关于政治经济学是历史科学的论述，人类社会的每一个历史阶段都有属于这个历史阶段的特有的政治经济学。只要人类社会继续前进没有停止发展，政治经济学就不会终止。由此逻辑出发，列宁在对布哈林的《过渡时期经济学》一书的批注中，批评布哈林"比恩格斯倒退了一步"③ 社会主义经济制度与以往的包括资本主义经济制度在内的各种经济制度相比，是一种全新的社会经济制度。社会主义经济制度必然有其自身独立的、标志着新型社会形态特征的经济规律。从这个意义上说，对社会主义新型经济关系规律的探讨应该是全新的无止境的。既然社会主义经济制度有其自身独特的、标志其特殊性的经济规律，那么探索社会主义经济规律必然是一项全新的工作，因此，就应该允许探索、允许失败，应该客观地对待前人的失败。只有正确认识和分析前人的失败教训，才能避免自己在重返类似的错误。对待列宁、斯大林、毛泽东等我们的伟大领袖所领导的社会主义实践活动更应该抱有这种态度和感情。这种态度和感情就是坚持社会主义、坚持马克思主义的态度。批判地对待前人的探索，同时我们也要准备我们的后人批判性地对待自己，这才是历史唯物主义的态度。目前在理论研究上有一种历史虚无主义态度，这种人不是客观地、辩证地对待无产阶级的革命领袖，而是以一种妖魔化态度来对待领袖人物，例如国外国内都有人将斯大林、毛泽东妖魔化"暴君"。这种人，或者与共产党有仇恨，或者是对我们的共产主义事业别有企图必须用事实为依据进行彻底批判！当然，也不能拒绝承认我们的领袖人物和他们所从事的社会主义实践活动又不够完善的地方，甚至有完全错误的地方。不承认这些也不是历史唯物主义的态度。我们要在肯定前人成绩，继承前人的成就，找出

---

① ［苏］尼古拉·布哈林：《过渡时期经济学》，生活·读书·新知三联书店 1981 年版，第 2 页。

② 恩格斯《反杜林论》，《马克思恩格斯选集》第 3 卷，第 189 页。

③ 列宁：《尼·伊·布哈林〈过渡时期经济学〉一书批注》，人民出版社 1976 年版，第 2 页。

和克服前人不足的同时继续前进。因此，我们也要勇于有突破前人，本着一切从实际出发、实事求是的科学态度进行理论和实践上的探索。

总之，我们这里强调中国的社会主义是具有中国特色的社会主义，在一些主要特征上，它还是与以往的其他社会形态有本质区别的。它有自己独有的经济关系和经济规律，因此，要在一种全新的观念上独立自主地对社会主义这种新生事物进行理论概括和反映。

二　创新中国特色社会主义经济理论体系必须体现中国社会主义初级阶段特征

中国的社会主义，是在生产力水平低下的国度建设的社会主义。中国社会主义初级阶段生产力发展水平低下，决定了现实中国的社会主义不能是纯而又纯的理想中的或理论上的社会主义。这种现实的社会主义就决定了，他必须一方面要坚持社会主义的本质规定，另一方面又不得不更加大胆地利用资本主义和市场经济所提供的一切有利于生产力发展的文明成果。由于生产力发展水平不高，中国社会主义初级阶段还根本无法取消商品生产和货币经济关系。由此，政治经济学资本主义部分关于商品经济的一些关系和规律在一定范围内必然要存在。因此，马克思《资本论》中所揭示的关于商品生产一般的经济规律当然要存在和发挥作用。同是，由于我们所处的历史阶段是社会主义初级阶段，由于商品经济、市场经济、甚至一定范围的私有制经济和资本主义经济还需要充分发展，因此，西方资产阶级国家和政府对发展资本主义经济所进行的宏观和微观经济管理的成功经验，我们也必须积极地学习和借鉴。因此，中国特色社会主义经济理论体系，也要有这方面的理论内容。

总之，中国特色的社会主义经济理论体系就是上述两个方面的结合和统一。大胆地探索和概括社会主义所特有的经济规律和理论范畴，不等于就可以忽视或放弃学习和借鉴当代西方资产阶级经济学，而学习和借鉴当代西方资产阶级经济学，也绝不等于我们就可以放弃独立自主地创新社会主义所特有的经济规律和经济范畴。我们认为，在新中国经济学研究和教学的历史上，一直存在着如何正确处理这两个方面关系的误区。新中国成立到党的十一届三中全会召开，我们总体上是要初步建立社会主义经济制度的基本框架，强调社会主义有别于资本主义的制度特点和规律，有意无意地忽略了社会主义生产力发展水平低下的社会主义的不成熟性，更忽略了学习西方发达国家的资本主义管理方法和经验，忽略了学习和借鉴西方资产阶级经济学。然而近年来，我们国家经济学界却出现了完全相反的情况。在改革开放以来，特别是在建立社会主义市场经济过程中由于我们较多地学习和借鉴了西方发达国家的市场经济建设经验，在我们的一部分同志心目中造成了这样一种错误认识：似乎我们已经放弃了社会主义，似乎是我们真的要走资本主义道路了。既然是走资本主义，那么，中国经济学的建设道路当然是西方资产阶级经济学道路。于是，有人强调西方经济学是"普适的"的经济理论，有人则强调"人间正道西方经济学"。不仅如此，在我国经济学教育中也出现了马克思主义经济学被边缘化的严酷现实。① 造成这种错误认识的思想基础就是唯心主义和形而上学。强调其中的一方面而忽视和否定另一方面，就会出现"左"的或右的倾向性错误。"左"和右的倾向性都不是马克思主义的，"左"和右的倾向性错误发展到一定程度都会妨碍由中国特色社会主义事业的发展进步，弄不好甚至会葬送社会主义。

第三节　创新中国特色社会主义经济理论体系的内容框架

一　马克思关于未来社会所有制的理论

1. 马克思关于消灭私有制与建立社会主义公有制理论

《共产党宣言》和《共产主义原理》中提出废除生产资料私有制，是最初论证"废除私有制甚至是工业发展所必然引起的改造整个社会制度的简明扼要的说法。所以共产主义者提出废除私有制为自己的主要要求是完全正确的"②；"代替那存在着阶级和阶级对立的资产阶级旧社会的，将是这样一个联合体，在那里，每个人的自由发展是一切人的自由发展的条件"③；"共产主义的特征并不是要废除一般的所有制，而是要废除资产阶

---

① 目前党中央已经注意到了这种情况正在着手从各方面着手解决这方面的问题，努力改变这种不正常的局面。

② 恩格斯：《共产主义原理》，《马克思恩格斯选集》第一卷，人民出版社1972年版，第217—218页。

③ 马克思恩格斯《共产党宣言》，《马克思恩格斯选集》第一卷，人民出版社1972年版，第273页。

级的所有制。但是，现代资产阶级私有制是建筑在阶级对立上面、建筑在一些人对另一些人的剥削上面的生产和产品占有的最后而又最完备的表现。从这个意义上说，共产党人可以用一句话把自己的理论概括起来：消灭私有制"。①《资本论》中运用辩证法否定之否定规律是成熟的逻辑推理和论证。马克思"从资本主义生产方式产生的资本主义占有方式，从而资本主义的私有制，是对个人的、以自己劳动为基础的私有制的第一个否定。但资本主义生产由于自然过程的必然性，造成了对自身的否定。这是否定的否定。这种否定不是重新建立私有制，而是在资本主义时代的成就的基础上，也就是说，在协作和对土地及靠劳动本身生产的生产资料的共同占有的基础上，重新建立个人所有制"。②

2. 社会主义公有制的内涵

研究资本主义经济关系，马克思曾经得出重要结论："私有制不是一种简单的关系，也绝不是什么抽象概念或原理，而是资产阶级生产关系的总和。"③ 这个结论不仅对私有制研究有意义，而且对公有制社会主义经济研究也有重要意义。这就是对公有制也不能作片面的理解，似乎是一宣布公有就万事大吉。其实，公有制也决不是一个简单的东西，它是社会主义经济关系的总和。公有制包括生产分配交换消费各个环节体现。要谈现实公有制的典型意义时代意义，要注意克服公有制的异化。生产分配交换和消费各个领域都建立公有制为基础的社会主义关系，防止公有制被利益集团所异化。

二　关于"重建个人所有制"理论的理论争鸣与按劳分配理论

马克思在他的成熟著作《资本论》第一卷第二十四章提出"重建个人所有制"的重要思想。马克思写道："从资本主义生产方式产生的资本主义占有方式，从而资本主义的私有制，是对个人的、以自己劳动为基础的私有制的第一个否定。但资本主义生产由于自然过程的必然性，造成了对自身的否定。这是否定的否定。这种否定不是重新建立私有制，而是在

① 马克思恩格斯《共产党宣言》，《马克思恩格斯选集》第一卷，人民出版社 1972 年版，第 265 页。

② 《资本论》第一卷，人民出版社 2004 年版，第 874 页。

③ 《马克思恩格斯选集》第一卷，人民出版社 1972 年版，第 191 页。

资本主义时代的成就的基础上，也就是说，在协作和对土地及靠劳动本身生产的生产资料的共同占有的基础上，重新建立个人所有制。"① 从马克思的这一段文字论述，我们可以看出：在这里马克思是马克思对资本主义私有制以前的个人的、以自己劳动为基础的私有制、资本主义的私有制和未来社会的所有制，所进行的一种从辩证法否定之否定规律高度的一种概括。

由于人们对"重建个人所有制"的不同理解，直接涉及未来社会所有制建设，也由于未来社会作为一种新生事物，它的成长不可能是一帆风顺的，必然要有一个相当长的曲折过程，因此，受客观条件变化的影响，人们对马克思关于未来社会所有制及"重建个人所有制"必然会出现各种不同意见。目前学术界对马克思"重建个人所有制"的解释有以下几种观点：

第一种观点，也是比较传统的观点，认为"重建个人所有制"是指建立生活资料的个人所有制。这种观点的主要依据是恩格斯在《反杜林论》中的阐述。如有学者认为，马克思提出的"重建个人所有制"，"是靠剥夺剥夺者，在生产资料公有制的基础上来重新建立。因此，它既不是生产资料私有制，也不是生产资料公有制，而是指生活资料个人所有制。这是人的本性的需要，是人的能力的自由全面发展和发挥的物质基础，是共产主义的旗帜。社会主义的任务决不是实现生产资料个人所有制"。②

第二种观点认为，"重建个人所有制"是指建立生产资料社会主义公有制。理由是："否定的否定"规律运动的核心应该是生产资料所有制，马克思所提的"重建个人所有制"中的个人所有制等同于联合起来的社会的个人所有制即公有制。如有学者认为，"马克思讲'重建个人所有制'，是指社会主义通过否定资本主义生产资料所有制，重建被资本主义否定了的劳动者的生产资料所有制。但不是劳动者单个人的个人所有制的回归，而是在更高形式上的与公有制相通的联合起来的社会的个人所有制，公有制和联合起来的社会个人所有制，是社会主义生产资料所有制硬币的两方面，其正面是公有制，其背面是联合起来的社会的个人所有制，

---

① 马克思：《资本论》第 1 卷，人民出版社 2002 年版，第 832 页。
② 王成稼：《对"重建个人所有制"的辨析》，《当代经济研究》2004 年第 10 期。

即组成为共同体的各个个人都有份的所有制".①

第三种观点认为,"重建个人所有制"既包括生产资料社会主义公有制,也包括消费资料个人所有制,还包括劳动力的个人所有制。如有学者认为,"马克思个人所有制中作为主体的个人,是指联合起来的社会个人,也就是全社会劳动者的整体。而所有制客体,无疑是指生产资料。当然也包括劳动力和全部产品,但通常主要是指生产资料".②

第四种观点认为,从马克思对为了社会目标、阶级和国家消亡以及人的自由全面发展的理论中去理解,"重建个人所有制"并非关注个人所有权的实现,而是关注自由人联合体中的个人,能够自觉地设计和使用劳动工具,以充分发挥个人的才能,充分满足自身的需要。社会主义国家的公有制、集体所有制及在改革过程中确立起来的股份制,都是在走向未来"重新建立个人所有制"探索中的过渡形式。厉以宁曾经指出:"我们还不能认为目前正在建立的公众持股的股份公司已经等同于'重新建立个人所有制'了。但可以肯定的是:建立公众持股的股份公司,发展公共投资基金,设立和发展社会保障基金等等,是走向作为社会主义经济基础的'重建的'个人所有制的重要的一步。方向是正确的,但实际情况同所要实现的目标还有相当大的差距。"③

第五种观点认为,"重建个人所有制"是指建立生产资料人人皆有的私有制。持这种观点的学者主要以《共产党宣言》中有关消灭私有制的阐述为依据,认为私有制可分为"部分人的私有制"和"人人皆有的私有制"。前者应该被消灭,而后者应该重新建立。④改革开放以来,随着我国所有制结构改革的不断深化,有学者把"重建个人所有制"理论与股份制相联系,把股份制看成是"重建个人所有制"的理想形式。更有学者认为"股票这种占有方式,是以现代生产资料的本性为基础的产品占有方式:一方面由社会直接占有,作为维持和扩大生产的资料;另一方面由个人直接占有,作为生活和享乐的资料","股票,体现了社会所有与个人所有的统一,公有制与私有制的统一,生产资料与生活资料的统

---

① 卫兴华:《究竟怎样理解马克思提出的"重建个人所有制"的理论观点》,《当代经济研究》2009 年第 1 期。

② 孔陆泉:《"个人所有制"和我国现阶段基本经济制度》,《学习与探索》2010 年第 3 期。

③ 陈家付:《论马克思的"重建个人所有制"问题》,《经济纵横》2009 年第 3 期。

④ 李惠斌:《重读〈共产党宣言〉》,《当代世界与社会主义》2008 年第 3 期。

一。重建的这种个人所有制，既包括共同占有、个人有份的一定数量的生产资料，又包括由这个一定数量的生产资料派生出来的一定数量的生活资料，是一种以个人私有为基础的均富状态。马克思对公有制的定义，就是让自然人拥有生产资料，人人有份"。① 并提出民主社会主义模式，究其实质是主张个人所有化。

上述五种观点，从不同的分析角度，可以做不同的划分。首先，从对社会主义公有制的态度来看，第一种观点、第二种观点、第三种观点和第四种观点，他们都主张或者暗含着主张用重新解释马克思"重建个人所有制"来讲清楚社会主义公有制。而第五种观点则将"重建个人所有制"直接理解为个人所有化或私有化。因此，从这方面来看第五种观点和前四种观点的分歧是原则性的。按照马克思主义经济学的基本原理，第五种观点显然在理论上不符合马克思的原意，在实践上对探索中的社会主义经济是有害的。其次，从对现实的社会主义国家的公有制的态度来看，第四种观点片面强调"重建个人所有制"的大原则。把"重建个人所有制"的内涵，严格限定为未来共产主义社会的理想境界。把资本主义社会的股份制和现实的社会主义国家已经建立起来的公有制和按劳分配，都笼而统之地说成是向未来社会"重建个人所有制"的过渡形式。这是一种否定社会主义公有制和按劳分配理论的理论观点。再次，第三种观点脱离了马克思"重建个人所有制"的语境，谈论重建个人所有制问题。这种观点没有理清马克思语境中"重建个人所有制"和"否定之否定"之间的概念总属关系。事实上，"重建个人所有制"是包含在"否定之否定"之中的。"否定之否定"既包括生产资料的公有制，也包括消费资料的个人所有制。最后，剩下来的就是，主张"重建个人所有制"是指重建生产资料公有制，和主张"重建个人所有制"是指重建生活资料个人所有制的两种理论观点之争。我主张"重建个人所有制"是指在生产资料公有制的基础上重新建立生活资料个人所有制，其精神实质是重新实现劳动和所有权的直接同一。

---

① 谢韬、辛子陵：《试解马克思重建个人所有制的理论和中国改革》，《炎黄春秋》2007 年第 6 期。

三　完整准确地理解"重建个人所有制"，实现劳动和所有权的直接同一

1. "重建个人所有制"与生产资料公有制

马克思在 1861—1863 年的经济学手稿中提出了"联合起来的社会个人的所有制"概念。他指出："个别人占有生产条件不仅表现为一种不必要的事情，而且表现为和这种大规模生产不相容的事情……这一对立形式一旦消除，结果就是他们社会地占有而不是作为各个私的个人占有这些生产资料。资本主义所有制只是生产资料的这种公有制的对立的表现，即单个人对生产条件的所有制（从而对产品的所有制，因产品不断转化为生产条件）遭到否定的对立的表现。……如果单个工人作为单独的人要再恢复对生产条件的所有制，那只有将生产力和大规模劳动发展分离开来才有可能。资本家对这种劳动的异己的所有制，只有通过他的所有制改造为非孤立的单个人的所有制，也就是改造为联合起来的社会个人的所有制，才可能被消灭。"① 有些学者把"联合起来的社会个人的所有制"等同于"重建个人所有制"，并以此认为"重建个人所有制"的内容，实质上就是生产资料公有制。

笔者认为，"联合起来的社会个人的所有制"与"重建个人所有制"的主体是不同的，客体也是不同的。"联合起来的社会个人的所有制"的主体是由众多个人组成的社会"联合体"，这里不强调个人，而强调联合；它的客体既包括生产资料也包括生活资料。而"重建个人所有制"中的主体是与"否定的否定"的起点，即"个人的、以自己劳动为基础的私有制"中的主体相对应的，强调是个人。

从马克思在《资本论》第一卷第二十四章的文字论述来看：首先，可以断言在那里马克思对（a）资本主义私有制以前的个人的、以自己劳动为基础的私有制、（b）资本主义的私有制和（c）未来社会的所有制，这样一种辩证发展历程的一种理论概括。其次，具体说辩证否定是双重否定。第一次否定，是资本主义私有制的建立，其否定的对象是（a）；第二次否定，未来社会的所有制，其否定对象是资本主义私有制。再次，"重建个人所有制"是马克思对第二次否定所建立起来的所有制的一部分

---

① 《马克思恩格斯全集》第 48 卷，人民出版社 1971 年版，第 21 页。

内容的具体解释。具体说，"重建个人所有制"是在"资本主义时代的成就的基础上，也就是说，在协作和对土地及靠劳动本身生产的生产资料的共同占有的基础上"的重建，在这里，当生产资料公有制作为"重建个人所有制"的基础被单独提出之后，"重建个人所有制"的客体就只能包括除生产资料以外的生活资料了。因此，"重建个人所有制"不能离开生产资料公有制单独用于解释未来社会的所有制全不理论内容。

2. "重建个人所有制"与生活资料个人所有制

关于"重建个人所有制"，恩格斯在《反杜林论》中曾有过权威的阐释："靠剥夺剥夺者而建立起来的状况，被称为以土地和靠劳动本身生产的生产资料的公有制为基础的个人所有制的恢复。对任何一个懂德语的人来说，这就是，公有制包括土地和其他生产资料，个人所有制包括产品即消费品。"① 恩格斯还以马克思在《资本论》中的一段话做例证："这个联合体的总产品是社会的产品。这些产品的一部分重新用作生产资料。这一部分依旧是社会的。而另一部分则作为生活资料由联合体成员消费。因此，这一部分要在他们之间进行分配。"②

这就是说，恩格斯认为马克思所说的"重建个人所有制"就是指重建生活资料的"个人所有制"。之所以称恩格斯的阐释是权威的，是因为《反杜林论》是马克思事先过目的，恩格斯说："我的这部著作如果没有他的同意就不会完成……在付印之前，我曾把全部原稿念给他听。"③ 应该说没有人比马克思本人更了解"重建个人所有制"的真正含义。

3. "重建个人所有制"的精神实质是重新实现劳动和所有权的直接同一

有学者认为，马克思从来都是以生产资料所有制的变革这一主线来研究社会经济制度的变革和更替的，并不需要专门考察生活资料所有制的变革问题。诚然，生产资料所有制的变革是社会经济制度变革和更替的基础，但它并不是社会经济制度变革的全部内容，"所有制"的内容当中也包括生活资料所有制。生产资料所有制是生产的前提条件，决定生产的社会性质，而生活资料所有制是生产资料所有制在分配领域的实现，其实质

---

① 《马克思恩格斯选集》第 3 卷，人民出版社 1977 年版，第 170 页。

② 《马克思恩格斯选集》第 3 卷，人民出版社 1977 年版，第 170—171 页。

③ 《马克思恩格斯选集》第 3 卷，人民出版社 1977 年版，第 49 页。

是分配问题。

马克思这样总结原始积累："个人分散的生产资料转化为社会的积聚的生产资料，从而多数人的小财产转化为少数人的大财产，广大人民群众被剥夺土地、生活资料、劳动工具"①，于是"社会的生产资料和生活资料转化为资本，广大人民群众转化为雇佣工人"。可见生产资料和生活资料是存在密切联系的。所以否定的否定，不仅包括生产资料问题，也应该包括生活资料问题。就是说用以否定资本主义生产资料的私有制的，是"对土地及靠劳动本身生产的生产资料的共同占有"，即社会主义生产资料公有制，而要在社会主义生产资料公有制的基础上"重建"的是生活资料的"个人所有制"。

之所以要强调"重建"，是因为与曾经存在过的，"以自己劳动为基础的"个人所有制相比，它们既有区别又有联系。作为"否定的否定"的起点，"以自己劳动为基础"的个人所有制是劳动者以私人占有自己的生产资料为基础，通过个人的手工劳动，占有全部的劳动产品，这时劳动和生产资料是直接结合的，劳动和所有权是直接同一的。

作为"否定的否定"的中点，资本主义的私有制是资本家占有全部生产资料，通过雇佣劳动者，进行资本主义的社会化大生产，并依据商品所有权规律，占有包含剩余价值的全部劳动产品，劳动者只获得作为劳动力价值的生活资料。这时劳动和生产资料是相分离的，劳动和所有权也是相分离的。

作为"否定的否定"的终点，社会主义社会又实现了劳动和所有权同一。② 这就是，劳动者所创造的全部社会产品，其中作为生产资料的部分，由全社会共同占有（也就是按劳分配所作出的必要扣除的部分），社会产品的另一部分则归劳动者自己占有（具体说是在劳动者之间以按劳分配的原则进行分配）。

无论是属于全社会共同占有的属于生产资料的部分，还是以按劳分配原则分配给劳动者个人的属于消费品部分，劳动者都拥有所有权，只不过在层次上有所区别罢了。对于这样一种劳动和所有权统一的状态，马克思在《资本论》第一卷第二十四章是分"基础"和"重建"两个方面来表

---

① 马克思：《资本论》第 1 卷，人民出版社 2002 年版，第 830 页。
② 张淑君：《重新诠释马克思的"重建个人所有制"》，《税务与经济》1996 年第 6 期。

述的。"基础"说的就是生产资料部分和土地，而"重建"说的就是消费资料部分。可见，"重建个人所有制"的含义应该是在生产资料公有制和社会化大生产的基础上，重新建立劳动和所有权直接同一的生活资料个人所有制。

智效和先生批判恩格斯将马克思的"重建个人所有制"解释为重新建立消费品的个人所有制。他认为，"在马克思讲到重建个人所有制时指的是生产资料所有制的'否定'和'否定之否定'。而马克思把重新建立的个人所有制称作'社会个人所有制'时，说的也是生产资料所有制"。①

学术界主张重建个人所有制是重建消费资料个人所有制的人曾经认为，如果把重新建立的个人所有制解释为社会主义社会的公有制，那就等于说在公有制的基础上建立公有制，这是同义反复。对此，智效和先生认为，这里有一个对"共同占有"的理解问题。马克思在这个地方讲的"共同占有"也许应理解为"共同使用"，而"共同使用"是资本主义已经实现了的。他这样援引马克思在论述私有制的否定过程时的话，"资本主义生产方式站稳脚跟以后，随着劳动的进一步社会化。'土地和其他生产资料'就'进一步转化为社会使用的即公共的生产资料'"。

他认为所谓"公共的生产资料"不是"公共所有"的，而是"公共使用"或"公共占有"的生产资料。因此也就有了"在资本主义时代的成就的基础上。也就是说，在协作和对土地及靠劳动本身生产的生产资料的共同占有的基础上"的表述。在这个表述中，"资本主义时代的成就"就是"协作和对土地及靠劳动本身生产的生产资料的共同占有"。按此理解，同义反复并不存在。此外，即使不把这里的"共同占有"理解为"共同使用"，而是理解为"共同所有"，也不存在同义反复的问题。但是，我们的理解却有所不同。马克思的原文是"一旦劳动者转化为无产者，他们的劳动条件转化为资本，一旦资本主义生产方式站稳脚跟，劳动的进一步社会化，土地和其他生产资料的进一步转化为社会使用的即公共的生产资料，从而对私有者的进一步剥夺，就会采取新的形式。现在要剥夺的已经不再是独立经营的劳动者，而是剥削许多工人的资本家了"。

这里马克思所说的"劳动的进一步社会化"、"土地和其他生产资料

---

①   智效和：《评谢韬、辛子陵"重建个人所有制"言论》，《高校理论战线》2007 年第 9 期。

的进一步转化为社会使用的即公共的生产资料"、"对私有者的进一步剥夺"，所有这些"进一步"都不是作为资本主义时期的完成状态，而是马克思站在资本主义时代，对未来社会将要发生的状态的科学预想。因此，智效和先生将"协作和对土地及靠劳动本身生产的生产资料的共同占有"统统看作是资本主义的已有成就，这是不妥当的。我们认为，协作、生产过程以及劳动的社会化，在资本主义阶段是有一定的发展，但是由于资本主义的局限性，协作、生产过程以及劳动的"进一步社会化"就受到了阻碍。因此，马克思把他看作是未来社会的建设任务。至于"土地及靠劳动本身生产的生产资料的共同占有"就更是未来社会的建设任务了。

另外，马克思到底有没有将重建个人所有制称为"社会个人所有制"呢？马克思在《资本论》第一卷第二十四章讲的"重建个人所有制"中的个人，显然是指作为自然人的个人，而不是指"联合起来的社会个人"。因为如果是指后者，那么，它就会和马克思作为基础和前提强调的"在协作和对土地及靠劳动本身生产的生产资料的共同占有"发生矛盾。如果生产者作为联合起来的社会个人，那么，生产资料以及产品只需归这种个人所有即可，而无须强调土地及靠劳动本身生产的生产资料的共同占有。

我们认为，诠释马克思的"重建个人所有制"不能脱离马克思原来的语言背景。马克思是用"否定之否定"概括原始的小生产个人所有制的被否定过程。但是，作为第二次否定的结果，不是仅仅限于"重建个人所有制"，而是还有前面的基础，即"在协作和对土地及靠劳动本身生产的生产资料的共同占有"。因此，智效和先生所谓的"在马克思讲到重建个人所有制时指的是生产资料所有制的'否定'和'否定之否定'。而马克思把重新建立的个人所有制称作'社会个人所有制'时，说的也是生产资料所有制。"这种说法是不准确的。

我们认为，在马克思的语言背景下，重建个人所有制的基础是建立生产资料的社会主义公有制，重建个人所有制的侧重点就是重建消费资料的个人所有制。重建个人所有制的总体目标是实现劳动和所有权在公有制基础上的直接同一。今天，我们将马克思"重建个人所有制"，重新诠释为重建消费资料个人所有制，并不意味着对社会主义公有制的否定，而是要兼顾二者。

有的学者认为，分配关系和生活资料的个人所有制会随着生产资料和劳动者的结合方式的确立而确立。只需要实行社会主义生产资料公有制就够了，不需要再单独强调生活资料的个人所有制。但事实并非如此简单。从新中国成立之初到改革开放前，我国实行高度集中的计划经济体制，公有化程度曾达到99.1%。这一阶段，虽然实现了以公有制为基础，但是我们过分地强调"一大二公"，忽视作为劳动者个体的利益，没有真正建立起劳动和所有权相结合的生活资料个人所有制，生活资料中有相当一部分没有成为个人所有，使人民群众的生活水平长期得不到提高。

在改革开放30年后，我国的公有制经济当中仍然存在着收入分配不公问题，这也是现阶段收入差距扩大的原因之一。公有制经济内部必须实行按劳分配为主体。现阶段我国公有制的实现形式多为股份制，由于股份制公司管理方式上的特点，使得部分国有资产事实上成了一些利益集团谋取私利的工具。我们可以看到，其中高管们的收入与普通工人的收入差距较大，老总们的更是拿着天价年薪，这显然不是按劳分配的结果，并且过高的年薪最终又会转变为新的资本，为其所有者带来更多的资本性收入，使收入差距进一步扩大。可见，将"重建个人所有制"，解释为建立生产资料公有制在实践上也有其不良的后果。

总而言之，重新诠释马克思的"重建个人所有制"理论，使我们认识到生产资料公有制是"重建个人所有制"的必要前提。离开公有制这个前提，"重建个人所有制"就会变成重建小生产者的私有所有制或资本主义私有制。但是生产资料公有制并不能保证实现劳动和所有权的直接同一，因此，在公有制基础上还要探索如何实现劳动和所有权的直接同一，重新建立起生活资料的劳动者个人所有制。

概括起来，我们对马克思"重建个人所有制"的理解，就是在公有制基础上建立起按劳分配制度保证的生活资料的个人所有制。因此，作为体现社会主义本质的经济关系，我们可以把它概括为社会主义公有制和按劳分配这样两个大的方面。

四　公有制在社会主义初级阶段的贯彻和实现

如前文所述，马克思在对未来社会经济关系的性质及其特征的科学预见中，对未来社会所有制提出了一些原则性的意见或一些理论构想。马克思在对社会经济形式发展的比较中，设想未来社会"有一个自由人联合体，他们用公共的生产资料进行劳动……这个联合体的总产品是社会的产品。这些产品的一部分重新用作生产资料。这一部分依旧是社会的。而另一部分则作为生活资料由联合体成员消费。因此，这一部分要在他们之间进行分配。……每个生产者在生活资料中得到的份额是由他的劳动时间决定的。……劳动时间的社会的有计划的分配，调节着各种劳动职能同各种需要的适当的比例。"[①] 这些是马克思所揭示的未来社会经济关系的主要特征，从这里可以看出，生产资料公有制是马克思所设想的未来社会经济关系的基础。这些理论成了后来苏联东欧国家和中国社会主义实践的重要理论依据。

1. 苏联东欧社会主义所有制理论与实践中公有制和私有制的关系

（1）列宁过渡时期理论和新经济政策理论中有关社会主义所有制思想

列宁在十月社会主义革命胜利后，将马克思社会主义所有制理论付之于俄国的具体实践，对社会主义所有制理论也进行了艰难探索，在公有制和私有制关系上的丰富和发展主要有以下几个方面：

第一，各个国家的过渡时期在经济上都有一个共同特征，即多种经济成分并存。因为"这个过渡时期不能不兼有这两种社会经济结构的特点或特征。这个过渡时期不能不是衰亡着的资本主义与生长着的共产主义彼此斗争的时期"。[②] 这就是说，社会主义过渡时期可以既有资本主义成分也有社会主义成分，既有私有制也有公有制。

第二，俄国过渡时期的根本任务，就是实现社会主义生产资料公有制。十月革命胜利之后，列宁就明确地把实现社会主义生产资料作为苏维埃政权的一项重要任务。相继采取了对私有制的大中小企业和地主庄园分别实行没收、赎买、改组和联合的办法，实现向社会主义的过渡。之后，又提出"由继续剥夺资本家这个极简单的任务转到一个更复杂和更困难得多的任务，就是要造成使资产阶级既不能存在也不能再生产的条件"。[③] 可见，过渡时期结束之日，就是私有制变成公有制之时，这是通过国家资本主义实现的。

第三，在新经济政策实施过程中，允许农民的自由贸易和私人商业的

---

① 《马克思恩格斯全集》第 23 卷，人民出版社 1972 年版，第 95—96 页。

② 《列宁全集》第 37 卷，人民出版社 1986 年版，第 263 页。

③ 《列宁全集》第 34 卷，人民出版社 1985 年版，第 157 页。

发展。列宁指出："既然国际国内的全部经济政治条件给我们造成了这样一种经济现实，即不是商品交换而是货币流通变成了事实"①，那么，"只有经过这条道路我们才能恢复经济生活。必须恢复正常的经济关系体系，恢复小农经济"……②这是列宁总结了新经济政策实施初期的教训提出来的，实际上已经立足于资本主义关系，允许个体私有制存在。

（2）斯大林社会主义经济模式中的单一社会主义公有制

无论过渡时期的多种经济成分并存，还是新经济政策时期允许个体经济存在。在当时的马克思主义者看来，所有这些都只能是社会主义经济建设过程中一种特定历史条件下的权宜之计。社会主义经济的最终建设目标还是要建成单一的社会主义公有制经济。斯大林时代便将这种单一公有制理论付诸实践，并在实践中有所发展。1929 年底，斯大林正式废弃了新经济政策，他说："我们所以采取新经济政策，就是因为它为社会主义事业服务。当它不再为社会主义事业服务的时候，我们就把它抛开。"③ 斯大林认为社会主义是不能建立在公有和私有这两种不同性质的所有制基础之上的，只能采取国家所有制和集体所有制这两种公有制形式。这一观点在斯大林直接领导编写的苏联《政治经济学教科书》中得到了充分体现。这样，作为世界上第一个社会主义经济模式，在所有制上采取的是单一的社会主义所有制即以国有经济为代表的公有制。这种模式曾一度成为"二战"后社会主义国家效仿或流行的模式。

（3）苏联东欧经济学家和苏共对社会主义社会中公有制与私有制关系的探讨以及东欧剧变

20 世纪 50 年代以后，社会主义国家一度流行的"苏联模式"的弊病日益显露，苏联和东欧社会主义经济学家对此进行了不同程度的批评。在社会主义所有制理论中，苏联和东欧社会主义经济学家对公有制和私有制关系进行了新的探讨。他们在设计经济体制改革目标模式时，不主张把作为市场经济基础的所有制理解为单一的结构，相反，他们认为，社会主义社会必须建立多种所有制形式。在所有制结构的选择上，他们探讨了社会主义现阶段可不可以允许私有制和个体所有制在一定范围内存在的问题，

---

① 《列宁全集》第 42 卷，人民出版社 1987 年版，第 236 页。
② 《列宁全集》第 42 卷，人民出版社 1987 年版，第 229 页。
③ 《斯大林全集》第 12 卷，人民出版社 1955 年版，第 151 页。

就是说,社会主义社会可不可以兼容一定形式的非公有制?对此,波兰经济学家兰格认为,在社会主义社会中,除了生产资料公有制以外,还存在着生产资料私人所有制,例如农民、工匠和小规模企业家的个人所有制。波兰经济学家布鲁斯认为,社会主义国家必须充分肯定合作经济、个体经济在社会主义中的地位。捷克经济学家锡克认为,集体所有制应当和公司合营、私有制形式相并存。匈牙利经济学家科尔奈认为,社会主义国家的经济由国有经济和非国有经济两大部分构成,非国有经济包括私营经济。匈牙利改革的一个重要成就是私有经济的发展。①

进入 20 世纪 80 年代以后,苏联的改革进入历史性阶段。面对国内国际经济政治形势的巨大变化,苏共在"二十七大"上突破长期以来一直坚持的只有两种所有制即国家所有制和集体所有制的传统观点,提出允许发展个体经济。1986 年 11 月,最高苏维埃通过了《个体劳动法》,使个体劳动合法化并保护它活动的正常进行。1987 年 1 月,苏共中央全会提出,必须"消除对个人副业和个体劳动活动看法上的误解",这种误解已经"在经济上和社会上造成了不小的损失"(1987 年苏共中央一月全会,1987 年 1 月 27—28 日在莫斯科召开。这是苏共"二十七大"之后,为改革进行准备的又一次重要会议。)此时,苏共已经认识到个体经济是对社会主义商品生产和流通的重要补充。1990 年 8 月,形势急转直下,在当时苏共领导人的主持下,某些激进派的经济学家制订了一个 500 天计划,该计划除了主张完全由市场决定价格外,还主张结束国家对企业和财产的控制,让私人部门在大多数行业中占优势,各共和国取代苏联成为权力的主体。这种主张由于苏共领导人的犹豫和折中最终占了上风,直至 1991 年 12 月苏联解体。1992 年初俄罗斯政府通过了私有化计划。

2. 我国现阶段为什么必须毫不动摇地巩固和发展公有制经济

20 世纪以来社会主义的革命和实践,特别是中国社会主义的革命和实践,丰富和发展了马克思社会主义所有制理论。中国改革的成功也为马克思社会主义所有制理论的丰富和发展提供了坚实的实践基础,尤其在所有制结构问题上,破除了过去单一的公有制经济形式,确立了公有制为主体、多种所有制经济共同发展的基本经济制度。

---

① 吴易风:《马克思主义经济理论的形成与发展》,中国人民大学出版社 1998 年版,第 578—579 页。

（1）消灭私有制、建立公有制是中国近代史发展的必然规律

从中华人民共和国成立到经济体制改革以前，公有制和私有制的关系是对立的，私有制经济经历了限制、改造直至取消的过程。这在理论上有马克思社会主义所有制理论做科学依据，在实践上符合中国国情，是马克思主义在中国的运用和发展。

新中国成立前半殖民地半封建的特殊的社会性质，使中国革命必须分两步走：第一步，进行新民主主义革命，建立新民主主义社会（1919—1949年）；第二步，由新民主主义社会，过渡到社会主义社会（1949—1956年）。过渡到社会主义社会的过程就是变私有制为公有制的过程。对于半殖民地半封建社会留下来的多种不同性质的生产资料私有制形式，无产阶级在夺取政权以后，为了建立起社会主义制度，就需要对这些私有制经济成分进行社会主义改造，私有制性质不同，改造的方式也不同。具体途径是：无偿没收大资本，建立全民所有制；和平赎买中小资本，壮大全民所有制；改造个体私有制，建立集体所有制。这样，到1956年底，私有制基本消灭，社会主义公有制的主体地位确立，过渡时期结束。我国社会进入社会主义社会。

（2）改革开放后，允许发展私有制，但绝不是放弃公有制

改革开放30年，我国理论和实践的重大创新之一就是突破了社会主义经济只能是单一公有制经济的旧观念的束缚。一方面，在改革开放前，公有制经济比重过高，生产关系超越生产力发展水平，使得生产关系某些方面不适应生产力发展，因而，对当时的很大一部分公有制经济来说，它们不适合生产力发展的要求，必须要调整和改革，使这部分公有制经济适合生产力发展水平。另一方面，在改革过程中，当公有制经济退出的份额将要达到社会主义基本经济制度所要求的最低界限的时候，必然会发生是否坚持社会主义公有制主体地位的争论。其实，发展私有制决不等于放弃公有制。

首先，公有制和私有制的统一关系是在市场经济体制内的统一。改革开放30年中，非公有制经济逐渐从体制外纳入到体制内，由"是社会主义公有制经济必要的和有益的补充"到"是社会主义市场经济的重要组成部分"。公有制经济和非公有制经济由对立的关系到共同发展、相互促进、平等竞争的统一关系。

公有制经济和非公有制经济关系的重大突破起始于1997年党的十五

大。这次会议在我党历史上首次提出"公有制为主体、多种所有制经济共同发展"的命题，并指出这"是我国社会主义初级阶段的一项基本经济制度"。2002 年党的十六大把"两个毫不动摇"相提并论。2003 年十六届三中全会又进一步提出"消除非公有制经济发展的体制障碍"。2004年十届人大二次会议通过的宪法修正案中，把党的十六大确定的重大理论观点和重大方针政策写入了宪法。其中关于非公有制经济有两处重要修改。第一，进一步明确对发展非公有制经济的方针。"国家保护个体经济、私营经济等非公有制经济的合法的权利和利益。国家鼓励、支持和引导非公有制经济的发展，并对非公有制经济依法实行监督和管理。"第二，完善对私有财产保护的规定。"公民的合法的私有财产不受侵犯。""国家依照法律规定保护公民的私有财产权和继承权。"2005 年 2 月国务院发布《关于鼓励、支持和引导个体、私营等非公有制经济发展的若干意见》（《非公 36 条》）。这些方针政策在理论和实践上为非公有制经济的进一步发展提供了广阔空间。

其次，国家在鼓励、支持和引导非公有制经济发展的同时，在巩固和发展公有制经济方面也取得了重要进展。特别是为发挥国有经济的主导作用，围绕国有企业改革，已将国有资产管理体制改革推到前沿。2003 年，国务院公布了《企业国有资产监督管理暂行条例》。《条例》指出："为建立适应社会主义市场经济需要的国有资产监督管理体制，进一步搞好国有企业，推动国有经济布局和结构的战略性调整，发展和壮大国有经济，实现国有资产保值增值，制定本条例。"2007 年，十届人大五次会议通过了《中华人民共和国物权法》。《物权法》规定："国家、集体、私人的物权和其他权利人的物权受法律保护，任何单位和个人不得侵犯。"2008 年，十一届人大五次会议通过了《中华人民共和国企业国有资产法》。《国有资产法》指出："为了维护国家基本经济制度，巩固和发展国有经济，加强对国有资产的保护，发挥国有经济在国民经济中的主导作用，促进社会主义市场经济发展，制定本法。"这些法律都是与《宪法》所规定的"社会主义的公共财产神圣不可侵犯"这一基本法律相一致的经济法律。它们与"两个毫不动摇"方针一道，共同维护社会主义初级阶段的基本经济制度。

（3）巩固和发展公有制经济，有利于坚持公有制的主体地位

毋庸置疑，坚持公有制的主体地位，既是我国现阶段生产力状况的客

观要求，也是由我国的社会主义性质决定的。特别是在目前国际金融危机背景下和国际竞争日益激烈的环境下，巩固和发展公有制经济，更有利于公有资产在产业属性、技术构成、科技含量、规模经济、资本增值力、市场竞争力等方面有质的提高；也更有利于国有经济控制国民经济命脉，在重要行业和关键领域占支配地位；也能更好地发挥国有经济的主导作用，更有效地支配着国家的主要经济资源和自然资源，提供更多的物质产品、国民收入和财政收入；为国民经济的技术进步和现代化建设提供强大的物质技术基础；对国民经济沿着社会主义方向发展起到重要保证和领导作用。

3. 我国现阶段为什么必须毫不动摇地鼓励、支持和引导非公有制经济发展

在我国社会主义经济建设的 60 年中，对公有制经济和非公有制经济关系的认识和处理经历了一个由否定到肯定的过程：消灭私有制——允许发展私有制——保护合法私有财产。但是，我国现阶段发展私有制、保护合法私有财产不是社会主义的最终目的。至于现阶段为什么允许发展私有制，要从生产关系一定要适合生产力状况规律上解释，要坚持“生产力标准”。

第一，生产力状况决定所有制形式。在社会主义条件下，调整和变革所有制的目的，只能是促进生产力发展，而不能把所有制本身是公是私，是这种形式还是那种形式，作为目的去追求。到现在为止，我国生产力的发展水平还未达到消灭个体、私营等非公有制经济的程度。相反，我国生产的社会化程度不高，具有多层次性，非公有制经济更有发挥作用的广阔天地。

第二，社会主义初级阶段公有制和私有制不是对立关系。我国现阶段的非公有制在很大程度和范围上是私有制。关于公有制与私有制的关系，在马克思、恩格斯那里被认为是对立的同时，他们也认为，私有制与其他所有制一样都是历史的，最终会灭亡，但这是一个历史过程。这样，我们可以认为马克思所认为的公有制与私有制的对立只是性质上的对立，他们并未对公有制与私有制在社会主义社会能否并存进行预测。而在他们去世以后这一百多年里，资本主义生产关系不断调整，使私有制形式不断变化；社会主义进行经济体制改革，出现了多种所有制经济共同发展的情况，个体、私营等具有私有制性质的经济与公有制经济同时存在。因此，

资本主义私有制在现阶段暂时消灭不了，它既在世界上与社会主义公有制并存，也在社会主义国家与社会主义公有制并存。

第三，非公有制经济自身的弱点决定了社会主义国家必须对其依法实行监督和管理。我国非公有制经济是改革开放后允许发展起来的，由于其历史较短，其生产力水平和管理水平也较低。从生产力方面看，我国非公经济的产业分布较广，其中主要分布在第三产业中的餐饮、商业、运输等服务业，以及进入障碍比较低的制造业。从管理水平上看，有的非公企业低水平重复投资，追求短期化目标、违法经营、家族治理等。所有这些亟待国家依法实施监督和管理，将其引导到现代企业制度上来，从而得到健康发展。

第四，法律形态的所有制要反映现实形态的所有制。研究所有制，首先要研究现实形态上的所有制，这是第一性的，而法律形态的所有制则是第二性的，它反映现实形态的所有制。法律形态的所有制即财产所有权或"产权"。马克思认为，产权是财产所有关系的法律表现，或"财产关系……只是生产关系的法律用语"。[11]我国现实形态的所有制既有公有制又有私有制，那么，在法律形态上就既有公有产权又有私有产权。国家法律在保护公有财产不受侵犯的同时，必须保护公民的私有财产不受侵犯，这恰恰是由现实形态的所有制决定的，或者说反映了现实形态的所有制。

第五，保护非公有制经济合法权益和公民私有财产有利于全面建设小康社会。非公有制经济合法权益大多落到其从业者，即个体、私营业主身上，他们的合法权益很大程度上由其合法非劳动收入构成的合法私人财产体现。其他公民的私有财产除合法劳动收入构成的生活资料外，还包括由合法非劳动收入构成的各种物业资产租赁的收益，以及储蓄、股票、债券等金融资产的收益。这些都属于公民的合法的私有财产。就是说，私有财产的内涵不仅包含属于生产资料私有制的具体形式的所有制，还包括公民或私人的生活资料和生产资料，它比私有制具体形式宽广得多。我国未来20年要全面建设小康社会，对即将步入小康社会的公民的最大的保护，就是保护他们的合法私有财产，让他们有一定的财富积累，更快地奔向小康。宪法如果不在强调"社会主义的公共财产神圣不可侵犯"的同时，明确"保护私有财产"，那就不仅意味着宪法没有反映改革开放的重大成果，而且意味着人们努力追求和创造财富的行为失去激励和保护。因此，为了实现小康，有必要从法律上明确保护私有财产。

社会经济发展是"一种自然史的过程"。在社会主义初级阶段，我们要自觉划清社会主义公有制为主体、多种所有制经济共同发展的基本经济制度同私有化和单一公有制的界限。我们不能脱离现实的社会生产力发展水平而片面追求纯而又纯的单一的生产资料公有制，必须运用一切可以运用的手段不断地提高社会生产力、不断地提高综合国力、不断地改善人民群众的物质文化生活。这就不能排斥非公有制经济，要毫不动摇地鼓励、支持和引导非公有制经济发展，但不能搞私有化。社会主义初级阶段的基本经济制度，要求我们必须毫不动摇地巩固和发展公有制经济，以便不断地发挥社会主义经济制度的优越性，不断地巩固共产党的执政基础。因此，坚持社会主义初级阶段的基本经济制度关键是要贯彻"两个毫不动摇"的方针。这就是我们在现阶段认识和处理公有制经济和私有制经济的关系时所做出的必然选择，也是坚持完善社会主义基本经济制度和社会主义市场经济体制的重要方面与不能搞私有化和单一公有制的辩证法。

五　改革国有企业经济运营方式，探讨公有制实现形式

前面我们已经阐述了我国社会主义初级阶段，必须坚持实行公有制为主体，多种所有制经济共同发展的所有制结构。但是，公有制也不能只在抽象的形式上存在，他在具体运行上还必须以企业的形式上的运行。

1. 马克思主义经典作家关于国家所有制企业的观点

（1）国家所有制不能脱离一定的生产关系

历史地讲，自从国家产生以来就有国家所有制企业。马克思主义认为，任何社会的所有制关系并不是一种独立的关系，也不是一种抽象的和永恒的关系。马克思和恩格斯在《德意志意识形态》、《反杜林论》等著作中对不同性质的国家和多种国家所有制作了分析。他们认为，国家所有制的性质决定于国家的性质。"因为国家是统治阶级的各个人借以实现其共同利益的形式，是被时代的整个市民社会获得集中表现的形式，所以可以得出结论：一切共同的规章都是以国家为中介的，都获得了政治形式。"[1] 所有权也不是作为一种独立的关系、一种特殊的范畴、一种抽象的和永恒的观念来下的定义。"在每个历史时代中所有权是以各种不同的方式、在完全不同的社会关系下面发展起来的。因此，给资产阶级的所有

---

① 《马克思恩格斯选集》第 1 卷，人民出版社 1995 年版，第 132 页。

权下定义不外是把资产阶级生产的全部社会关系描述一番。"①

（2）并不是任何一种国有化都是社会主义

恩格斯在《反杜林论》中批驳了冒牌社会主义者，把国有化说成社会主义的谬论。"冒牌的社会主义……无条件地把任何一种国有化，甚至俾斯麦的国有化，都说成是社会主义的。显然，如果烟草国营是社会主义的，那么拿破仑和梅特涅也应该算入社会主义创始人之列了。"② 资本主义国有化绝不是"具有社会主义的因素"，更不等于社会主义。

（3）资本主义国家所有制的性质是"总资本家"的所有制

资本主义国家所有制是资本主义所有制的新形式，是资产阶级国家作为资本家代表的"总资本家"所有制。在对资本主义国家所有制进行分析时，恩格斯深刻地指出："国家是整个社会的正式代表，是社会在一个有形的组织中的集中表现……它是当时独自代表整个社会那个阶级国家"③，这样，"现代国家，不管它的形式如何，本质上都是资本主义的机器，资本家的国家，理想的总资本家。它越是把更多的生产力据为己有，就越是成为真正的总资本家，越是剥削更多的公民。工人仍然是雇佣劳动者，无产者。资本关系并没有被消灭，反而被推到了顶点"。④ 这里，恩格斯结合资本主义发展的新趋势，分析了当时股份公司、托拉斯和国家所有制等资本主义所有制的新形式，认为这是猛烈增长着的生产力，迫使资本家阶级不得不在资本关系内部可能的限度内采用的生产资料社会化形式，但是，无论向股份公司和托拉斯的转变，还是向国家财产的转变，都没有消除生产力的资本属性，仍然是资本主义占有方式。

（4）资本主义国家所有制或国家垄断资本主义的地位是社会主义的前阶

资本主义国家所有制以及由此产生的国家垄断资本主义并不是资本主义矛盾和冲突的解决，反而使矛盾更加尖锐，为社会主义革命准备了条件，成了社会主义的入口。"生产力归国家所有不是冲突的解决，但是它包含着解决冲突的形式上的手段，解决冲突的线索"⑤，这样，由资本主

---

① 《马克思恩格斯选集》第 1 卷，人民出版社 1995 年版，第 177 页。

② 《马克思恩格斯选集》第 3 卷，人民出版社 1995 年版，第 628 页。

③ 《马克思恩格斯选集》第 3 卷，人民出版社 1995 年版，第 631 页。

④ 《马克思恩格斯选集》第 3 卷，人民出版社 1995 年版，第 629 页。

⑤ 《马克思恩格斯选集》第 3 卷，人民出版社 1995 年版，第 629 页。

义国家所有制产生的国家垄断资本主义的地位就正如列宁指出的那样："国家垄断资本主义是社会主义的最充分的物质准备，是社会主义的前阶。"①

（5）社会主义国家所有制的性质是一种社会主义公有制

恩格斯指出："资本主义生产方式日益把大多数居民变为无产者⋯⋯日益迫使人们把大规模的社会化的生产资料变为国家财产，由此它本身就指明完成这个变革的道路。无产阶级将取得国家政权，并且首先把生产资料变为国家财产。"⋯⋯国家以社会的名义占有生产资料。"②"只要向私有制一发起猛烈的进攻，无产阶级就要⋯⋯把全部资本、全部农业、全部工业、全部运输业和全部交换都越来越多地集中在国家手里。"③ 可见，社会主义国家所有制是社会主义国家作为全体劳动人民根本利益的代表"以社会的名义占有生产资料"的所有制，是无产阶级占有制，其性质是一种社会主义公有制。

2. 社会主义国有企业的性质

（1）国有企业的出现与性质

国有企业在西方是与市场经济相匹配的。早在资本主义初期就已经存在国有企业，如17世纪法国路易十四的财政大臣柯尔培尔在当政期间，推行了一整套重商主义经济政策，开办了113家较大的与对外贸易有关的"皇家手工工场"。当然，总体看来，在资本主义初期，国有企业数量少，只存在于军工、采矿、造币、印刷等行业，影响和作用极为有限。资本主义进入垄断时期后，在"一战"和"二战"期间，与军事有关的国有企业获得了较大发展；"二战"后，国有企业得到迅速、持续的发展，广泛地存在于采煤、石油、钢铁、汽车、造船、电力、铁路、煤气、航空、邮政、电信等部门，后来在新兴工业、尖端技术工业，如电子、宇航、原子能工业等部门中也占有相当比重。

国有企业在旧中国与社会性质相匹配。其发展分为三个时期：一是19世纪下半叶，清政府洋务派大官僚采取官办、官督商办、官商合办等形式开办的近代军事企业和民用企业；二是北洋政府时期，北洋军阀政府

---

① 《列宁选集》第3卷，人民出版社1995年版，第266页。

② 《马克思恩格斯选集》第3卷，人民出版社1995年版，第630页。

③ 《马克思恩格斯选集》第1卷，人民出版社1995年版，第240—241页。

为了维护其反动统治，由外债支持建立的一些官办企业；三是国民党统治时期，蒋宋孔陈四大家族凭借国家政权的垄断力量，通过发行公债、苛捐杂税、商业投机、通货膨胀等手段巧取豪夺而建立起来的资本主义工商企业。这些企业名为"官办"，实为官僚私人和买办资本的企业。

国有企业在新中国的发展，经历了改革开放前和改革开放后两个时期。改革开放前，国有企业与计划经济相匹配，由于所有权和经营权没有分开，国有企业被称为"国营企业"。国有企业既有通过没收帝国主义在华企业、没收官僚资本建立的，又有全国解放前革命根据地的军工企业转成和新中国成立后由国家的财政投资形成的。改革开放后，国有企业与市场经济相匹配，经历了由"国营企业"改称为"国有企业"的转变。

一般而言，国有企业有着双重的性质。从共性上看：国有企业是国家干预经济的工具。表现在：第一，由国家投资兴办，其产权归国家所有、企业经营管理活动受国家控制与管理，企业亏损由国家负责。第二，目标和功能是双重的，即拥有社会目标和经济目标、拥有营利功能（商业功能）和非营利功能（非商业功能）。从特性上看：国有企业的性质是由国家的性质决定的，国有企业是用来维护统治阶级利益的物质力量。国家的性质不同，不同国家创办的国有企业的性质也就不同。

（2）社会主义国有企业的性质

从形式逻辑来看，概念是反映事物本质属性的思维形式。社会主义国有企业和资本主义国有企业就是两个不同的概念。前者的本质属性是生产资料社会主义公有制；后者的本质属性是生产资料资本主义私有制。这是一组具有反对关系的概念。这样，在对社会主义国有企业性质的说明上应该从企业的特性和所有制方面说明，而不能从共性上说明。

从特性看，社会主义国有企业的性质是由社会主义国家的性质决定的。社会主义国家是全体劳动人民根本利益的代表，国家代表人民掌握属于全民所有的生产资料，就是说，社会主义全民所有制采取社会主义国家所有制的形式，相应的，国有企业也就是社会主义企业。

从所有制上看，社会主义国有企业有别于资本主义国有企业，它是社会主义的一种所有制。这从国有企业的产生上就可以得到说明。新中国成立前的半殖民地半封建的特殊的社会性质，使中国革命必须分两步走：第一步，进行新民主主义革命，建立新民主主义社会；第二步，由新民主主义社会，过渡到社会主义社会。过渡到社会主义社会的过程也是变私有制为公有制的过程，这是运用社会主义国家政权的力量来实现的。国家通过无偿没收大资本（官僚资本）与和平赎买中小资本（改造民族资本）建立了全民所有制。运用社会主义国家政权的力量建立起来的生产资料所有制顺理成章的是社会主义公有制，不可能是私有制。这样，到1956年底，随着社会主义公有制的主体地位的确立，全民所有制的主导地位也就确立起来。"中华人民共和国的社会主义经济制度的基础是生产资料的社会主义公有制，即全民所有制和劳动群众集体所有制。"[5] 由于社会主义全民所有制经济就是国有经济，社会主义全民所有制企业也就是国有企业，因此，社会主义国有企业的性质是社会主义公有制，体现社会主义的生产关系。

可见，从世界范围看，国有企业并不一定都是公有制企业，但新中国成立后的国有企业就是公有制企业。

3. 社会主义国有企业改革与社会主义所有制改革的正向相关性

（1）国有企业改革是在所有制结构调整和完善的框架内进行的

1997年中共十五大制定了我国到2010年经济体制改革和经济发展战略，其中首要的就是"调整和完善所有制结构"，继而首次提出"公有制为主体、多种所有制经济共同发展"命题，从而实现了所有制结构由单一结构向多元结构的转变。在这一结构中，实际上也存在"公有制结构"问题，即公有制经济包括国有经济、集体经济、混合所有制经济中的国有成分和集体成分，其中国有经济起主导作用，国有企业是国民经济的支柱。因此，所有制结构的调整和完善，必然涉及公有制结构的调整和完善问题，特别是国有企业的改革问题。搞好国有企业改革，对于建立社会主义市场经济体制和巩固社会主义制度，具有极为重要的意义。国有企业的改革沿着社会主义所有制改革的方向进行是必然趋势，超越社会主义所有制结构调整和完善的国有企业改革，是不符合改革的正确方向的。

（2）"国有经济控制国民经济命脉，对经济发展起主导作用"是公有制主体地位的一个重要体现

"国有经济控制国民经济命脉，对经济发展起主导作用"是从国有经济方面强调公有制的主体地位。中共十五大围绕"调整和完善所有制结构"，从公有资产和国有经济两个方面提出了"公有制主体地位"问题。报告明确指出："公有制的主体地位主要体现在：公有资产在社会总资产中占优势；国有经济控制国民经济命脉，对经济发展起主导作用"。所谓

"国有经济控制国民经济命脉"，是在重要行业和关键领域占支配地位；所谓"国有经济的主导作用"，主要体现在控制力上。如果不强调这两点，仅凭"公有资产在社会总资产中占优势"这一点，公有制的主体地位是不完全的，也是不稳固的。所以，国有经济的支配地位和主导作用，对于社会主义所有制结构的调整和完善是非常重要的。

六　按劳分配在当代中国社会主义初级阶段的实现

1. 马克思关于未来社会中按劳分配原则的论述

马克思在对未来社会主义经济关系的预见中，提出了个人消费品分配原则的一系列论述。其要点如下：

第一，未来社会存在着与资本主义社会完全对立的分配制度，即"按需分配"。针对空想社会主义者的"按劳动或者按劳动能力分配"的观点，马克思在《德意志意识形态》（1846 年）中指出："'按能力计报酬'这个以我们目前的制度为基础的不正确的原理应当——因为这个原理是仅就狭义的消费而言——变为'按需分配'这样一个原理，换句话说：活动上，劳动上的差别不会引起在占有和消费方面的任何不平等，任何特权。"[1] 由于当时马克思还没有共产主义两个阶段的学说，社会主义实行按劳分配的思想也就没有在这里提出。

第二，从生产、交换、分配和消费相互关系的总体上考察分配，指出个人收入分配的性质由生产资料所有制性质决定。在《政治经济学批判〈导言〉》（1857 年）中，马克思严格区分了两种分配，即作为生产过程中生产条件的分配和作为生产结果的产品的分配，前者决定后者。这里的前者是生产资料所有制，后者是个人消费品（个人收入）分配。他指出："如果劳动不是规定为雇佣劳动，那么，劳动参与产品分配的方式，也就不表现为工资，如在奴隶制度下就是这样。……所以，分配关系和分配方式只是表现为生产要素的背面。……参与生产的一定形式决定分配的特定形式，决定参与分配的形式。"[2] 显然，作为产品的分配的个人收入分配是由生产决定的，分配的结构完全决定于生产的结构。

第三，在未来社会公有制经济中，"劳动时间"是决定个人消费品分

---

[1] 《马克思恩格斯全集》第 3 卷，人民出版社 1960 年版，第 637—638 页。
[2] 《马克思恩格斯全集》第 46 卷上，人民出版社 1979 年版，第 32—33 页。

配份额的直接尺度。马克思在《资本论》（1867 年）第一卷中，设想未来社会"有一个自由人联合体，他们用公共的生产资料进行劳动……这个联合体的总产品是社会的产品。这些产品的一部分重新用作生产资料。这一部分依旧是社会的。而另一部分则作为生活资料由联合体成员消费。因此，这一部分要在他们之间进行分配。……每个生产者在生活资料中得到的份额是由他的劳动时间决定的。……劳动时间又是计量生产者个人在共同劳动中所占份额的尺度，因而也是计量生产者个人在共同产品的个人消费部分中所占份额的尺度"。① 在这里，马克思已经明确提出按劳分配理论的基本要点：按劳分配是公有制经济中个人消费品的分配原则；按劳分配通行的是等量劳动领取等量报酬的原则。

第四，探讨了决定未来社会个人消费品分配的客观条件和分配的对象。在《哥达纲领批判》（1875 年）中，马克思认为，由于社会主义社会是"经过长久阵痛刚刚从资本主义社会产生出来的"，是"一个集体的、以生产资料公有为基础的社会"②，在这个社会里，旧的社会分工依然存在，生产者的劳动还仅仅是谋生手段，没有成为生活第一需要，同时生产力也没得到全面发展，集体财富也没达到极大丰富的程度，所以，个人消费品只能实行按劳分配。此外，用作分配的个人消费品是"作了各项扣除"之后剩余的社会总产品的一部分。

第五，按劳分配与平均主义相对立。恩格斯《反杜林论》（1878 年）中，仍然坚持马克思对拉萨尔所谓"不折不扣的劳动所得"的"公平"分配的批判立场，对杜林"普遍的公平原则"进行了批判，他指出，"杜林先生给每个人以'等量消费'的权利，但是他不能强迫任何人这样做。……他无法阻止下面这样的事情发生：一些人积蓄起一小部分货币，而另一些人靠所得的工资不够维持生活"，这样一来，"一方面出现了贮藏货币的机会和动机，另一方面出现了借债的机会和动机"。③ 结果必然会出现贫富差别，造成普遍不平等。可见，杜林的分配观点完全是小资产阶级平均主义的荒唐幻想，是拉萨尔谬论的翻版。

第六，马克思按劳分配理论的特定经济前提。一是全社会范围内建立

---

① 《马克思恩格斯全集》第 23 卷，人民出版社 1972 年版，第 95—96 页。

② 《马克思恩格斯选集》第 3 卷，人民出版社 1995 年版，第 305 页、第 303 页。

③ 《马克思恩格斯选集》第 3 卷，人民出版社 1995 年版，第 654—655 页。

了生产资料公有制；二是全社会实行计划经济，排除了商品货币关系；三是个别劳动直接表现为社会劳动的组成部分，劳动时间成为社会生产和分配的直接尺度。

2. 苏联东欧在社会主义革命和建设中的按劳分配理论与实践

（1）列宁在社会主义经济理论中对按劳分配理论的探讨

列宁在《无产阶级在我国革命中的任务》（1917 年）中，把马克思《哥达纲领批判》中的分配理论概括为"按劳分配"，并把生产资料公有制和按劳分配一道看作社会主义主要的经济特征，他说："人类从资本主义只能直接过渡到社会主义，即过渡到生产资料公有和按每个人的劳动量分配产品。"[1] 在其后的《国家与革命》（1917 年）中，列宁把按劳分配解释为："不劳动者不得食"和"对等量劳动给予等量产品"。[2] 在《布尔什维克能保持国家政权吗?》（1917 年）中进一步指出："'不劳动者不得食'——这是工人代表苏维埃掌握政权后能够实现而且一定要实现的最重要、最主要的根本原则。"[3] 同时，列宁同样认为商品货币关系已经消亡。在按劳分配具体设想方面，列宁没有超出马克思《哥达纲领批判》所设定的理论框架。

十月革命胜利后，列宁对先前按劳分配的具体设想有所改变。他肯定了以工资、资金等货币形式作为按劳分配实现方式的必然性，在《十月革命四周年》（1921 年）中指出："目前应当提上日程的是实际采用和试行计件工资，采用泰罗制中许多科学的先进的方法，以及使工资同总产品的总额或铁路水路运输的经营总额等等相适应。"[4] 之所以如此，是因为列宁认识到消灭商品货币关系是一个长期过程，应首先采取存折、支票和短期领物证，进而以实物结算来代替货币，最终消灭货币。列宁指出："我们计划（说我们计划欠周地设想也许较确切）用无产阶级国家直接下命令的办法在一个小农国家里按共产主义原则来调整国家的产品生产和分配。现实生活说明我们错了。为了作好向共产主义过渡的准备（通过多年的工作来准备），需要经过国家资本主义和社会主义这些过渡阶段。"[5]

---

① 《列宁选集》第 3 卷，人民出版社 1995 年版，第 64 页。

② 《列宁选集》第 3 卷，人民出版社 1995 年版，第 196 页。

③ 《列宁选集》第 3 卷，人民出版社 1995 年版，第 301 页。

④ 《列宁选集》第 3 卷，人民出版社 1995 年版，第 491 页。

⑤ 《列宁选集》第 4 卷，人民出版社 1995 年版，第 570 页。

（2）斯大林在苏联社会主义建设的实践中坚持了按劳分配原则

1931 年 12 月，斯大林在《和德国作家艾米尔·路德维希的谈话》中，针对路德维希提出的"普遍的平等是社会主义的理想"问题做了反驳式解答。斯大林说："所有的人都领取同样的工资……这种社会主义是马克思主义所不知道的。……'各尽所能，按劳分配'——这就是马克思主义的社会主义公式。"① 在这里，斯大林明确指出，在社会主义社会里，"人们将按自己的劳动来领取工作报酬"，人们得到的劳动报酬不是按他们的需要而是按他们的劳动。这就在马克思主义经济学说史上第一次把"各尽所能"与"按劳分配"联系起来，并且，接着他还进一步批判了平均主义，指出"平均主义和马克思主义的社会主义是毫无共同之处的"。②

在《苏联社会主义经济问题》（1952 年）一文中，斯大林针对雅罗申科的"安排好生产力的合理组织，就可以从社会主义过渡到共产主义"的观点做了批评。斯大林认为，过渡到共产主义，至少必须实现三个基本的先决条件（整个社会生产不断增长、产品交换制代替商品流通、社会一切成员全面发展并能自由地选择职业），"只有把这一切先决条件全部实现之后，才可以从社会主义的公式'各尽所能，按劳分配'，过渡到共产主义的公式'各尽所能，按需分配'"③ 这就再次明确强调了社会主义实行按劳分配的原则。

当然，应该注意到，在 20 世纪 20 年代到 50 年代，社会主义按劳分配理论与实践是在社会主义所有制理论、社会主义商品经济理论尚未完全建立的条件下产生或发生的。

（3）苏联东欧经济学家对社会主义按劳分配理论的探讨

20 世纪 50—80 年代，苏联东欧社会主义经济学家尝试性地运用马克思主义基本原理和基本方法，借鉴西方经济学研究成果，结合本国社会主义实践，特别是本国经济改革实践，探讨了社会主义经济理论的一系列问题。在按劳分配理论方面出现了两个明显的趋势④：一是以米·科拉奇

---

① 《斯大林选集》下卷，人民出版社 1979 年版，第 308 页。

② 《斯大林选集》下卷，人民出版社 1979 年版，第 309 页。

③ 《斯大林选集》下卷，人民出版社 1979 年版，第 589—591 页。

④ 参见顾海良，张雷声：《20 世纪国外马克思主义经济思想史》，经济科学出版社 2006 年版，第 576—580 页。

（Miladin Korač，1924—　　）等人为代表的前南斯拉夫经济学家，注重按劳分配和外部的社会经济关系的考察，即对按劳分配在现实社会主义商品生产中的性质和作用形式的重新考察（《政治经济学：资本主义和社会主义的商品生产理论分析原理》，人民出版社 1982 年）。二是以阿·马·鲁缅采夫（A. M. Rumyantsev，1905—1982）为代表的苏联经济学家，注重按劳分配理论内部结构的探讨（《政治经济学教科书》，高等教育出版社 1988 年）。

　　苏联东欧经济学家的上述探讨，对于完善社会主义按劳分配理论具有重要历史作用。但是，他们对社会主义收入分配结构的探讨还不充分，并且，随着苏联、东欧的剧变，这些国家的经济学界迅速分化。其中有些经济学家公然批判马克思主义，攻击社会主义，宣称要想建立市场经济就必须接受私有制。至此，苏共和苏联东欧经济学家对社会主义经济理论的一系列探讨告一段落。

　　3. 我国社会主义收入分配理论研究与实践发展的轨迹

　　（1）由单一的按劳分配到按劳分配为主多种劳分配方式并存的分配制度

　　20 世纪以来社会主义的革命和实践，特别是中国社会主义的革命和实践，

　　不仅证明了马克思社会主义按劳分配理论的科学性，而且还极大地丰富和发展了这一理论。在我国社会主义经济建设的 60 年中，分配结构和分配形式经历了由单一结构和单一形式到多元结构和多种形式的过程，最终确立了按劳分配为主体、多种分配方式并存的制度。

　　改革开放以前，我国经济理论界对按劳分配理论的研究主要集中在按劳分配理论本身的一些规定性，如，按劳分配与供给制、工资制、计件工资制和“资产阶级权利”，按劳分配实现形式特点，按劳分配的含义等。从实践上看，按劳分配中平均主义严重。

　　改革开放以后，随着我国经济体制改革的深入，公有制和其他所有制形式的发展以及市场经济的发展，我国经济理论界在继续研究按劳分配规律的同时，也开始研究社会主义社会个人收入的各种形式，对收入分配理论的认识过程逐渐深化。其进展可以概括如下（从经济思想主流理论形态看）：①1978—1992 年：农村农户实行“联产计酬”，城市企业扩大收入分配自主权，在收入分配中引入市场机制，扩大工资差距，拉开档次。

②1992 年十四大：提出"在分配制度上，以按劳分配为主体，其他分配方式为补充"。③1993 年十四届三中全会：提出"坚持以按劳分配为主体、多种分配方式并存的制度"。④1997 年十五大：进一步提出"把按劳分配和按生产要素分配结合起来。鼓励资本、技术等生产要素参与收益分配"。⑤2002 年十六大：提出"确立劳动、资本、技术和管理等生产要素按贡献参与分配的原则，完善"按劳分配为主体、其他分配方式并存的制度"。⑥2003 年十六届三中全会：继续强调十六大提法。提出"健全个人收入监测办法，强化个人所得税征管。完善和规范国家公务员工资制度，推进事业单位分配制度改革。规范职务消费，加快福利待遇货币化"。⑦2007 年十七大，关于分配又有许多新提法。一是将分配纳入民生问题、把经济建设和社会建设联系起来。二是深化收入分配制度改革，增加城乡居民收入：逐步提高居民收入在国民收入分配中的比重；提高劳动报酬在初次分配中的比重；着力提高低收入者收入；逐步提高扶贫标准和最低工资标准；建立企业职工工资正常增长机制和支付保障机制；创造条件让更多群众拥有财产性收入；创造机会公平，逐步扭转收入差距扩大趋势。三是加快建立覆盖城乡居民的社会保障体系，保障人民基本生活。

在收入调节上，由"扩大工资差距"（1984 年十二届三中全会）到"合理拉开收入差距"（1992 年十四大）或"使收入差距趋向合理"（1997 年十五大），再到"防止收入悬殊、调节差距过大的收入"（2002 年十六大），直至到"缓解收入分配差距扩大的趋势"（2005 年十一届五中全会）或"扭转收入分配差距扩大趋势"（2007 年十七大）。从这里可以看到，1997 年以后，我国不再提"拉开收入差距"问题。这表明收入分配中的平均主义问题已基本解决，平均主义已不是收入分配中的主要矛盾；收入分配中的新矛盾、新问题已经是"收入分配差距过大"。

（2）融入公平与效率关系的讨论

在收入分配制度改革过程中，随着"先富"和"后富"关系讨论的进行和"分配不公"现象的出现，经济学界又进一步开展了公平与效率关系的讨论。在政府层面上，对效率与公平这一关系的正式关注，起自 1987 年 10 月召开的党的十三大，当时的提法是，"在促进效率提高的前提下体现社会公平"。1992 年 10 月召开的党十四大，强调"兼顾效率和公平"。1993 年 11 月召开的党的十四届三中全会又提出"效率优先、兼顾公平"的原则，并且在当时作为一个颇有新意的提法而被人们普遍接受。1997 年 9 月党的十五大重申效率优先、兼顾公平；2002 年 11 月十六大在重申效率优先、兼顾公平的同时，提出"初次分配注重效率，再分配注重公平"；一直持续到 2005 年 11 月党的十六届五中全会召开，"效率优先、兼顾公平"提法才淡出，由"更加注重公平，使全体人民共享改革发展成果"所取代；到了 2007 年 10 月党的十七大，一种突破谁优先谁不优先的新提法出现：把提高效率同促进公平结合起来，初次分配和再分配都要处理好效率和公平的关系，再分配更加注重公平。

可见，在我国 20 多年里，效率与公平的关系经历了从"效率为前提"——"兼顾效率和公平"——"效率优先、兼顾公平"——"更加注重公平"——"提高效率同促进公平结合起来"，这样的认识和处理过程。这个过程与分配制度的改革一道调整和校正着分配关系，是我国政府坚持以人为本，以解决关系人民群众切身利益的现实问题入手建设和谐社会的一个重要体现。

4. 深化收入分配制度改革对于扩大消费的现实意义

纵观社会主义收入分配理论与实践发展的历史，我们看到，同马克思主义的其他理论一样，按劳分配理论也是发展着的理论。按劳分配的基本原则在我国仍然适用，同时，也为我们进一步研究收入分配提供了出发点和供这种研究使用的方法。

（1）高度重视、合理调节收入分配问题，是改善民生、完善社会主义市场经济体制的重要环节

随着我国对收入分配理论认识的深入，特别是党的十四大确立社会主义市场经济体制目标以来，分配制度改革不断深化，分配关系逐渐趋于合理，城乡居民收入稳定增长，人民生活实现由温饱到小康的历史跨越。但同时分配领域仍然存在一些突出矛盾和问题，主要表现在：居民收入分配差距总体上呈扩大趋势，农村和城镇低收入者比重上升，不同收入群体之间收入差距不断扩大，分配秩序比较混乱，特别是由于垄断行业和特殊职业者收入分配秩序混乱，导致人们收入差距过于悬殊和分配严重不合理。这些矛盾和问题如果长期得不到解决，不仅会挫伤广大干部和群众的积极性，而且影响经济发展和社会稳定，也不能实现"共富"。因此，继续推进分配制度改革，进一步理顺分配关系，建立适应国民经济发展水平和社会主义市场经济要求的分配机制，就成为完善社会主义市场经济体制的一个重要环节。

（2）深化收入分配制度改革，调整收入分配关系，增加城乡居民收入，为扩大消费提供动力来源

在国际金融危机背景下，中国面临着外需和内需失衡问题，外需萎缩，必须靠扩大内需来实现经济较快增长。扩大内需包括扩大投资需求和扩大消费需求两个方面，目前和今后的关键是扩大消费需求，以通过增加消费实现投资与消费对经济发展的协调拉动，解决投资和消费一度失衡的问题。鉴于影响消费的首要因素是居民收入水平，而居民收入水平高低又主要是由分配制度和分配关系决定的，这样，在国际金融危机、国内收入分配差距过大的背景下，必须深化收入分配制度改革，调整收入分配关系，千方百计提高城乡居民收入，提高居民的购买力，以增加消费、扩大内需。在增加城乡居民收入上，增加中低收入者收入和增加农民收入、稳步扩大农村需求，是增加消费的着重点，这可以增加消费弹性，提高人们消费倾向，有利于提供扩大内需增长的空间。

（3）特别注重在初次分配中处理好公平和效率的关系，扭转收入差距扩大的趋势，为防止两极分化和消除贫困提供保障

收入是影响消费的首要和主要因素。居民所需消费品要用自己的部分收入购买，因而居民可支配收入的数量，是制约其消费行为的首要因素和主要因素。在其他条件一定的条件下，扩大消费就必须增加收入，而增加居民收入就必须进行收入分配制度的调整。从收入分配制度上探讨扩大消费，一方面是增加收入，另一方面就是调节收入差距。这是一个问题的两个方面。增加收入能够增加居民的消费能力，如果忽视收入差距的有效调节，就可能产生收入差距过大，造成两极分化和增加贫困。诚然，两极分化和贫困产生的原因诸多，但从收入分配上看，"如果平均收入没有远远超过贫困标准，收入分配得越不平均，就越会有更多的人陷入贫困"。① 这样，对贫困的关注必然导致人们对收入分配公平问题的关注。"合理的收入分配制度是社会公平的重要体现"②，也是我们党和政府加快推进以改善民生为重点的社会建设的一个主要任务。同时，分配公平还可以调动

---

① 路易斯·普特曼：《平等、公正与经济学》，载姚洋主编：《转轨中国：审视社会公正与平等》，中国人民大学出版社 2004 年版，第 436 页。

② 胡锦涛：《高举中国特色社会主义伟大旗帜，为夺取全面建设小康社会新胜利而奋斗》，人民出版社，2007 年版。

各方面的生产经营积极性，促进效率提高。因此，要采取各种有效政策措施，整顿和规范分配秩序，调整国民收入分配结构，目前要特别注重在初次分配中处理好公平和效率的关系，以使劳动报酬在初次分配中的比重提高，这是加快形成合理有序的收入分配格局，扭转收入差距扩大的趋势，使全体人民共享改革发展成果，防止两极分化，解决贫困问题的当务之急。

（4）注重消费在社会再生产中的地位，从多维角度考虑扩大消费问题

众所周知，消费是社会经济生活的一个重要领域，它和生产、分配、交换一起构成社会再生产的四个环节，在这四个环节中，生产表现为起点，消费表现为终点，分配和交换表现为中间环节，作为终点的消费既由生产决定又反作用于生产，是社会再生产活动总成果的最终检验。因此，消费不是独立存在的个人活动范畴，不是一种单纯消耗物质财富的行为；抑制消费就会抑制生产，促进消费就会促进生产。在后危机时代，扩大消费是拉动经济增长、摆脱危机的适时选择。扩大消费除了考虑收入因素之外，还要考虑市场因素和社会因素，以及合理安排消费等，更要从生产的角度考虑。①市场因素，如价格水平方面，需加强通货膨胀预期管理（在收入一定情况下，要增加消费，就尤其要注意防止通货膨胀）、提高商品质量和改善营销方式。②经济社会因素，如千方百计扩大就业、建立健全社会保障体系、有效利用税率汇率等经济杠杆、注重技术创新。③合理安排消费（在正确处理好积累与消费的比例关系的前提下进行），包括在消费方式上，注重个人消费和社会公共消费的互补性，逐步增加社会公共消费；注重物质消费和文化精神消费的合理比例，逐步由物质消费向更多的文化精神消费扩展。同时，普遍提高人们受教育水平，引导消费。在消费结构上，促进优化和升级，巩固扩大传统消费，培育旅游、文化、培训、健身、养老和家政服务等消费热点。在消费环境上，提供消费的制度保障，维护消费者主权，切实保障消费者合法权益；发展生活服务行业；规范和扩大消费信贷；消除消费障碍，释放消费潜能，特别是撬动农村市场等。④扩大消费，归根结底是靠发展生产，特别是转变经济发展方式，调整投资结构和产业结构，抑制产能过剩趋势。由于消费的增长速度往往低于 GDP 增速，过剩产能只能通过更多的投资或出口得到利用，也给市场带来巨大冲击，这无疑会给居民消费造成不良影响。

　　由于影响消费的因素可从微观和宏观两方面考察，相应的扩大消费的途径也应是微观和宏观因素的综合作用过程。如果与这些因素及相关的问题解决或处理不好，那么，通过分配制度改革增加收入而给扩大消费带来的预期效应也不能实现或被冲减。

　　分配关系和分配方式归根结底是由生产资料所有制决定的。在我国社会主义初级阶段，与公有制为主体、多种所有制经济共同发展的所有制结构相适应，个人收入分配既不能实行单一的按劳分配，也不能实行完全的按生产要素分配，必须坚持按劳分配为主体，多种分配方式并存。由于每一种所有制关系在利益分配上都要求体现，从而，在特定所有制经济体中的成员的收入也会出现差距。这种收入差距往往是由要素分配引起的，且大于按劳分配的差距，引起人们广泛关注的所谓"收入差距"或"差距过大"主要是这样的差距。因此，坚持公有制为主体，就能从源头上防止出现过大的收入差距，进而为扩大居民消费创造制度条件。这里的关键是划清按劳分配为主体、多种分配方式并存同单一按劳分配和按全要素分配的界限，而这一界限又是由划清公有制为主体、多种所有制经济共同发展的基本经济制度同单一公有制和私有化的界限决定的。

第 八 章

现代西方经济学教学必须坚持
以马克思主义为指导

　　为了确保马克思主义在意识形态领域的根本指导思想的地位不动摇，中共中央决定在全国开展马克思主义建设工程。这项工程启动一年多以来，马克思主义经济理论工作者正在从各个方面研究加强马克思主义经济学建设。特别是在马克思主义政治经济学教科书编写上，经济理论工作者进行了多方面的努力。例如，组织讨论了若干个编写提纲，召开了若干个全国范围的专题研讨会。在这些方面马克思主义理论工作者做了大量的工作，取得了显著的效果，这是有目共睹的。然而，在马克思主义政治经济学建设过程中，确实有一个重要的方面工作值得马克思主义建设工程的设计者和建设者们重视，这就是马克思主义政治经济学如何在西方经济学教学、学科建设和课程建设中起指导作用的问题。

第一节　西方经济学是与马克思主义经济学
相对立的庸俗思想体系

一　西方经济学曾经是马克思主义经济学的重要思想来源

　　众所周知，西方经济学是西方资产阶级经济学的简称。现代西方经济学是和马克思主义经济学对立斗争的思想体系。不管马克思主义经济学和西方经济学在研究目的和研究方法上有多大的差异，不管他们在意识形态宣传上有多大的不同，但是，毕竟马克思主义经济学和西方经济学都是经济学，他们在研究材料和客观的研究对象方面还是相同的。在历史上，西方经济学在其发展的古典经济学阶段，曾经是马克思主义经济学的思想来源。马克思写作《资本论》几乎批判地研究了当时资产阶级经济学的所有有价值的著作和文献。但是到 19 世纪 30 年代，资产阶级经济学经历了从古典经济学到庸俗经济学的转化。马克思认为，只要政治经济学是资产阶级的政治经济学，就是说，只要它不是把资本主义制度看作历史上过度的发展阶段，而是看作是社会生产的绝对的最后的形式，那就只有在阶级斗争处于潜伏状态或只是在个别的现象上表现出来的时候，它还能够是科学。英国古典经济学，就是处于这个时期的资产阶级经济学。当时资产阶级处于上升时期，资产阶级面临反封建任务，和在理论上说明资本主义生产方式的历史进步性和合理性。资产阶级经济学家提出并论证了劳动价值论的一些初步命题，初步阐述了剩余价值理论，还就资本主义社会的宏观经济运行进行了研究和探索（魁奈的《经济表》就属于这方面的研究成果）。资产阶级古典经济学研究了资本主义社会的生理结构，尽管它还有资产阶级的阶级局限性和历史局限性，但它在一定范围内还是揭示了资产阶级社会的内在规律，是科学的经济学。因此，古典经济学才能够成为马克思主义的重要思想来源之一。

二　西方经济学从古典到庸俗的转化

一旦资产阶级成为统治阶级，一旦资产阶级和无产阶级的阶级矛盾采取了日益鲜明的形式，资产阶级古典经济学就从科学的经济学蜕化为庸俗经济学。马克思是这样描述这个时期的："法国和英国的资产阶级夺得了政权。从那时起，阶级斗争在实践方面和理论方面采取了日益鲜明的和带有威胁性的形式。它敲响了科学的资产阶级经济学的丧钟。现在的问题不再是这个或那个原理是否正确，而是它对资本有利还是有害，方便还是不方便，违背警章还是不违背警章。不偏不倚的研究让位于豢养的文丐的争斗，公正无私的探讨让位于辩护士的坏心恶意。"[①] 庸俗经济学在表面现象上兜圈子，它把资本主义生产当事人关于资本主义世界的陈腐观念翻译成经济学的语言，赋予学究气，并加以永恒化。庸俗经济学的本质是露骨地替资产阶级进行辩护。19 世纪 30 年代以后的西方经济学就是这样的庸俗经济学。

[①]　马克思：《资本论》第 1 卷，人民出版社 1975 年版，第 17 页。

三　西方经济学是与马克思主义经济学相互对立的思想体系

资产阶级庸俗经济学的产生和发展，既与它替资产阶级辩护的辩护任务有关，也与批判资本主义的马克思主义经济学的形成和发展有关。马克思主义经济学是在批判地继承了资产阶级古典政治经济学科学成就的基础上完成了一系列的科学变革而创立起来的，是科学性和革命性高度统一的政治经济学。作为资产阶级的意识形态，西方经济学反马克思主义、反社会主义为资产阶级及资本主义制度辩护，这一本质是从来都没有改变的，也是永远不会改变的。在马克思主义经济学诞生以后，资产阶级经济学一刻也没有停止对马克思主义经济学的攻击、诬蔑和诽谤。现代西方经济学现存的许多理论、方法和命题，都曾经是作为取代马克思主义经济学相关的理论、方法和命题而提出来的。例如，作为现代微观经济学基础的边际效用价值论就是19世纪70年代资产阶级经济学为取代劳动价值论而提出的庸俗理论。其理论错误早已为马克思主义经济学家所认识和批判。然而，西方经济学家用现代数学方法把这种错误的理论加以包装以后，我们的许多马克思主义的经济学家就不能再以批判的态度去对待这一理论。再如，哈耶克的《通往奴役的道路》其写作背景和写作意图就是面对第二次世界大战后苏联东欧一批社会主义国家的崛起，哈耶克对这些社会主义国家经济建设道路和社会主义的批判，等等。因此，西方经济学，无论是在字面上明确写着的还是暗含于其理论命题之中的，它的反马克思主义反社会主义的性质都是客观存在的。

第二节　西方经济学在教学和学科
建设方面存在的主要问题

马克思写作《资本论》大量地吸收借鉴了资产阶级经济学的科学成就。但马克思没有一处是对资产阶级经济学毫无批判的生吞活剥。这恰恰和我们现实对西方经济学的教学和研究形成了鲜明的对照。现在我国各高校在西方经济学教学、学科建设和课程建设中，偏离以马克思主义为指导的问题十分突出。

一　在教学安排上，马克思主义政治经济学的指导地位已经动摇

全国各高等学校几乎无一所高等学校不是采取如下策略：一方面，不断减少马克思主义政治经济学的开课范围、开课层次和开课的课时时数，一句话就是不断地削弱马克思主义政治经济学的教学。另一方面，却不断地强化西方经济学的教学，西方经济学的开课范围、开课层次和开课的课时时数不断增加。目前各高校在西方经济学"原理"课教学上所使用的课时数已经大大地超过了马克思主义政治经济学原理课所使用的课时数。西方经济学教材已经大量地引入了西方学者的原版教材。不仅按照微观经济学和宏观经济学这样的不同的内容来开课，而且还逐步按照初级教程、中级教程和高级教程来分别开设。在教学力量组织上，很多高校也争先恐后地不惜重金聘请洋专家或"海归派"来进行教学。西方经济学的教学，特别是对西方经济学内容原汁原味的传授和宣传工作不断地得到强化和加强。相反，而旨在宣传和传播马克思主义政治经济学基本立场、基本观点和基本方法的政治经济学教学工作却没有得到应有的重视，甚至是被排挤和削弱了。集中反映马克思主义经济学基本立场、观点和方法的《资本论》教学，已经退回到仅仅是一些重点大学的招生量很少的政治经济学专业开设。不仅课时量得不到保证，而且，很多学校由于没有这方面的师资而使这门课程不得不处于不死不活的尴尬境地。马克思主义政治经济学课时，也是一减再减。最近，有的高校不仅在文、法、哲、理、工、农、医等专业取消作为公共政治理论课的政治经济学课程，甚至在理论经济学和应用经济学个专业也取消了政治经济学课程。在这样的背景下，大批政治经济学教师面临转岗和重新选择职业。许多坚持马克思主义经济学立场的教师对马克思主义、对中国革命和建设的前途忧心忡忡。

二　在教材建设上，马克思主义经济学的指导越来越弱

除了上面所说到的有部分高校直接采用西方学者的原版教材外，国内学者所编写的现代西方经济学教材，用马克思主义立场观点和方法对西方经济学进行分析批判的内容已有逐渐削弱甚至取消的趋势。在改革开放初期，特别是在 20 世纪 80 年代末至 90 年代初，老一辈经济学者还是编写了一批比较好的现代西方经济学教材。这些教材包括罗志如、范家骧、厉以宁、胡代光等著《当代西方经济学说》（上、下）北京大学出版社、胡

代光、厉以宁《当代资产阶级经济学主要流派》商务印书馆 1982 年版、
刘涤源等编写《当代资产阶级经济学说》武汉大学出版社出版、傅殷才
主编的《当代西方经济学基本理论》、高鸿业、吴易风主编的《现代西方
经济学》（上、下）、宋承先著《现代西方经济学》（微观经济学）复旦
大学出版社，等等。这些教材还是能够运用马克思主义的立场观点和方法
对西方经济学的理论进行必要的分析和批判的。然而，近几年在书店里出
售的现代西方经济学教材，有很多根本就没有用马克思主义立场观点进行
分析批判的内容。有的教材甚至公开否定和批判马克思主义政治经济学，
例如，梁小民编著的《西方经济学教程》（中国统计出版社 1992 年出版
发行）。在这本教材里，梁小民教授将西方经济学看成是指导社会主义市
场经济的唯一正确的理论。梁教授还吐露了自己过去批判西方经济学所走
过的艰难道路，并表示"再也不能这样活，再也不能这样过"。目前比较
好的教材是宋承先著《现代西方经济学》（微观经济学），但该教材并没
有受到应有的重视。影响最大的一部教材是由教育部社科司主持，由高鸿
业教授担任主编的《西方经济学》，在这部教材中，高鸿业教授呕尽心
血，亲自动笔编写了对西方经济学各部分理论进行批判和评论的部分。尽
管这些评论和批判还有一些需要进一步补充和完善的地方，甚至有的地方
还需要进一步商榷（这一点，在本文稍后我将会进一步展开分析，这里
从略）。但这本教材因为有了高鸿业教授对相关内容的批判和评论，而成
为一部以马克思主义为指导的好教材。只可惜这本教材的主导思想，没能
在全国绝大多数的大学课堂上得到正确的运用，相反绝大多数教师在课堂
教学时都将该书的评论和批判部分给"省略"了。

三　在教学实践中，马克思主义指导作用没有得到很好发挥

我们现在的实际做法是，在高等学校课堂上，马克思主义政治经济学
和西方经济学并行开课，马克思主义政治经济学课堂不批判西方经济学，
西方经济学课堂不批判马克思主义经济学。但也有部分高校部分教师在西
方经济学授课时攻击马克思主义经济学。还有部分高校教师认为，西方经
济学是不受意识形态影响的纯粹的经济学，也是唯一科学的经济学。马克
思主义经济学是受意识形态影响严重的规范经济学，是缺少科学性的不能
令人信服的经济学。也有部分高校逐步削弱马克思主义政治经济学教学，
而逐步加强西方经济学的教学。对西方经济学的评价，虽然过去有一批老

学者曾经作过，也曾经写进了教科书，现在也有部分中青年学者致力于这项工作，但实际效果都不是令人满意的。一个可怕的事实是，一大批传道者以不满于计划经济和旧的体制的姿态出现，在教学安排和实际教学过程中将西方经济学奉为科学真理，不但不加以批判反而加以弘扬。一时间，全国绝大多数高等学校无论是在教学课时和授课内容安排上，还是在学科建设和教师队伍建设上，对西方经济学的重视程度都明显地高于对马克思主义政治经济学的重视。各高校高薪聘请"海归派"就是实例。

四　在科学研究和新闻出版中，不坚持马克思主义指导甚至是宣扬资产阶级经济学的现象屡有发生

有的同志明确无误地对已经被实践检验是科学的马克思主义基本原理进行否定。同时，有的同志大力宣扬已经被实践检验是错误的并且早已被马克思主义经典作家批判过的庸俗理论。有的报刊不追求理论的严肃性，而是片面追求新闻宣传的轰动效应公开支持这些错误的理论思潮。有的出版物，作为国家权威的科学研究阵地，无视党纪和国法不仅在理论形式而且在理论内容上资产阶级经济学理论阵地接轨。所有这些现象，都是对马克思主义作为我们党和国家的根本指导思想，对马克思主义在意识形态领域的指导地位，提出的严肃挑战。

第三节　必须改变西方经济学教学和
学科建设的现行体制和格局

一　讲授西方经济学必须要有马克思主义的批判态度

在以马克思主义为根本指导思想的社会主义中国，在以传播现代科学技术知识和现代精神文明成果、培养社会主义建设者和接班人为宗旨的大学讲坛上，讲授作为资产阶级意识形态的西方经济学，必须要有马克思主义的批判态度。西方资产阶级经济学内部的不同派别的代表人物，在西方不同国家或一个国家不同地区的不同大学里所讲授经济学，无论是其所采用的教学大纲、教材，还是就其所讲授课程的讲授内容和讲授方法都有很大的差别。特别是在一些比较发达的发达资本主义国家，它们的部分大学还将马克思主义政治经济学和他们的资产阶级经济学，作为平行的两门课程供学生选修。现代西方经济学不同派别之间在一些理论问题上也还有一些较大的分歧，无论是在理论观点上还是在分析方法上都存在着一定范围内论战和争鸣。在我们这个以马克思主义为根本指导思想的社会主义国家的大学课堂上，全国统一使用按照新古典综合派理论体系编写的教学大纲和教材，这最起码也说明我们还没有真正能够从全局的角度、从一定的理论高度对西方经济学进行驾驭。

二　西方经济学作为一个理论体系必须从总体上予以否定

中国共产党是以马列主义、毛泽东思想、邓小平理论和"三个代表"重要思想为根本指导思想无产阶级政党。中国共产党领导中国人民建设的是有中国特色的社会主义。西方经济学作为现代资产阶级的经济理论体系，不可能作为指导思想引导我们建设社会主义。因此，西方经济学作为一个理论体系，我们必须从总体上予以否定。西方经济学只能在个别理论、个别结论和个别方法上对我们有学习借鉴意义。前面已经非常明确地指出过，高鸿业教授对西方经济学各个部分内容所做出的科学评价是不可磨灭的。高鸿业教授的理论贡献没有被众多的一线的西方经济学教师所接受，有各种各样的客观原因，但也有高鸿业教授理论的不彻底性的原因。高鸿业教授对西方经济学的总体评价还是有值得商榷的地方。在这里我们仅就其中的两个大的方面作些说明：第一，关于庸俗经济学是否有用的问题。高鸿业教授长篇引用马克思关于庸俗经济学特点的论述，然后用各种办法再去证明庸俗经济学有用。例如，马克思在《资本论》第一卷第一章中曾指出，与古典政治经济学相反，庸俗经济学只是在表面现象上兜圈子。高鸿业教授在引证了马克思的这一论述之后，就用唯物辩证法现象和本质的关系原理论证庸俗经济学有用。他认为，科学的任务就在于透过现象把握事物的本质。要掌握事物的本质第一步就必须掌握大量的现象。而西方经济学大量地描述经济现象，因此西方经济学有用。在这里，值得注意的是，马克思批判庸俗经济学，不在于庸俗经济学研究经济现象，而在于它只是描述经济的表面现象，进一步说它被经济的表面现象所迷惑，或者用马克思的原话说就是在表面现象上"兜圈子"。按照毛泽东同志所说的"去粗取精，去伪存真"研究过程，这些属于在表面现象上"兜圈子"的部分，恰恰是属于"粗"、"伪"之列，是在科学研究中必须被去除掉的东西。马克思关于庸俗经济学特点论述，是就庸俗经济学总体性质而言的。庸俗经济学就其庸俗性整体而言，是没有用途的。但庸俗经济学也有总体特征，个别理论、个别结论和个别方法之分。就个别理论个别结论和个别方法来看，庸俗经济学可能具有一定的科学性，可能在实践中有用。因此，西方经济学作为当代资产阶级庸俗经济学就其总体特征来看是没有用的，和西方经济学在某一个别理论、某一个别结论和某一个别方来看有用，是并行不悖的。第二，关于西方经济学的科学性和西方经济学的运用问题。高鸿业教授在《西方经济学》一书结束时，以一种十分模棱两可的语言写道："在结束之际，作为本书作者，我们感到已经把西方经济学这件既有功用又能损害自己的工具交给了读者。对工具的正确使用固然对我国有利，而不适当的使用以及西方经济学在意识形态上对社会主义的侵蚀又能带来害处，甚至造成灾难。正反两方面的实例都已在世界上出现。"读者会很自然地想到：西方经济学正确使用是不是也能像马克思主义经济学正确使用那样产生同样的积极作用？或者还会同样联想到：西方经济学正确使用是不是也能比马克思主义经济学不正确使用所产生的积极作用更大？实际上，西方经济学作为整体来看是资产阶级庸俗经济学，是不科学的。既然是不科学的，就不存在正确使用和不正确使用的区别问题。西方经济学绝不是像武器弹药一样不属于任何阶级的超阶级产品，不能说无产阶级用它，它就能为无产阶级服务，资产阶级用它，它就能为资产阶级服务，而且都能服务得很好。经济思想史告诉我们，马克思主义经济学不能不加改造地拿过来就为资产阶级服务，资产阶级经济学同样也不能不加改造地拿过来就为无产阶级服务。苏联解体、东欧剧变，国际共产主义运动出现低潮，其中有一个重要原因就是这些国家的政党没能有效地抵御资产阶级经济学思想和西方敌对势力对这些国家在思想文化领域从理论上的分化和瓦解。因此，我们走有中国特色的社会主义道路，必须坚持在意识形态领域对资产阶级的批判和斗争。特别要注意在关系到培养什么人问题的大学课程里和大学讲台上，一定要有说服力地讲清楚，西方经济学作为资产阶级的意识形态是如何为资产阶级辩护的，在理论方法论上和理论观点上为什么是错误的，西方经济学对社会主义实践，特别是对改革开放事业可能带来哪些危害，等等。

三　大学课程设置应该科学合理地安排西方经济学教学

在社会主义大学课里开设资产阶级经济学课程，目的不外乎以下两个方面：一个是通过比较分析和批判资产阶级经济学来坚定对马列主义和社会主义、共产主义的理想和信念；再一个就是通过学习分析资产阶级经济学，来吸收和借鉴其中的科学和有用的成分来发展马克思主义经济学。我们认为，前者应该是在大学本科教学阶段的高年级中就能实现的，而后者只有在大学教育的硕士研究生教育阶段、甚至是在博士研究生阶段才能够实现。因此，在大学本科教学阶段对西方经济学的内容不是讲得越多越好，不是对西方经济学理论前沿跟得越紧越好。而是要集中介绍西方经济学的一些基础理论，并且要侧重用马克思主义经济学对其进行有说服力的批判。就硕士研究生和博士研究生阶段的西方经济学教学，也有一个内容取舍的问题。解决这个问题的直接前提就是我们如何从总体上去判断和估计西方经济学的科学成分。一般认为，资产阶级庸俗经济学取代古典政治经济学是在1830年前后。那么，资产阶级经济学是不是在1830年之后日复一日地庸俗没落下去呢？不是的，资产阶级经济学具有为资产阶级进行辩护的辩护性一面，但它同时还有研究解决资本主义前进发展中的经济问题的实用性一面。至于一个时期究竟是哪种属性占优势，这完全是由资本主义社会当时的阶级矛盾发展状况以及资产阶级所面临的主要任务所决定的。一般说来，当资产阶级和无产阶级的阶级矛盾处于缓和状态，资产阶级就有可能较集中精力解决一些社会经济问题，这时资产阶级在解决这些经济和社会问题时就能提出科学性较高的经济理论来。反之，当资产阶级和无产阶级的阶级矛盾处于紧张状态，资产阶级及其御用经济学家就要拿出全部本领来对付无产阶级的反抗和斗争，这时的资产阶级经济学就纯粹是辩护的经济学，也就没有什么科学性可言了。我们认为，19世纪30年代至20世纪30年代的资产阶级经济学就属于后者，而凯恩斯主义的国家干预主义理论就属于前者。因此虽然凯恩斯主义也是资产阶级经济学、也是庸俗经济学，但凯恩斯主义的科学成分却远远要高于19世纪30年代至20世纪30年代的各种资产阶级经济学说。因此，在硕士和博士研究生教学阶段，应侧重介绍和研究凯恩斯以后的现代西方经济学。在这里也有误区。有的研究生用西方经济学教材，不是根据理论本身的科学性和重要程度来选择内容，而是根据理论应用数学的深浅程度来取舍。例如边际效用价值论就是一个例子。在近代经济思想史上，奥地利学派提出边际效用的基本思想，早已被马克思主义经济学者所熟知并加以批判。但是现代西方经济学中的这一庸俗理论，用微积分方法一包装，竟以高深理论的姿态写进了西方经济学初级教程、中级教程和高级教程。其实，整个微观经济学就是以边际效用价值论为基础和核心的。这一理论连西方经济学者也认为是黑板上的经济学，没有任何实际意义，而我们还认认真真地安排一个学期的课程进行不加批判地系统讲解。这样做无论是从科学的观点来看，还是从道德的角度来看，都是有问题的，它必将误导我们的青年一代。

因此，我们建议中央政府教育部组织专家对西方经济学的教学计划、教学大纲和教学内容进行认真的调查研究，对现有的格局做出调整。我们认为，在本科阶段教学中应大大压缩西方经济学的教学内容，特别要大大压缩微观经济学部分的教学内容。在本科阶段要侧重讲解西方经济学的基本知识，要注意对西方经济学各个部分内容进行科学的分析，对其庸俗的成分要进行彻底的批判，对其科学合理的成分要指出在借鉴过程中应注意的问题。在本科教学阶段，不要向学生灌输更多的西方经济学中高级教程的内容，因为，学习西方经济学中高级教程的目的，在于借鉴其科学合理的成分用以丰富和发展马克思主义政治经济学，而丰富和发展马克思主义政治经济学绝非刚刚学习了马克思主义经济学和西方经济学初步知识的本科大学生所能完成的任务。要把这一任务交给研究生最好是交给博士研究生学习阶段去完成。

四　提高西方经济学教学一线教师的马克思主义经济学理论修养

马克思主义政治经济学建设工程，有责任有义务帮助西方经济学一线教师提高马克思主义经济理论水平。建议中宣部和教育部，能够发挥组织领导和协调作用，像培训马克思主义理论骨干那样，对西方经济学一线教师，进行马克思主义经济理论基础培训，使他们不断提高对西方经济学进行分析批判和鉴别能力。

总之，我们必须尽快结束在我国大学课堂教学中对西方经济学无批判的时代。对西方经济学无批判，或对西方经济学不能进行有效地批判，究其根源就在于，我们马克思主义经济学研究和建设工作没有真正取得实效，我们尚不能真正驾驭西方经济学。如果说在改革开放初期，现代西方经济学对我们来说，还有一个从不知或知之甚少到逐步了解而以引进为主的话，那么在我们的改革开放进行了 20 多年后的今天，在各种西方经济学原版教材都纷纷流入我国的情况下，我们就再也没有任何理由对西方经济学进行没有任何批判的进行宣传和传播了。随着有中国特色的社会主义事业不断取得突破性进展，随着马克思主义经济学在中国革命和建设中的不断地被丰富和发展，我们相信，我们对西方资产阶级经济学的驾驭能力也一定会有更大的提高。我们一定能够根据西方经济学在我国高等教育的不同阶段和不同教育层次上的不同需要，安排不同的教学内容、使用不同的教学方法，达到不同的教学目的。这是时代的需要，也是马克思主义研究和建设工程的一项重要内容之一，更是对马克思主义政治经济学研究和建设工程建设成果的一个实践检验。

主要参考文献

［1］ Andersen, E. S. , "Evolutionary Economics: Post-Schumpeterian Contri-
bution", London: Pinter Publishers, 1996.

［2］ Geoffrey, "Marx, Engels and Economic Evolution", Journal of Social E-
conomics, 1992, 19 (7) .

［3］ James Peach, "Hamiltonian and Teleological Dynamics: a Century after
Velblen", Journal of Economic Issues, 2003, 37 (1) .

［4］ Metcalfe, J. S. , "Evolution and Economic Change", In Silberston
(ed.), Technical Change and Economic Theory. London: Pinter Publish-
ers, 1989: 560 – 589.

［5］ Nelson, R. R. , Winter, S. G. . "An Evolutionary Theory of Economic
Change", Cambridge, Mass. : Harvard University Press, 1982.

［6］ N. J. Foss, "Realism and Evolutionary Economic", Journal of Social and
Evolutionary Systems, 1994, 17 (1) .

［7］ Vromen, "Evolutionary Economics: Precursors, Paradigmatic Proposi-
tions, Puzzles and Prospects", In J. Reijinders (ed.), Economics and
Evolution, Edward Elgar Publishing Limited, 1997.

［8］ Witt, U. , "How Transaction Rights are Shaped to Channel Innovation",
Journal of Institutional and Theoretical Economics, 1978, 143 (1) .

［9］ Witt, U. , "The Endogenous Public Choice Theorist", Public Choice,
1992, 73 (1) .

［10］ 阿兰·弗里曼:《没有马克思经济学的西方马克思主义——为什么
马克思主义在国际金融危机中没有壮大起来?》,《国外理论动态》
2010 年第 11 期。

［11］ 爱因斯坦:《自述》,《爱因斯坦文集》,商务印书馆 2009 年版。

［12］埃克伦德、赫伯特：《经济理论和方法史》，中国人民大学出版社2001年版。

［13］保罗·斯威齐：《垄断资本》，商务印书馆1977年版。

［14］白暴力：《"价值转形问题"的塞顿模型分析》，《当代经济科学》2005年第9期。

［15］白暴力：《"价值转形问题"的博特凯维兹模型分析——"博特凯维兹误解"的产生》，《中国社会科学院研究生院学报》2006年第9期。

［16］白暴力：《胡代光先生"价值转形问题"研究述评》，《中国特色社会主义研究》2006年第12期。

［17］蔡继明：《广义价值论》，经济科学出版社2001年版。

［18］蔡继明：《关键是弄清楚非生产要素的作用》，《学术月刊》2003年。

［19］蔡继明：《要用科学态度研究马克思主义经济学》，《当代财经》2007年第8期。

［20］曹惠平：《90年代劳动价值论研究述评》，《教学与研究》1996年第6期。

［21］陈学明等主编：《当代国外马克思主义研究名著提要》，重庆出版社1997年版。

［22］程恩富：《新的活劳动价值一元论》，安徽大学出版社2003年版。

［23］程恩富：《论中国主流经济学的现代转型》，《经济学动态》2005年第11期。

［24］程恩富：《马列主义是认识和改造世界的科学方法与指南》，《马克思主义研究》2011年第1期。

［25］程恩富：《近年现代马克思主义经济学若干重大理论创新述评》，《社会科学与管理评论》2007年第6期。

［26］程恩富：《论马克思主义与可持续发展》，《马克思主义研究》2008年第12期。

［27］程恩富：《欧美马克思主义经济思想发展脉络》，《甘肃社会科学》2008年第7期。

［28］大卫·李嘉图：《政治经济学及赋税原理》，商务印书馆1976年版。

［29］丹尼尔·贝尔等：《经济理论的危机》，上海译文出版社1985年版。

［30］丁堡骏：《转形问题研究》，《中国社会科学》1999 年第 5 期。

［31］丁堡骏：《转形问题研究的马尔科夫过程解法之迷途——评森岛通夫转形问题的解法》，《中国社会科学》2007 年第 5 期。

［32］丁堡骏：《必须加强马克思主义对西方经济学教学工作的指导》，《当代经济研究》2006 年第 1 期。

［33］丁冰等：《现代西方经济学说》，中国经济出版社 2002 年版。

［34］丁晓钦、余斌：《马克思主义经济学研究中的数学应用问题》，《学习与探索》2008 年第 5 期。

［35］杜格、谢尔曼：《回到进化：马克思主义和制度主义关于社会变迁的对话》，中国人民大学出版社 2007 年版。

［36］杜伟，《马克思主义经济学和新制度经济学关于技术创新制度激励思想分析》，《当代经济研究》2001 年第 9 期。

［37］樊纲：《"苏联范式"批判》，《经济研究》1995 年第 10 期。

［38］樊纲：《现代三大经济理论体系的比较与综合》，上海三联书店 1994 年版。

［39］冯金华：《价值转形：一个伪问题》，《经济评论》2008 年第 3 期。

［40］高鸿业、吴易风：《现代西方经济学》（上、下册），经济科学出版 1988 年版。

［41］高鸿业：《评萨缪尔森〈经济学〉》，中国人民大学出版社 1998 年版。

［42］顾海良：《西方马克思主义经济学发展的主要趋向及其基本特点》，《教学与研究》1997 年第 12 期。

［43］郭飞：《劳动价值论若干问题探讨》，《当代经济研究》2001 年第 10 期。

［44］洪银兴：《在学习和实践中巩固马克思主义在经济学领域中的指导地位》，《中国高等教育》2007 年 9 月。

［45］何炼成：《社会主义劳动新论》，科学出版社 2005 年版。

［46］胡代光等：《评当代西方学者对马克思〈资本论〉的研究》，中国经济出版社 1990 年版。

［47］胡培兆：《关于政治经济学研究的几点看法》，《光明日报》2002 年 7 月 30 日。

［48］胡培兆：《别论价值创造与价值分配》，《社会科学战线》1995 年第

5 期。

[49] 霍奇逊：《演化济学的诸多含义》，《政治经济学评论》2004 年第 2 期。

[50] 贾根良：《中国经济学革命论》，《社会科学战线》2006 年第 1 期。

[51] 贾根良：《"经济学改革国际运动"研究》，中国人民大学出版社 2009 年版。

[52] 贾根良：《理解演化经济学》，《中国社会科学》2004 年第 2 期。

[53] 凯恩斯：《就业、利息和货币通论》（重译本），商务印书馆 1999 年版。

[54] 库恩：《必要的张力》，福建人民出版社 1981 年版。

[55] 库恩：《科学革命的结构》，上海科学技术出版社 1980 年版。

[56] 库尔特·多普菲主编：《演化经济学：纲领与范围》，高等教育出版社 2004 年版。

[57] 纪玉山：《价值转形问题论战 100 年的回顾与展望》，《社会科学战线》1991 年第 6 期。

[58] 李炳炎：《社本论》，人民出版社 2000 年版。

[59] 李广平：《复杂程度不同的劳动是创造价值的劳动吗?》，《经济评论》2004 年第 3 期。

[60] 黎贵才：《简评吕昌会博士的"价值转形问题的新解法"》，《当代经济研究》2006 年第 8 期。

[61] 李建平：《马克思主义经济学方法论的理论演进与变革趋向》，《当代经济研究》2008 年第 5 期。

[62] 李石泉：《究竟怎样维护劳动价值一元论》，《社会科学》1995 年第 7 期。

[63] 李顺荣：《关于深化认识劳动价值论的几个问题》，《北京大学学报》2002 年第 9 期。

[64] 林岗：《在新的形势下深入发展马克思主义经济学》，《湘潭大学学报》2005 年第 5 期。

[65] 林毅夫：《论经济学方法》，北京大学出版社 2005 年版。

[66] 刘诗白：《现代财富论》，生活·读书·新知三联书店 2005 年版。

[67] 陆德明：《动价值和生产价格——萨缪尔逊关于马克思价值转形的模式述评》，《复旦大学学报》1983 年第 4 期。

［68］卢荻：《认识现实，指导实践—关于中国经济学创新发展的意见》，《政治经济学评论》2006 年第 1 期。

［69］罗雄飞：《转形问题与马克思劳动价值论拓展》，中国经济出版社 2008 年版。

［70］罗雄飞：《广义价值论的逻辑问题》，《经济评论》2008 年第 2 期。

［71］罗雄飞：《依照马克思的思想方法研究劳动价值理论》，《中国流通经济》2008 年第 7 期。

［72］罗英：《劳动价值论和效用价值论之比较》，《当代经济研究》2004 年第 11 期。

［73］马克思：《资本论》第 1～3 卷，人民出版社 2004 年版。

［74］《马克思恩格斯全集》第 1～50 卷，人民出版社 1976 年版。

［75］马歇尔：《经济学原理》，商务印书馆 1965 年版。

［76］马艳：《中国马克思主义经济学的发展路径与创新》，《当代经济研究》2005 年第 2 期。

［77］马艳：《转形问题的理论分析及动态价值转形模型的探讨》，《马克思主义研究》2010 年第 9 期。

［78］迈克尔·曾伯格：《经济学大师的人生哲学》，商务印书馆 2002 年版。

［79］曼德尔：《论马克思主义经济学》，商务印书馆 1979 年版。

［80］米克：《劳动价值学说研究》（中译本），商务印书馆 1979 年版。

［81］孟捷：《演化经济学与马克思主义》，《经济学动态》2006 年第 6 期。

［82］孟捷：《劳动价值论与资本主义再生产中的不确定性》，《中国社会科学》2004 年第 5 期。

［83］孟捷：《论马克思主义经济学的创造性转化》，《教学与研究》2002 年第 3 期。

［84］孟捷：《马克思主义经济学范式中的生产方式与资源配置方式》，《教学与研究》2000 年第 6 期。

［85］钱津：《劳动价值论》，社会科学文献出版社 2001 年版。

［86］萨缪尔森：《工资和利息：马克思经济模式的现代剖析》，《美国经济评论》1957 年 12 月号。

［87］萨缪尔森：《马克思的"价值"向竞争"价格"的"转化"——放

弃和替换的过程》，载《全国科学院会议论文集》，1970 年 9 月号。

[88] 萨缪尔森：《理解马克思的剥削概念：马克思的价值与竞争价格间所谓转化问题的概述》，《经济学文献杂志》，1971 年 6 月号。

[89] 萨缪尔森、诺德豪斯：《经济学》（第十六版），华夏出版社 1999 年版。

[90] 斯坦利、L. 布鲁：《经济思想史》，机械工业出版社 2003 年版。

[91] 斯拉法：《李嘉图著作和通信集：第 1 卷》，蔡受百，商务印书馆 1983 年版。

[92] 苏东斌：《劳动价值学说史略》，中国经济出版社 2002 年版。

[93] 孙宇晖、丁堡骏主编：《现代西方经济学》，东北师范大学出版社 1994 年版。

[94] 孙宇晖：《论马克思主义经济学借鉴西方经济学问题》，《当代经济研究》2004 年第 12 期。

[95] 汤在新：《价值论的革命变革》，《经济评论》2005 年第 2 期。

[96] 乔安·罗宾逊：《资本积累论》，商务印书馆 1963 年版。

[97] 乔安·罗宾逊：《马克思、马歇尔和凯恩斯》，北京大学出版社、商务印书馆 1963 年版。

[98] 乔安·罗宾逊：《经济学论文集》，商务印书馆 1984 年版。

[99] 亚当·斯密：《国民财富的性质和原因的研究》（中译本），商务印书馆 1972 年版。

[100] 斯拉法：《用商品生产商品》（中译本），商务印书馆 1979 年版。

[101] 森岛通夫：《马克思和数理经济学》，《现代外国哲学社会科学文摘》1980 年第 8 期。

[102] 沈民鸣：《论考虑固定资本影响的简单再生产条件下的价值转形问题》，《教学与研究》2006 年第 4 期。

[103] 沈民鸣：《论简单再生产条件下的价值转形问题》，《当代经济研究》2005 年第 5 期。

[104] 沈民鸣：《百年价值转形研究》，《经济学家》2009 年第 6 期。

[105] 宋则行：《马克思经济理论再认识》，经济科学出版社 1997 年版。

[106] 宋则行：《马克思经济增长理论探索——兼与西方现代经济增长模式比较》，《当代经济研究》1995 年第 1 期。

[107] 宋则行：《对"两种含义的社会必要劳动时间"的再认识》，《当

代经济研究》1996年第9期。

[108] 托马斯·A. 博伊兰：《经济学方法论新论》，经济科学出版社2002年版。

[109] 王璐：《经济学范式的转换及其异同：马克思和凯恩斯》，《经济评论》2005年第4期。

[110] 王璐、柳欣：《马克思经济学与古典一般均衡理论》，人民出版社2006年版。

[111] 王志国：《马克思"价值转形"的对称不变性的解法》，《经济评论》2003年第5期。

[112] 王志国：《国民产品的价格模型方法》，中国经济出版社2006年版。

[113] 卫兴华：《关于深化对劳动和劳动价值理论的认识》，《经济学动态》2000年第12期。

[114] 卫兴华：《关于价值创造与价值分配问题不同见解的评析》，《税务与经济》2003年第4期。

[115] 卫兴华：《卫兴华自选集》，学习出版社2005年版。

[116] 魏埙：《马克思主义经济学在西方经济学界》，《南开学报》2001年第1期。

[117] 吴朝霞：《社会价值与社会均衡效用相统一的新价格理论》，《当代经济研究》2004年第3期。

[118] 吴易风：《当前经济理论界的意见分歧》，中国经济出版社2000年版。

[119] 吴易风《坚持和发展劳动价值论》，《当代经济研究》2001年第10期。

[120] 吴易风：《理解、坚持和发展劳动价值论》，《南开经济研究》2001年第10期。

[121] 吴易风等：《外国经济学的新进展》，中国经济出版社2002年版。

[122] 奚兆永：《"苏联范式"之争和马克思主义经济学的命运》，《南京大学学报》1999年第10期。

[123] 谢富胜：《西方学者关于马克思"价值转形"理论研究述评》，《教学与研究》2000年第10期。

[124] 熊彼特：《从马克思到凯恩斯》，江苏人民出版社2003年版。

[125] 徐策：《试论马克思主义经济学范式及其中国化》，《中国社会科学院研究生院学报》2008 年第 1 期。

[126] 徐崇温主编：《西方马克思主义论丛》，重庆出版社 1989 年版。

[127] 徐桂华：《新制度经济学与马克思主义经济学》，《经济学家》1998 年第 1 期。

[128] 徐茂魁主编：《马克思主义政治经济学研究述评》，中国人民大学出版社 2002 年版。

[129] 许光伟：《论复杂劳动与简单劳动协同创造价值》，《当代经济科学》2003 年第 2 期。

[130] 晏智杰：《价格决定与劳动价值论——对一种传统观念的质疑》，《学术月刊》1995 年第 8 期。

[131] 晏智杰：《对马克思主义经济学的两点思考》，《北京大学学报》1997 年第 7 期。

[132] 晏智杰：《从价值论走向价格论——对西方经济学基础理论的评述》，《福建论坛》2000 年第 11 期。

[133] 晏智杰：《略论经济学价值论的研究对象和层次》，《经济科学》2001 年第 2 期。

[134] 晏智杰：《灯火集》，北京大学出版社 2002 年版。

[135] 杨耕：《杨耕集》，学林出版社 1998 年版。

[136] 杨耕：《历史唯物主义：一个再思考》，《人大复印资料：哲学原理》2004 年第 1 期。

[137] 杨虎涛：《交汇与分野——马克思与演化经济学家的对话》，经济科学出版社 2010 年版。

[138] 杨民：《"价值转形"与劳动价值论的回顾和新探》，《经济评论》2004 年第 1 期。

[139] 杨玉生：《马克思价值理论研究——对西方经济学界各种观点的评析》，辽宁大学出版社 1990 年版。

[140] 叶林：《马克思主义经济学中的价值概念》，《理论月刊》2002 年第 1 期。

[141] 于光远：《关于社会主义经济的几个基本理论问题》，《中国经济问题》1983 年第 10 期。

[142] 于光远：《马克思论生产劳动和非生产劳动（读书笔记）》，《中国

经济问题》1981 年第 5 期。

[143] 于光远:《社会主义制度下的生产劳动与非生产劳动》,《中国经济问题》1981 年第 1 期。

[144] 于光远:《再论发展作为社会主义建设的科学的马克思主义》,《马克思主义研究》1986 年第 4 期。

[145] 于光远:《关于深入研究按劳分配理论的几个问题》,《经济研究》1979 年第 1 期。

[146] 于光远:《学习马克思恩格斯关于社会资本主义的论述》,《马克思主义研究》1988 年第 12 期。

[147] 约翰·希克斯:《经济史理论》,商务印书馆 1987 年版。

[148] 岳宏志:《马克思转形理论的一个完美证明——兼评森岛通夫关于转型问题的研究方法》,《财经研究》2005 年第 7 期。

[149] 岳宏志等:《马克思转形理论的一个数理证明》,《数量经济技术经济研究》2005 年第 6 期。

[150] 赵磊:《劳动价值论的历史使命》,《学术月刊》2005 年第 4 期。

[151] 赵凌云:《劳动价值论新探》,湖北人民出版社 2002 年版。

[152] 张峻山:《斯拉法的价格理论与马克思价值理论的比较》,《南开大学学报》1997 年第 1 期。

[153] 张思锋:《关于马克思主义经济学的几个问题》,《经济学动态》1998 年第 2 期。

[154] 张维达、吴宇晖:《关于劳动价值论中的分配问题》,《当代经济研究》2002 年第 2 期。

[155] 张念瑜:《关于依照斯拉法体系解答"转形问题"研究评述》,《经济评论》2004 年第 1 期。

[156] 张忠任:《百年难题的破解》,人民出版社 2004 年版。

[157] 中川信义:《国际价值论的若干理论问题》,《经济学动态》2003 年第 11 期。

[158] 周源、杨波:《马克思主义经济学如何重新掌握话语权——从马克思主义经济学的数学化角度谈》,《兰州学刊》2005 年第 4 期。

[159] 朱奎:《马克思主义经济学范式的特征》,《教学与研究》2005 年第 7 期。

[160] 朱仲棣:《西方学者对马克思主义经济理论的研究》,上海人民出

版社 1991 年版。

［161］左大培：《重新理解劳动价值论》，载于程恩富、樊建新、周肇光
　　　　主编：《劳动·价值·分配》，安徽大学出版社 2003 年版。

［162］左大培：《劳动价值论的科学地位》，《经济学动态》2003 年第
　　　　2 期。